国家出版基金项目
NATIONAL PUBLICATION FOUNDATION

"十三五"国家重点出版物出版规划项目—新时期产业工人队伍建设改革研究丛书

建立现代技能体系

产业工人技能养成与规范化发展

岳玲 主编

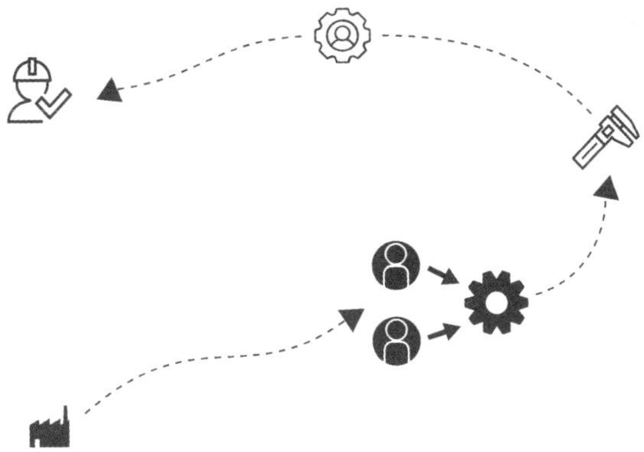

中国工人出版社

图书在版编目（CIP）数据

建立现代技能体系：产业工人技能养成与规范化发展 / 岳玲主编.
—北京：中国工人出版社，2021.2
ISBN 978-7-5008-7598-7

Ⅰ. ①建… Ⅱ. ①岳… Ⅲ. ①产业工人—人才培养—研究—中国 Ⅳ. ①C961

中国版本图书馆CIP数据核字（2021）第034480号

建立现代技能体系：产业工人技能养成与规范化发展

出 版 人	王娇萍
责任编辑	罗荣波　许小凡
责任印制	栾征宇
出版发行	中国工人出版社
地　　址	北京市东城区鼓楼外大街45号　邮编：100120
网　　址	http://www.wp-china.com
电　　话	（010）62005043（总编室）　（010）62005039（印制管理中心） （010）82075935（工会与劳动关系分社）
发行热线	（010）62005996　82029051
经　　销	各地书店
印　　刷	三河市东方印刷有限公司
开　　本	700毫米×1000毫米　1/16
印　　张	18.75
字　　数	280千字
版　　次	2021年3月第1版　2021年3月第1次印刷
定　　价	68.00元

序　言

党的十九大报告指出，我国社会的主要矛盾已经转化为人民日益增长的美好生活需要和不平衡不充分的发展之间的矛盾。这意味着，我们不仅要解决发展问题，还要通过大力提升发展质量和效益解决好不平衡不充分的问题。党的十九大报告提出“深化供给侧结构性改革”，其主攻方向就是要加快发展先进制造业，以提高供给质量，推动我国实体经济从发展数量和效益提高向发展质量和效率提升转变。当前，复杂的国际政治经济形势增加了市场竞争的难度，以华为公司为代表的一些中国企业不断遭受个别国家的干预，尤其是高端芯片等核心部件的供应链被切断，这也逼迫我们不得不重视高端制造业的发展。发展先进制造业、走新型工业化道路、建设制造业强国成为我国发展的必经之路、必战之役，而这就需要全面提升劳动者素质，建设一支懂知识、会技能、能创新的劳动者大军。

2017 年 6 月，中共中央、国务院印发《新时期产业工人队伍建设改革方案》(以下简称《改革方案》)，对如何提高产业工人技能，调动其积极性、主动性和创造性，更好地发挥主力军作用提出了明确的指导意见。《改革方案》列出 25 条改革举措，内容涉及产业工人思想引领、技能提升、作用发挥、支撑保障机制等方面。其中，产业工人技能提升既是产业工人队伍建设的核心内容，也是提高制造质量、推动创新发展的重要基础；而改革完善职业教育和职业培训等相关制度体系，重新建构有利于产业工人技能素质提升的体制环境则成为“构建产业工人技能形成体系”的必要保障。在这样的时代背景下，研究产业工人技能形成体系、指出产业工人技能养成以及规范化发展机制显得格外重要。

由中国劳动关系学院副教授岳玲主编的这本《建立现代技能体系：产业工人技能养成与规范化发展》，立足共建共治共享的社会治理新格局，论述了政府、教育和培训组织、企业组织、社会组织等多元主体参与下的产业工人技能形成体系，抓住了工匠精神培养、职业教育和职业培训、技能竞赛、职业资格认证、职工创新工作室、现代师徒制、技能激励制度、“一带一路”下的技能交流与合作等关键环节，多角度多层次分析了我国在产业工人技能养成、技能提升、技能规范化发展、技能传承与创新、技能补偿、技能国际化等方面的现状、所存在的问题以及未来相应建议，力图构建起产业工人技能养成和规范化发展的路径。书中不仅有理论分析，也有大量数据、事实及政策分析和实践案例，能为不同读者群体提供有价值的参考。目前我国在产业工人技能体系方面的系统性研究成果并不多，可以说，该书进行了非常有意义的探讨，取得了颇有价值的成果。

中国劳动关系学院是中华全国总工会直属的唯一普通本科院校，办学 70 多年来，始终立足工会，面向社会，服务和谐劳动关系建设，服务高素质工会干部队伍建设和产业工人队伍建设。因此，研究产业工人技能形成体系，服务于产业工人技能素质提升和产业工人队伍建设，也是我校义不容辞的使命。岳玲副教授一直承担劳模本科班“劳动就业与职业培训”课程的授课，不仅了解到一大批全国劳模、大国工匠在技能形成方面的事实，也积累了大量的实践案例和丰富的研究经验。因此，我非常高兴地看到这样一项研究成果的完成和出版，这不仅是一项学术成果，也代表着年轻研究者和研究团队的不断成长和逐渐成熟。

当然，由于受研究能力、研究条件等多方面因素的限制，该书在研究深度等方面还存在不足，也希望团队在未来工作中不断完善、不断精进。

中国劳动关系学院公共管理学院执行院长　赵祖平

2021.02.06

目 录

第一章

产业工人技能形成体系和工匠精神

我国正处在产业结构转型、从制造大国走向制造强国的关键时期，建设一支知识型、技能型、创新型的产业工人队伍成为转型的关键动力来源。那么，如何建设一支高素质的产业工人队伍？有三点非常重要，那就是意愿、能力和条件，也就是愿意做、有能力做和有条件做，而这正是产业技能形成体系的主要内容。

一、产业工人技能形成体系

产业工人的技能形成不仅受个人意愿、能力因素影响，同时也受教育、职业资格认证、激励制度等环境因素影响。有必要对产业工人技能形成体系的概念及理论框架等进行研究，并在借鉴他国经验的基础上，梳理对我国有意义的借鉴。

（一）技能形成体系的相关概念、理论框架和意义

1. 技能形成体系的相关概念

在现代社会，技能已经成为人们赖以生存的基本素质。我们所说的技能，指的是人的生产劳动技能、工作技能或者称为职业技能。不同历史时代、不同社会环境产生不同的职业，也就有了不同的职业技能。

人们是否能获取职业技能，不仅取决于个人的意愿，更取决于其所处的社会环境是否提供了获取这些技能的机会和条件[①]。从这个意义上讲，技能型人才的培养就是在某个社会环境下人们职业技能的形成过程；研究技能

① 许竞. 试论国家的技能形成体系——政治经济学视角［J］. 清华大学教育研究，2010，31（4）：29-33.

形成体系就是研究社会客观环境中那些影响技能人才培养的系统因素。有学者认为，技能形成体系是指国家通过协调社会各部门各相关主体的利益关系，以社会合作的方式培育社会经济发展所需技能的系统性制度安排。[①] 这些制度包括责任分担的技能投资制度、标准化与可转移的技能供应制度、科学公正的技能评价和认证制度、公平有效的技能使用制度、多方支持的社会合作制度等。

2. 技能形成体系的理论框架

英国的埃什顿（Ashton）等认为，在不同的历史、文化、政治和经济背景下，政府、教育与培训系统、资本以及劳动力这四个主体之间的关系对理解国家技能形成体系的过程非常重要。这四个主体在相互影响、相互作用的过程中形成特定的体制环境，技能就是在这样的体制环境中形成的[②]。以下从技能获取和更新以及技能的使用两个场景来讨论这几者的角色和相互关系。

从职业技能获取和更新的源头来看，主要是学校教育与工作场所学习两方面共同作用。在学校出现以前，人们主要通过在生产劳动中的亲身实践来获取知识和技能，依赖的是个人的主动性。后来出现了学徒制，师傅成为学习过程的组织者，这使得技能的获取不仅仅依靠个人主动性，也依赖于师徒关系以及行业协会对师徒关系的规范和约束。直到学校教育的出现，知识和技能的获取变得规模化和系统化。但不可否认的是，学校教育对于实践技能获取而言，具有一定的滞后性；普通教育（普通高等院校的专业教育）和职业教育对技能的强调也不同。更重要的是，由于学校教育不能提供真实工作情景，往往很难保证技能获取效果。工作场所中的实践学习一直都是学校教育有力的补充，甚至在某些阶段起到主导的作用。但企业往往从自身利益出发安排技能培训，有些企业甚至会顾及成本而放弃技能培训，或者只提供与

① 龚惠文．构建产业工人技能形成体系 造就一支高素质的产业工人队伍——《新时期产业工人队伍建设改革方案》系列解读（三）[N]．工人日报，2017-6-23.

② David Ashton, Johnny Sung, JillTurbin. Towards A Framework For The Comparative Analysis Of National Systems Of Skill Formation [J]. International Journal of Training and Development，2000，4（1）.

岗位要求相关的专用技能培训而忽略通用技能培训等。企业的这些个体行为有可能与社会经济发展的整体要求不相匹配，这时就需要政府通过技能培训补贴等政策引导企业行为。

从技能使用的场所来看，主要发生在生产领域。在生产领域，生产方式的变革往往决定了劳动力组织方式，进而决定了对劳动力技能的要求。大机器生产替代手工劳动时，部分手工技能被淘汰，但产生了新的操作技能要求；计算机技术用于大机器生产后，又淘汰了一部分手工技能，产生新的技能要求。以汽车行业为例，在福特汽车的流水生产线上，生产过程被流程化，生产设备、生产动作被标准化，这导致熟练掌握全部技能的手工业者不被需要，需要的是熟练掌握单一操作的劳动力；显然，生产方式的变革带来了对劳动力技能要求的变化。随之改变的还有劳动力的收入以及社会处境等。福特汽车的流水线生产方式大大提高了汽车制造的效率，从而使得汽车成本下降、销量上升、收益增加，福特公司也大幅度提高了工人的工资，这使得大量的劳动力经过简单的技能培训就可以上岗，获得远超过从前的收入。当然，这导致人们不再追求获取精湛的手工技艺，而被囿于简单且单一的操作中，导致在未来轻易地被机器生产取代。

总之，在技能获取和使用的场景中，政府、学校及其主管部门、企业以及劳动者共同成为职业技能形成体系的重要主体，它们之间的关系往往构成了不同的职业技能获取模式。

3. 研究技能形成体系的意义

从本质上来讲，技能的获取和使用不仅仅是个人行为，更是受社会环境影响的社会行为；同时，技能形成体系也会影响国家经济发展、战略实现以及教育平等、社会公正等社会发展的根本问题。

从经济层面来看，技能形成体系是产业转型升级的必然要求，对劳动者职业发展、企业效率提升、国家经济进步都有重要意义。劳动者凭借技能从事生产活动、获取劳动收入，因此其技能须满足生产要求。在产业转型升级的背景下，生产活动对劳动者技能提出新的要求，如果不能满足则会影响其职业发展。技能形成体系有助于劳动者的职业发展及转换，从而保障其基本收入。企业要提高生产效率、提高产品和服务质量、不断开拓创新，也要依赖于技能形成体系。在前两者的基础上，国家创新驱动战略、发展先进制造业的目标才有可能实现。

从政治层面来看，技能形成体系是和谐劳动关系建设、国家社会稳定的必然要求。伴随供给侧结构性改革和新旧动能转化的不断深入，部分产业工人的就业出现异常，面临待岗、转岗和下岗，在生活方面出现较大压力。如果处理不好的话，可能出现一些思想波动甚至是劳动冲突①。另外，我国现有的社会保障体系统筹层次不高，可能会出现部分地方政府因财政压力等导致下岗安置和就业补偿资金吃紧的现象②。技能形成体系有利于解决劳动力就业的根本动力问题，从而达到劳动关系和谐与国家的长治久安。

从社会层面来看，技能形成体系是解决就业结构性矛盾的必然要求。随着经济结构转型、新旧动能转换等战略的推进，一些行业出现用工冗余，而一些行业则出现用工短缺；部分劳动力的技能无法适应岗位要求，从而造成就业的结构性矛盾。技能形成体系有利于劳动者获取新技能，从而缓解就业压力。不仅如此，通过调整教育体制、职业技能激励政策等，技能形成体系还有利于提升技能型工人的社会地位，从而改变一些教育不公平、社会不公正现象。

延伸阅读 1–1 ：福特汽车流水线生产方式所带来的工作技能变化

汽车工业的大批量生产始于亨利·福特的流水线生产方式。在纪录片《大国崛起》中有这样一段解说："1913 年 8 月，一个炎热的早晨，当工人

① 王永章. 新常态下我国产业工人转型问题研究［J］. 毛泽东邓小平理论研究，2016（11）：17–22.

② 付保宗，周劲. 当前化解产能过剩的困境与对策——以河北省唐山市为例［J］. 宏观经济管理，2016（3）：26–29.

们第一次把零件安装在缓缓移动的汽车车身上时，标准化、流水线和科学管理融为一体的现代大规模生产就此开始了。犹如第一次工业革命时期诞生了现代意义的工厂，福特的这一创造成为人类生产方式变革进程中的又一个里程碑。每一天，都有大量的煤、铁、砂子和橡胶从流水线的一头运进去，有2500辆T型车从另一头运出来。在这座大工厂里，有多达8万人在工作。1924年，第1000万辆T型汽车正式下线，售价从最初的800美元降到了290美元。汽车开始进入美国的千家万户。”

流水线彻底改变了汽车的生产方式，在大幅度提升生产效率的同时也带来了新问题。在流水线上，每个工人被固定在一个工位上，不断重复单一枯燥的动作。手工业时代匠人们通过一双巧手完整制造一件产品的成就感荡然无存，人成了机器的一部分，成了流水线上的一个零件。流水线上的工人不需要多高的技能，不用长期培养，简单培训就可以上岗，当然这种低技能的工作也极易被取代，工厂中越来越普及的自动化验证了这一点。在这个例子中，我们的确看到生产方式变化带来的对劳动者技能的要求变化，这种变化带来的社会影响有好有坏。比如，福特通过分析发现，在制造T型车的7882项工作中有4034项并不需要完全的身体能力，这成了福特工厂雇佣残疾人士的理论基础，上万名残疾人士平等地获取正常工资。

（二）产业工人的相关概念和队伍建设的新问题

1. 产业工人的概念

传统意义上，产业工人是指在现代工厂、矿山、交通运输等企业中从事集体生产劳动，以工资收入为生活来源的工人。随着时代进步特别是信息技术的出现，我国的产业分工不断变化，产业工人的内涵也相应地发生变化。根据中华全国总工会的划分，传统的产业工人群体进一步扩大范围，包括“在第一产业的农场、林场，第二产业的采矿业、制造业、建筑业和电力、热气、燃气及水生产和供应业，以及第三产业的交通运输、仓储及邮政业和信息传输、软件和信息技术服务业等行业中从事集体生产劳动，以工资收入为生活来源的工人”[①]。这个定义突破了对传统的蓝领工人的限制，将一些服务业的白领也纳入其中。

无论范围如何变化，产业工人仍是工人阶级中发挥支撑作用的主体力量，尤其是实施制造强国战略的有生力量。目前，我国正处在制造业产业转型升级的关键时期，要实现创新驱动发展、落实制造强国战略，迫切需要一支知识型技能型创新型的产业工人队伍。这就需要不断完善产业工人队伍建设的体制机制，不断创新提升产业工人技能的方式方法，不断提高产业工人的待遇和地位，充分调动广大产业工人的积极性、主动性、创造性，如此才有可能更好地发挥产业工人队伍的主力军作用。

2. 产业工人队伍建设的新问题

近年来，各级党政机关高度重视产业工人队伍建设，取得了一定的进展和成效，但新时代下产业工人队伍也展现出一些新特点，产业工人队伍建设面临一些突出问题。

（1）产业工人的地位有所弱化

改革开放以后，我国开启市场经济体制改革，这打破了计划经济体制下的身份制与单位制框架，传统产业工人的“铁饭碗”以及附属于此的各种权利也逐渐被取消，其在资源分配中的优越地位随之下降。20 世纪 90 年代，随着国有企业改革的不断深化，一些产业工人面临下岗失业，生存状态以及社会地位进一步下降。值得注意的是，产业工人队伍的内部构成也发生了很大的变化。随着非公企业的迅猛发展，在非公企业就业的职工数量也不断增加[②]；另外，随着城镇化的推进，大量农民工进入产业工人队伍。与计划

---

① 李玉赋 . 新的使命和担当［M］. 北京：中国工人出版社，2017.

② 根据中华全国总工会“第八次中国职工状况调查”的数据显示，在非公企业就业的职工比例为 82.9%，占绝大多数。

经济体制时期相比，当前产业工人群体的经济、政治和社会地位都有所下降，主人翁意识也逐渐衰减。

（2）产业工人队伍技术技能素质不高

当前，我国产业工人队伍虽然数量庞大，但还存在技能人才总量较小、技能人才结构不合理、平均受教育年限不长、平均生产率不高等问题。人力资源和社会保障部的数据显示，目前我国技能劳动者超过 1.65 亿人，仅占就业人口总量的 21.3%。从技能人才结构上看，断档现象严重，高技能人才只有 4791 万人，约占 27%，总量与经济高质量发展提出的要求有相当大的差距，比重也远低于西方一些制造业强国水平[①]。在日本，高级技工占产业工人队伍的 40%，在德国，这一比例约为 50%。低端技工供给过剩，通用工种（如车工、钳工、铣工等）、重要工序的技能供给不足。现有的产业工人平均学历水平相对较低，有数据显示，产业工人平均受教育年限为 10.1 年[②]，其掌握新技术、新技能的能力不足，这使得向高技能工人转型的难度变大。另外，过去 20 年我国产业工人平均生产率不及美国同项指标的 1/3[③]，这也阻碍了我国制造业劳动生产率的提升。

延伸阅读 1–2 ：1 个美国人创造的财富等于 13 个中国人

2017 年 3 月，全国政协委员、中华全国总工会党组成员、经费审查委员会主任李守镇在政协大会发言中指出，由于产业工人整体素质和技能水平不高，我国劳动生产率水平仅为世界平均水平的 40%，相当于美国的 7.4%。以 2015 年为例，我国单位劳动产出 7318 美元，世界平均水平是 18487 美元，而美国是 98990 美元。简单地说，一个美国人创造的财富，相当于我们 13 个人创造的财富，这也是我国工业制造“大而不强”的主要原因之一。

---

① 李玉赋. 新的使命和担当［M］. 北京：中国工人出版社，2017.

② 同上。

③ 同上。

（3）产业工人职业发展通道不畅

产业工人大都在生产服务一线，其职业发展往往不受企业管理层重视，晋升机制不健全，缺乏晋升渠道或晋升通路狭窄。还有部分企业出于各种考虑为产业工人设计了职业发展通路，实行专业技能等级认定制度，让工人有可能层层晋升，但是这种等级认定制度往往与待遇没有多少关联，无法产生吸引力；并且专业技能等级和管理等级之间缺少匹配性，身份壁垒严重。再加上企业内部又存在劳务派遣工与正式员工、工人与干部等之间的身份差异，导致不公平感更加明显，对未来感到希望渺茫。

（4）产业工人技能养成体系不完善

目前，我国产业工人的技能养成体系主要包括职业教育和职业培训两部分，存在质量参差不齐、针对性和适用性不强、教育培训资源有待于进一步整合、企业实施培训教育的积极性不高等问题。由于与生产实践脱节较严重，目前职业教育和培训往往与生产实践的需求有一定距离，效果不佳。要改变现状，就需要在企业主体作用发挥、国家支持和引导政策以及教育培训方法等方面进行不断创新。另外，由于职业教育和职业培训管理政出多门，再加上缺乏清晰的目标、合理的规划和制度保障，导致各教育培训主体之间缺少协调配合、教育培训项目内容交叉、培训质量不高等问题。

（三）发达国家技能形成体系的经验介绍

“他山之石，可以攻玉”，借助对几个国家技能形成体系的了解，希望可以得到对我们有价值的借鉴经验。

1. 日本的技能形成体系模式

可以说，“二战”之后日本经济的高速增长与其培养的大量职业技术工人是分不开的。而为了培养和使用好职业技术工人，日本也设计出一套适合国情的职业技能形成体系，主要包括两个部分：一是就业前的职业技能教育，包括在普通学校开设劳动技能课程和专门的职业技术学校教育；二是就业后在工作岗位上接受的职业技能培训，更重视在生产过程中的学习。

总体说来，日本产业工人技能形成体系也具备一些基本特征[①]。一是高度重视基础教育中的职业技能培养。日本政府将职业技能培养作为基础教育的一部分，培养学生的勤劳意识和基本劳动技能。不同时期都曾出台法律规定，对技能培养的性质、目的及经费等作出明确规定，肯定职业教育重要的法律地位。二是建立了以职业技能教育为基础，以职业技能培训为主体的技能形成模式。这两种训练在时间上前后连贯，劳动力获得基础性的劳动技能后进入企业工作，可以缩短其在企业的适应期；而企业主导的在职技能培训，实际上是对职工适应性的综合评估，其目的在于通过对职工适应性的综合评价进行人岗匹配，以实现最优的人力资源配置。三是企业在产业工人技能形成体系中发挥主导作用。企业高度重视技能培训，通过技能培训不断提升职工的技能水平，而且其自有职工往往是多技能的，这不仅增加了用工的灵活性，也有利于激发职工的工作积极性。四是终身雇佣制。终身雇佣制是日本企业管理中非常独特的一点，尽管出于成本、效率等方面的考虑，目前已经有一些日本企业放弃了这种做法，但仍有很大一部分企业尤其是大型企业与职工建立了长期稳定的雇佣关系。这在一定程度上保护了企业和职工在人力资本投资的收益，也保护了企业和职工在技能培养上的投资积极性。五是技能形成体系与经济结构相互适应。日本劳动力技能的结构调整和升级趋势始终跟随产业结构演进，尤其是职前教育，这使得该体系能为产业发展提供源源不断、适合需要的技能人才。

从以上分析中可以看出，日本强调劳动精神和劳动技能的培养，并将其纳入基础教育。日本产业工人技能形成体系主要是两个阶段，一个是职业前教育，另一个是企业内部培训。职业前教育的知识结构和技能结构随着产业

---

① 国家发展和改革委员会社会发展研究所课题组．亚洲国家完善现代职业教育制度和职业技能培训的经验（一）——日本的产业工人技能形成体系对我国的启示和借鉴［J］．中国工运，2020（3）：78-80.

和职业结构的升级而不断调整，与经济社会的发展相适应；而企业内部培训不仅制度化、规范化，而且是一种终身培训机制。

延伸阅读 1-3 ：日本中小学的劳动技能课程①

劳动课程是日本中小学生的必修课。从幼儿园开始，孩子们就要学会自理，掌握基本的生活本领。进入小学，则要上家政课、进行午餐教育和田地教育。

孩子们在家政课上要学习烹饪基础、衣服整洁、房间舒适等方面的内容。其中，烹饪基础要求孩子对烹饪感兴趣，制订烹饪计划，清洗烹饪材料，了解切菜方法、调味方法、盛放方法、餐后收拾方法等，掌握基本的煮、炒等烹饪技巧，学会蒸米饭、做味增汤，安全卫生使用相关工具等。衣服整洁要求学校要指导学生洗衣服，缝扣子，用针线缝制布袋、抹布、垫子，锻炼孩子手、脑、眼动作的协调能力。房间舒适是指学校要指导学生对房间进行大扫除，学生要自己完成校园环境的打扫工作，毕业时清洗课桌椅，将干净的学习环境留给学弟学妹。另外，学生每天都要打扫厕所，一方面可以学习厕所的打扫方法；另一方面是教育学生各种工作都有辛劳和厉害的地方，工作没有贵贱。

除了家政课，还有午餐教育。午餐由小学生轮流分配，午餐吃完后由值班学生整理餐具。午餐之后，学生们分工协作进行大扫除。通过这些劳动，让学生们感受到奉献的喜悦，懂得集体活动的重要性。

另外，许多日本中小学校都有一块田地用以进行劳动教育，或种植稻谷，或种植蔬菜。老师们教学生育秧、插秧、割稻，其间还有田间管理和防治病虫害等，也会教学生种植日常食用的蔬菜和常见的园艺花草植物。等到了能收获食用的时候，孩子们就将所种蔬菜采摘后送到学校食堂，或者由他们自

① 劳动教育怎么做？世界各国的劳动课程一起来看一看！［N］. 浙江教育报，2020-4-2.

己清洗，或者由厨师等校工清洗，再由厨师切好、烹饪。等到午餐的时候，孩子们就能吃到他们自己的劳动成果了。

2. 英国的技能形成体系模式

自20世纪90年代以来，英国逐渐形成了以现代学徒制为核心的产业工人技能形成体系。英国是最早推行学徒制的国家之一，其历史可以追溯到中世纪的行会，当时的行会制定了包括学徒培育制度在内的一系列指导制度。

1993年，英国政府开始推行现代学徒制度（Modern Apprenticeship，简称MA），其实施范围从传统手工业领域向许多新兴领域扩展，如卫生与保健、旅游服务、商务管理和信息技术等，并把学徒制度与国家职业资格制度相结合，使得学徒培训质量有了可靠的评价依据。英国现代学徒制包括基础现代学徒制和高级现代学徒制，前者培养的是初级工，后者培养的是熟练的职业技能人员。

以现代学徒制为核心的英国产业工人技能形成体系主要有以下特点[①]：一是多元主体在培养学徒过程中的分工与合作。学徒在职业技能学校接受基本知识和技能教育，然后在企业接受基于工作岗位的培训，再通过第三方权威机构的认证后，才能获得职业资格证书。二是以企业为主导的职业技能形成体系。这主要体现在，企业是现代学徒制中所有培训项目制定和开发的主导者，也是评价标准制定的主导者，包括行业标准、学徒的技能素质、道德素质以及职业发展能力等多方面。三是多样性的课程体系。主要有三种课程，包括培养从事任何职业都需要的、跨职业的、通用的关键技能课程，以国家职业资格标准为导向的NVQ（National Vocation Qualifications，简称NVQ）课程，评价具体职业知识和理解力的技术证书课程。四是现代化管理与传统

① 国家发展和改革委员会社会发展研究所课题组，谭永生．英国的产业工人技能形成体系对我国的启示和借鉴（三）——英国的产业工人技能形成体系对我国的启示和借鉴［J］．中国工运，2020（2）：78–80.

学徒制相结合。学徒的学习内容由企业与学校协商确定。学校为每个学徒安排“学校导师”，负责管理学习过程，同时负责和企业协商其理论学习与上岗就业等事宜。企业除了指派师傅对学徒进行操作指导外，还会安排一个“企业导师”来专门负责和督导学徒的日常生活和学习过程。学徒在每个阶段都要完成相应的学习要求，通过相应的结业考核。五是有较为完备的法律政策体系作为保障。

从以上分析中可以看出，英国产业工人技能形成体系是一个涉及政府、行业、企业、培训和评估机构的多元治理体系，且形成了明晰并高效运转的机制；雇主（企业）在该体系中起到主导作用。更重要的是，英国的现代学徒制不只是职业教育的一种形式，而且是“支持年轻人和成年人获得一生持续性有技能的就业”的一种视野更开阔的人才培养模式。

3. 德国的技能形成体系模式

德国制造的卓越品质有赖于其素质优良的制造业工人队伍。从 20 世纪 20 年代开始，德国逐渐形成了以“双元制”为核心的产业工人技能形成体系。“双元制”是指企业和学校这两个主体在职业教育中都发挥重要作用，是企业实践技能培训和学校理论培养相结合的一种职业教育形式。

德国的“双元制”技能形成体系主要有以下特点[①]：一是小学分流的教育体制。德国在小学阶段就对学生进行分流，区分未来是以攻读大学为目标还是学习职业技能，将职业教育提前到了小学阶段。二是企业主导技能形成体系。企业是职业技能教育和培训的主体，通过企业办技校、设立学徒工实训车间等方式，实现产教融合、工学一体。三是多元主体责任共担的技能投资体系。政府通过设立公立职业技能学校和补贴义务职业教育等方式对技能形成体系进行投资；行业协会和工会通过集体协商与企业签订合同，保障学徒

① 国家发展和改革委员会社会发展研究所课题组，谭永生．欧美国家完善现代职业教育制度和职业技能培训的经验（一）——德国的产业工人技能形成体系对我国的启示和借鉴［J］．中国工运，2019（12）：77–79.

工收入待遇；职业培训成本则由企业和工人双方分担。四是通用的标准化的技能培训体系。德国职业培训大多是针对通用技能，且高度标准化。从培训师资上看，德国对带徒师傅的工作年限、技术水平均有明确规定；毕业考试也统一命题，有统一时间、统一标准，以保证考试的标准化与公平性。五是高度标准化的第三方技能资格认证制度。由于培训内容标准化，且资格认证也高度标准化，这使得德国企业对各种学徒项目的培训内容了如指掌。一旦学徒工获得职业资格证书，雇主便可以放心安排学徒的工作。六是多方支持的社会合作制度。多元主体在集体协商制度的基础上形成了合作关系。协商内容涵盖了大量详细具体的项目，除了工资之外，还包括工作时间、学徒津贴支付、劳动保护和工作场所的工会权利等。

从以上分析可以看出，德国产业工人技能形成体系有与普通教育体系密切结合、以企业为主导、高度标准化和规范化、有立法保障、多元主体共同参与的一些特点。

延伸阅读 1–4 ：德国的“分轨制”教育

郑也夫教授在《吾国教育病理》中谈到了德国的“分轨制”教育，就是将一部分学生引导到职业教育上。德国小学四年，学生们在 10 岁时分流到三种不同类型的中学：主体中学、实科中学、文科中学。

主体中学，其前身为国民学校。1952 年主体中学的学生占同龄学生的 80%，这或许是“主体”一词的由来。但这个比例不断下降，1960 年约 66%，1975 年约 50%，1994 年约 26%。主体中学学制 5 年，即 5 至 9 年级，大部分学生毕业后接受职业培训而后上岗。没拿到主体中学毕业证是很难找到职业培训岗位的，而在德国不经过职业培训是不能上岗的。换言之，学徒工中的大部分人来自主体中学。

实科中学，常被称为“中间学校”，即处于主体中学和文科中学中间的学校。其功能也类似中间桥梁，学生可进可退。一方面毕业后可以接受职业教育，进入比主体中学更好的专业学校和专业学院；另一方面成绩很好的可以转入文科中学，然后上大学。实科中学学制6年，即5至10年级，比主体中学多一年，可以让主体中学中有能力的同学有机会转入实科中学，获取这里的毕业文凭。

文科中学，亦有中国学者称之为“完全中学”，其学制9年，5至10年级是中学（义务教育），11至13年级是高级中学（非义务教育）。按照相关规定，10年级后进行考试，合格者获得中等教育毕业资格并进入高年级就读（11至13年级），不合格者则转入其他类型学校学习。

随着教育体制改革，“分轨制”有了一些制度化的转轨安排，但三类学校有着各自明确的培养目标。在很长一段时间里，德国学生在10岁时就确定了受教育的学校乃至终身的职业方向。这种制度也受到不同程度的质疑，认为10岁就进行教育分轨太早了。后来制度改革，将分轨门槛推迟两年，将分轨标准做得更细致，依然是10岁时分流，不过在之后的两年内享有适应和调整的权力。

（四）技能形成体系对产业工人队伍建设的重要意义

技能形成体系对产业工人队伍建设的意义重大，不仅仅体现在个人收入增长、地位提升以及企业竞争力提升层面，还在国家发展以及社会公平等层面有着更为积极和深远的影响。

1. 有利于解决中国制造业产业转型升级的技工荒问题

近年来，中国正在进行产业升级，实现从制造大国向制造强国的转型，亟需培养大批高技能的新型产业工人，但是当前中国的产业工人技能形成体系却远远不能满足需要，长期困扰中国制造业发展的“技工荒”难题日益严重。

为什么中国会出现大范围的“技工荒”？有学者认为，制度变迁改变了技能形成模式[①]。20世纪90年代，我国开始市场经济体制改革，国有企业开始产权多元化改革，劳动福利制度开始转向劳动保障制度[②]，与之相对应的技能形成体系也在发生着改变。另外，我国城镇化进程加快，大量农民工进入产业工人队伍。在市场转型、单位制解体、产业工人主体结构性转型等条件下，原有的面向城镇居民的、以“全民就业”为导向的技能形成体系相对萎缩[③]，无法满足城镇居民和农民工共同组成的二元劳动力市场需求，无法适应劳动力市场的高流动性。再加上“万般皆下品，唯有读书高”“重理论、轻技能”等观念的影响，我国技能形成体系在人才培养数量、质量、结构等方面都无法满足产业发展的需要，造成技能型人才的供不应求。

2. 技能形成体系是产业工人提高收入改变地位的主要途径

在产业结构转型升级、新旧动能转换背景下，无论是传统行业还是新兴行业都对产业工人的技能提出升级换代的新要求。对于产业工人而言，只有通过技能提升，才有可能适应产业转型背景下的岗位要求，才有可能提升个人收入，改善个人和家庭的生活状况，并在此基础上有可能改变政治和社会地位等。但个人技能的提升并不单纯由个人意愿或者能力决定，也受到包括教育制度、技能认证、技能补贴等制度因素的影响，也就是技能形成体系的影响。

3. 技能形成体系是企业提高创新能力的主要途径

一流的工人生产一流的产品，产业工人技能水平对企业的重要性不言而喻，是构成产品和服务竞争力进而打造企业核心竞争力的重要因素。从发展的角度来讲，企业的创新能力不仅依靠研发部门，更依赖一线产业工人的发明创造。但由于很多职业教育院校学生的技能素质与岗位要求差距很大，加

---

① 刘玉照，苏亮．社会转型与中国产业工人的技能培养体系［J］．西北师大学报（社会科学版），2016，53（1）：25–32.

② 姚先国，郭东杰．论劳动制度与政策对转型国家宏观经济的影响［J］．经济学家，2004（2）：75–81.

③ 刘玉照．中国新产业工人技能养成难题［J］．探索与争鸣，2015（8）：35–37.

重了企业技能培训的压力。另外，成本高、劳动力流动等因素也都影响企业在技能培训上的投入。完善的且有效运转的技能形成体系对企业发展和创新而言至关重要。

4. 技能形成体系是国家经济社会进步的重要路径

国家经济发展依赖于创新驱动战略，经济结构转型目标的实现，则需要完善的技能形成体系的支撑。不仅如此，完善的技能形成体系可以改变产业工人的收入、待遇和地位，从而在一定程度上实现教育公平和社会公正，推动社会进步。因此应在政府、教育机构、行业、群团组织、企业、个人等主体的共同努力下，从推动全社会就业和技术进步的角度构建完善的且有效运转的技能形成体系。

二、工匠精神的内涵及意义

价值观对行为的影响作用不言而喻。对于产业工人而言，以什么样的态度去对待工作会产生迥然不同的生产结果。精益求精的态度生产出质量卓越的产品，而“差不多”的态度生产出来的只能是不合格产品，正所谓“失之毫厘，谬以千里”。我们受低劣产品的困扰由来已久，中国虽被称为世界工厂，中国制造的产品遍布世界各地，但很长一段时间以来，中国制造还只是低质廉价产品的代名词。要改变这样的状况，为“中国制造”贴上品质优秀的标签，实现从制造大国向制造强国的转变，就必须从价值观抓起，彻底改变差不多就行的态度，用一丝不苟、精益求精、不断推陈出新的工匠精神铸造优良品质。

（一）中国古代工匠的起源和发展

回望中国几千年的历史长河，无数祖先用他们的聪明智慧和精湛工艺创造了一个个人类文明史上的奇迹。

伴随着手工业的发展，出现了一个专门从事手工业的群体，这就是工匠。中国最早的工匠出现在春秋战国时期，很多古籍文献都做了记载。《逸周书·文传解》记载："山林以遂其材，工匠以为其器……"，说的是山上有大树长成，工匠把它打造成器物。《荀子·儒效》写到："人积耨耕而为农夫，积斫削而为工匠……"这表明，在春秋战国时期人们将从事木工活的人称为工匠。《说文解字》解释："匠，木工也；工，巧饰也。"这表明，到东汉时工匠的涵义发生变化，从木匠扩展到了整个手工行业；清代学者段玉裁提到，"凡善其事曰工"，工匠的含义已经从手工业者群体进一步扩展到了广大劳动者。由此可见，"工匠"的内涵不断动态变化，在不同的历史年代涵盖了不同的人群，逐渐形成了独有的群体特点和精神追求。

（二）中国古代工匠精神的涵义

在人类社会发展的初期，生产活动大多是为了满足最基本的物质需求。中国古代工匠在生产实践中也多秉持实用主义精神放弃华而不实的设计。据《墨子》的记载，在被称为"科圣"的墨子和被称为"木匠祖师爷"的鲁班之间曾经发生过这样一个故事。话说，鲁班用竹木削了一只鹊，这只鹊在天上飞了三天都没掉下来。鲁班自己觉得精巧极了，可没想到墨子却说："你做的这只鹊就不如我做的车辖，我一会儿工夫就可以用三寸木头做成负担五十担重量的部件。"这件事情说明，墨子认为工匠的价值在于通过自己的技艺来实现他人的便利，而非只追求工艺上的精美，并认为前者是"巧"后者是"拙"。为了满足实用要求，工匠们也不断追求技艺上的开拓创新。以印刷术为例，在唐朝时雕版印刷术已经广泛使用，但制作难度大且成本高，不够实用，毕昇在此基础上不断试验探索，终于发明了活字印刷术。

当然，追求实用主义并不意味着放弃对美的追求。中国古代工匠用智慧和技能不断开拓创新，创造了一个又一个工艺上的奇迹和艺术上的巅峰。制作于民国初年的宁波万工花轿，不仅演绎了宁波新娘出嫁的骄傲传说，更代表了工匠们的高超技艺和对美的追求，将实用性和艺术性完美结合。“……木质的轿身朱漆泥金，遍饰天官赐福、八仙过海、榴开百子、喜上眉梢等雕刻。四面装置的舞台上还在演出《荆钗记》《拾玉镯》等戏文……”①

中国古代工匠在技艺上的追求受到中国传统价值观念“天人合一”的影响。比如《周礼·冬官考工记第六·弓人》中记载，工匠们在弓箭的制作过程中“取六材必以其时”，遵循自然规律取材，并根据材料的特性加工制作，“凡为弓，冬析干而春液角，夏治筋，秋合三材。寒奠体，冰析灂”。由此可见古代工匠对自然的敬畏和对天人合一的重视，这与今天的急功近利心态形成强烈反差。

古代工匠还具有强烈的敬业精神，这首先体现在对行业的尊重上，很多行业都有自己的祖师爷，体现了一种强烈的身份认同感。其次体现在对技艺的一丝不苟。最后体现在尊师重道、修德立身。古代师徒在技艺传承中起到了非常重要的作用，传承的不仅是技艺，还有价值观念。

总之，中国古代工匠在实用主义和追求美的过程中不断精益求精、开拓创新，再加上其对“天人合一”的追求以及对职业的敬畏共同构成了古代工匠精神的内涵。

延伸阅读 1-5 ：“蕨菜”的故事

曾听说过这样一个故事。多年前，日本的一家公司从我国大量进口蕨菜。蕨菜的采摘要求比较高，其最佳采摘时间只有十天左右，早了晚了都不成。采摘后的晾晒也很讲究，先摊开放在地上晾晒一天，第二天翻过来再晾晒一天，然后才能捆绑装箱。这样晾晒出的蕨菜放在凉水里浸泡一下就可以食用了，口感好。但是这种方法比较麻烦，不仅需要大的晾晒空间，而且一旦遇到天气不好时就很麻烦。于是为了省事，当地农民就把采摘的蕨菜放在火炕

① 孙机．中国古代物质文化［M］．北京：中华书局，2013。

上烤，差不多几个小时就烤干了。从外表上看，用火炕烤干的蕨菜与自然晾晒的蕨菜并没有什么不同，但是等到食用时就显现出差别了。用火炕烤干的蕨菜放在水里，无论泡多久都像老树根一样咬不动。后来，客商就拒绝再采购了。

（三）新时代工匠精神的内涵

每一种精神文化都孕育自其所处的历史时代。党的十九大报告指出，中国特色社会主义进入了新时代，决胜全面建成小康社会、全面建设社会主义现代化强国的目标对各方面工作都提出了新的要求。工匠精神的内涵也随之发生变化，新时代的工匠精神既有对传统文化的继承，也有富有时代精神的创新。

2016 年，“工匠精神”入选年度流行语。李克强总理在当年的政府工作报告中首次正式提出“工匠精神”，此后又在很多次重要会议中不断强调工匠精神与企业、个人和政务的相互结合。在企业领域，李克强总理强调，弘扬工匠精神，就是要精益求精、勇攀质量高峰，推动“中国制造”的品质革命、推动传统产业改造升级和新旧动能转换、推动中国企业提质增效；要协同创新精神、企业家精神和“工匠精神”，打通科技成果转化通道，为社会发展提供强大动力。在个人成长方面，李克强总理指出，在新旧动能转换的关键时期，我们国家需要大量高水平的技能人才；要大力提倡工匠精神，引导青年人走技能成才的道路；我们不仅需要搞研究的人也需要高级工匠，而且目前国家更需要后者，工匠也可以成为大师。在政务领域，李克强总理在谈到“放管服”“营改增”等工作时，强调贯彻工匠精神，把工作做扎实、做精细，确保改革成效。

从本质上看，新时代的工匠精神追求精益求精、专注进取、开拓创新的内核并没有改变，与历史上其他时期不同的是，工匠所覆盖的范围更广，工匠精神的应用场景也发生了改变，其贯彻实施、落地生根的方式也随之发生改变。

延伸阅读 1-6 ：为火箭焊接“心脏”的大国工匠——高凤林

随着 2015 年央视《大国工匠》节目的播出，高凤林这个名字开始被全国人民所熟知。高凤林是航天科技集团一院焊工、国家高级技师，被称为中国焊接第一人，他为火箭焊接“心脏”。从业 30 多年，高凤林焊接的发动机助推 130 多枚长征系列运载火箭成功飞向太空，占到长征系列火箭发射总数的一半以上。

在大多数人看来，焊接是个不怎么高级的技术。但在航天领域，每一个焊接点的位置、角度、轻重都极其关键，都需要经过缜密的思考和计算。2019 年，高凤林参与“胖五”发动机的重要焊接工作，他焊接的发动机上，仅一个喷管上就有数百根几毫米的空心管线，而管壁的厚度只有 0.33 毫米，焊缝细到接近头发丝，而管线长度加起来相当于绕一个标准足球场两周。为了把它们编织在一起，高凤林得进行三万多次精密的焊接操作。

高凤林的高超技艺绝非一日之功。从 18 岁进厂，工作近 40 年他只干了特种焊接这一个行当。初入行时为了增强手腕和手臂的力量，高凤林曾练习平举沙袋，几公斤的沙袋一手一个，平举一两个小时，目的就是防止焊接时出现手抖的现象。除了基本操作外，更难更重要的是一次次技术攻克。在国家 863 攻关项目“50 吨大氢氧发动机系统”研制中，高凤林大胆突破理论禁区，创新混用焊头焊接超薄的特制材料……

功成名就之后，国内甚至国外的很多家单位都提出了优厚的条件吸引高凤林加入。但高凤林的心里始终装着国家，装着国家的航天事业。他曾经说：“只是每个人岗位不同，作用不同，仅此而已，只要心中装着国家，什么岗位都光荣，有台前就一定有幕后。”

很多像高凤林一样的大国工匠仍然坚持在各自的工作岗位上发光发热，他们兼备技术与情怀，一方面醉心于自己所在行业的研究突破，另一方面坚定地站在祖国的立场上毫不动摇。正是因为有这样的一线工作者，中国才能发展到今天。新时代的工匠精神不只是指狭义的技术工人，工匠精神存在于各行各业，除了对职业的喜爱之心、敬畏之心、专注之心，更重要的是还要有一颗爱国的赤子之心。

（四）工匠精神对产业工人技能形成的重要意义

精神对行为起到引领作用。中国古代工匠在实用主义、追求美、追求天人合一、敬畏职业为内涵的工匠精神指导下，创造出辉煌的物质文明和艺术成果。今天，以精益求精、专注进取、开拓创新为内涵的新时代工匠精神仍然对产业工人技能提升发挥着重要作用。

1. 工匠精神是产业工人职业精神的高度凝练

职业精神是人们出色完成工作的精神引领，工匠精神与产业工人的职业精神要求高度契合。产业工人处于生产服务一线，是一流产品和服务的直接缔造者。比如在火箭的设计发明中，科学家们提供理论上的设计图纸，而以高凤林为代表的产业工人是将这份设想转换为现实中至关重要的一环。工匠精神倡导严谨认真、一丝不苟的工作态度，从最细微处入手认真对待每一道工序，确保产品的高品质，这与产业工人的职业要求是一致的，是产业工人职业精神的高度凝练。

2. 工匠精神是获取和提升职业技能的重要指针

实践出真知，人们在劳动实践中掌握劳动技能。工匠精神指导人们以严谨认真、用心用脑、专注坚持的态度对待工作，有利于从实践中汲取养分、掌握职业技能。同时，工匠精神所倡导的开拓创新也引导人们不断拼搏进取，提升技能。正所谓，“庖丁解牛，技进乎道”，意思是当某项技艺达到巅峰后，再进一步前进便接触到了“道”。正是凭借这种精神，高凤林练就一身出神入化的焊接本领，而且为了能在专业技术上更上一层楼，他还不断学习、充实提高自己，这才成就了焊接技术的“一代宗师”。

3. 工匠精神是培养产业工人职业认同感的重要引领

工匠精神不仅有助于形成精益求精的工作习惯、制造品质优秀的产品，更重要的是，还能让个人在高度工业化和商业化的社会中找到自我认同。当今社会，产业工人的社会认同度并不高。“学习不好的，才去读职业学校”“没本事的，才去工厂当工人”等观念屡见不鲜。年轻人普遍不愿意当产业工人，宁可在办公室工作少挣钱，也不愿意去生产一线多挣钱。但从另外一个角度来看，现代社会也认可有技能、有本领的人才，企业愿意出高价、给高待遇吸引高技能人才，但由于供给不足，高技能人才仍然是供不应求。一般产业工人与高技能人才之间的差距就在于职业精神和职业技能水平的高低。工匠精神有助于产业工人获取高水平的职业技能，建立职业认同感，进而获取社会认同。

4. 工匠精神有利于构建产业工人技能形成体系

我国产业工人技能形成体系涉及多个主体、多个环节，从政策制定到实施的多个层次，而不仅仅是产业工人这一个主体、技能提升这一个环节。工匠精神同样也会影响其他主体（群体）的职业精神和职业行为。比如在政策制定过程中，以精益求精的态度重视调查研究、反复讨论；在政策实施的过程中，以开拓创新的态度不断实践，并为政策修订做好准备。再比如在职业教育的过程中，以工匠精神引导学生成长，为职业技能的获取和提升打下良好基础等。

总之，在产业工人技能形成体系的构建过程中，应弘扬工匠精神，并以工匠精神为引领探索职业技能获取和提升的各种路径。

三、基于工匠精神构建产业工人技能形成体系

技能形成体系对于我国产业工人队伍建设的重要性已经不言而喻。但目前重学历轻技能的社会观念仍未得到根本扭转，要建设一支有理想守信念、

懂技术会创新、敢担当讲奉献的产业工人队伍还任重道远。我们应该进一步弘扬社会主义核心价值观，让劳模精神、劳动精神、工匠精神成为时代主旋律；构建技能形成体系，让产业工人得技能、享实惠、谋发展，让全社会都感受到当技术工人的荣光，为实现制造强国的目标打造坚实的根基和有力的支撑。

（一）弘扬工匠精神，营造重劳动崇技术的社会氛围

加大宣传是弘扬工匠精神的重要抓手，我们有必要借助各种媒体，通过大国工匠、技能大师等先进模范人物的事迹、文艺作品等进行广泛宣传，让“劳动最光荣、劳动最崇高、劳动最伟大、劳动最美丽”的观念深入人心；让全社会都尊敬劳动模范、弘扬劳模精神，正如习近平总书记在给中国劳动关系学院劳模本科班的回信中所说：“让诚实劳动、勤勉工作蔚然成风。”当然，在理念宣传的同时，也要不断提高产业工人的经济、社会和政治地位，让其劳动付出得到应有的补偿，让其劳动价值得到应有的尊重，营造出重劳动、崇技术的良好社会氛围。

（二）完善职业教育和职业培训，强化产业工人技能养成

职业教育和职业培训是职业技能获取的重要来源，也是大规模培养技能人才的必然路径，在产业工人技能形成体系中发挥重要作用。

一是不断完善我国职业教育体系。职业教育体系不仅仅指职业教育院校，也包含普通教育、继续教育中的职业技能养成，比如在基础教育中的劳动技能培养等。职业教育发展中的一个关键点是理论和实践的结合，否则培养出的人才就无法满足实践需要。这就需要在坚持产教融合、校企合作、工学结合等方式的基础上不断创新职业教育模式，以实现知行合一。还要突出企业在职业教育中的主导作用，通过制定包括成本补偿在内的校企合作政策，设立产教融合企业试点等，鼓励企业参与校企合作。

二是不断推进职业培训体系改革。新中国成立后，我国逐渐建立起以政府为主导的职业技能培训体系，为产业发展储备了大量人才。为了适应市场经济发展，职业技能培训也开始了市场化、社会化、多元化改革，逐渐建立了多元主体参与职业技能培训供给服务的机制，逐渐转变政府在职业技能培训体系中的作用，逐渐落实企业培养产业工人的主体责任。

三是统筹发展职业教育和职业技能培训。职业教育和职业技能培训是一个问题的两个不同发展阶段，不应该割裂开来，目前还存在政出多门等问题。有必要建立一个统筹发展的职业教育和职业技能培训的体系，有效发挥政府、行业、企业、院校、社会力量等的协同力量，促进学历与非学历教育纵向衔接联通、横向互通互认。

（三）完善职业技能认证制度，强化产业工人技能的规范化发展

职业技能认证体系是对职业技能水平的评价，也是职业技能激励制度和产业工人职业发展的基础。目前，我国所实行的职业技能认证制度还存在认证标准落后、多部门重复认证、认证缺乏监督等问题。要不断改进职业技能认证制度，就要不断完善多元认证主体，支持规模以上企业、行业协会参与职业技能认证工作；不断健全多元化评价方式，引导和支持企业、行业组织和社会组织自主开展技能评价；不断完善认证标准，加大对创新能力、现场解决问题能力和业绩贡献的评价比重；不断做好职业技能等级与职业资格制度的衔接、技能等级制度与企业中其他技术等级的匹配等；不断制定优惠政策引导更多企业开展技能人才的自主评价。

（四）健全技能工资、补贴、奖励等制度，强化产业工人技能形成的激励

产业工人的待遇改善、职业发展、社会地位提升等都有赖于国家社会以及企业等主体对职业技能的重视和奖励力度。恰当的激励制度可以将产业工

人的实践投入技能提升，引导企业重视技能培训的投入，在全社会营造“重劳动崇技术”的文化氛围。职业技能激励制度包括技能工资制度、技能补贴制度和技能奖励制度，涵盖基本工资和可变工资、短期奖励和长期奖励等，利用公平理论、期望理论等激励理论设计一系列能充分激发产业工人技能提升积极性的制度，从而让产业工人有机会通过技能提升获得更好的待遇和职业发展，帮助企业提升竞争力，为国家经济社会发展提供高素质的技能人才。

（五）完善劳动和技能竞赛机制，发挥先进人物的引领示范作用

20 世纪 30 年代，中国共产党领导下的中央苏区为了发展经济，在公营企业中创造了劳动的新形式——生产竞赛，并由此诞生了赵占魁等中国的第一批劳模①。劳动竞赛不仅有力地调动了职工群众的生产工作积极性，取得了经济成绩，更重要的是改变了职工的劳动态度，推动国有企业职工的身份地位和精神面貌等各方面都发生了巨大变化。由此可见，劳动和技能竞赛以及先进模范人物对职工技能提升、态度改变、业绩改善等有重要的作用。新时代，应该继续大力宣传“爱技术、肯钻研”的技能高手，通过介绍他们的成长成才之路以及爱岗敬业奉献的先进事迹，让他们获得社会大众的认同和赞扬。

劳动模范等先进人物往往都是从劳动竞赛、技术比武等平台脱颖而出，而劳动技能竞赛一直在我国产业工人的技能养成和提升中发挥着重要作用。为此，就要不断完善多种类、多行业、多层次的竞赛机制，以企业岗位练兵和技术比武为基础，以地方和行业技能竞赛为主体，国内各级互联，建立与国际竞赛相衔接的竞赛机制；不断完善劳动和技能竞赛的组织机制、激励机制和效果评估机制。

---

① 高爱娣．弘扬劳模精神发挥劳模作用［J］．工会博览，2016（5）：27-29.

（六）构建新型现代师徒制，实现产业工人技能的传承和发展

师徒制是我们古代工匠技艺传承的重要方式之一，传承的不仅是技术技能，还有职业道德、职业认同、职业敬畏等。师徒制在职业技能传承中的作用一度被忽视，但近年来一些企业再度发现了其在技能传承和提升中的重要性，并在方式上做了创新。英国的现代师徒制也是其产业工人技能形成体系的一个核心。

当前，我国在现代师徒制推行过程中，强调构建双元育人机制（企业、学校双主体）、强化学生的双重身份（在学校是学生、在企业是员工）、推动产教深度融合[①]。推行现代师徒制的过程中，不能仅停留在校企合作解决就业的层面，还应该深入实际技术传承方式的变革层面，以改变知识教学与技能传授的“两张皮”的困境，实现真正意义上的“现代学徒制”。

（七）发挥职工创新工作室的作用，强化产业工人技能提升

2004 年，徐矿集团在全国设立第一个以全国劳模殷春银冠名的工作室[②]，将“殷春银工作室”做成了技术创新平台。这种方式不仅解决了企业生产中的难题，为企业创造了经济效益，同时也培养了一支攻艰克难的中坚力量，并带动了周围职工学技术、提技能的积极性和主动性。2009 年，北京市总工会、市科委首次命名了 10 家首都职工创新工作室，并将这项工作不断延续了下来。

无数实践证明，职工创新工作室可以成为推动企业技术创新的重要力量，成为提升职工技能的重要平台和彰显职工主人公作用的重要载体。要推动职工创新工作室的作用发挥，就要探索多样化的创建模式，加强日常创新内容

① 楼世洲．我国近代工业化进程中师徒制的历史演变与现代转型［J］．中国职业技术教育，2016（34）：77-81.

② 姜苏君．创建劳模创新工作室 培育高技能品牌职工队伍［J］．煤炭经济管理新论，2006：225-227.

和运营管理，构建丰富有效的激励制度，创造适宜的企业生存空间[①]。

（八）加强交流与合作，提升产业工人技能形成体系的国际化水平

在全球化背景下，国家间的交流与合作机制成为相互学习、共同提高的重要路径。我国提出的“一带一路”倡议为21世纪国际间的交流与合作创造了一个新的模式，也为我国产业工人技能形成体系的“引进来”和“走出去”带来了有机融合的机遇。“一带一路”沿线国家在职业技能养成和提升方面可以开展大量的合作，包括职业院校之间在教育教学、专业共建、师资培养、师生交流、学生培养等方面的合作；职业院校和跨国企业之间在实训基地建设和技能人才联合培养方面的合作；不同国家在职业技能大赛选手的选拔培养、集训机制和大赛成果转化等方面的合作；在国家间职业教育资格证书的互认、职业技能等级鉴定的互认机制等方面的合作。

（九）构建新时代我国产业工人技能形成体系的多元治理格局

英国学者埃什顿认为，政府、教育与培训系统、资本以及劳动力是技能形成体系的四个重要主体，其之间的关系决定了技能形成的模式。受不同的经济、历史、文化等因素的影响，各国的产业工人技能形成体系都有其独特的特点。我国产业工人技能形成体系以政府为主导，工会等为辅助，教育系统与企业之间的协同关系从紧密到相对松散再到紧密，劳动者对技能的重视度也有一个变化的过程。

党的十九届四中全会提出，要不断推进国家治理体系和治理能力现代化。社会治理是国家治理的题中应有之义[②]，社会治理现代化需要打造共建共治共享的社会治理格局。在产业工人技能形成领域，也要在共建共治共享的原则下，充分激发各治理主体的积极性和主动性，构建更完善、更平衡、更高效、

① 李国甫．职工创新工作室的创建实践与思考［J］．钢铁文化，2014（10）：25–28.
② 本报评论员．坚持和完善共建共治共享的社会治理制度［N］．光明日报，2019–11–9.

更公平的技能形成体系。多元治理主体的角色分工以及角色互动构成治理体系模式，而角色互动建立在角色分工的基础上。权力和责任则反映出社会对治理主体的角色期待，构成其角色分工的前提，其基本原则是权责对等。而每一治理主体的行为都会对其他治理主体产生影响，同时其自身也会受到其他治理主体行为的制约和限制。多元治理主体在分工的基础上形成角色互动，因此应从多元治理主体有效分工与合理互动的视角来研究产业工人技能形成体系的多元治理格局。

第二章

职业教育和产业工人技能养成

尽管职业技能的养成有多种途径，包括“子承父业”“师傅带徒弟”“在岗学习”等，但是能大规模培养产业工人的途径非职业教育莫属。职业教育具有明确的指向性，目的就是培养符合经济发展阶段的技术技能人才。

一、不同历史阶段的职业教育与产业工人技能养成

我国的职业教育由来已久，与近代工业的发展息息相关。换句话说，职业教育是由于工业发展对技术技能人才的需要而诞生的。

（一）洋务运动至新中国成立前的职业教育与产业工人技能养成

19 世纪 40 年代，中国最早的一批产业工人诞生在列强侵占被迫开放的通商口岸内。在内忧外患的刺激下，清政府进行了一场长达 30 余年的洋务运动。洋务运动是清政府主动发起的一场自救运动，运动力求“自强”“求富”，变革图存，开设了一批官办企业，包括安庆内军械所、金陵机器局、轮船招商局、开平煤矿、福州船政局以及汉阳铁厂等。

洋务运动推动了近代职业教育在中国的兴起，出现了一大批“洋务学堂”。为满足生产需求，洋务企业迫切需要大批技术技能人才，而科举制不培养技术技能人才，洋务派只能自办洋务学堂，自主培养。洋务学堂具有职业教育性质，课程设置注重实用性，学堂依附企业，学生毕业后直接进入洋务企业工作。在众多洋务学堂中，比较有名的是京师同文馆、福州船政学堂以及天津水师学堂。洋务学堂培养了中国近代第一批工业技术技能人才，其中大批为军事工业人才，对于我国职业教育具有里程碑式的意义。

1901 年起，清政府开始实施“新政”。其中，改革教育体制为“新政”的

重要内容。壬寅学制、癸卯学制为代表的新学制的诞生，标志着中国近代职业教育体系开始建立。壬寅学制，即1902年（壬寅年）颁布的《钦定学堂章程》，其学制主要参考了同时期的日本学制，分为三段七级，修业时间长达20年，是我国近代第一个新式法定学制。壬寅学制公布后并没有实施，原因是其内容制定并不完备，为弥补其不足，制定了癸卯学制。癸卯学制，即1904年（癸卯年）颁布的《奏定学堂章程》。癸卯学制对实业教育有较为详细的规定，凡高等小学堂、中学堂、高等学堂均有相应的实业学堂。其中，初等实业学堂分农业、商业、商船三种，中等实业学堂分为农业、工业、商业、商船四种，高等实业学堂亦分为农业、工业、商业、商船四种。① 癸卯学制是我国近代实施的第一个系统学制，实业教育体系也随之建立。

1922年底，北洋政府出台“学校系统改革案”，史称“壬戌学制”。同期美国学制是该学制的主要参考对象，实行“六·三·三”制，即小学6年，初级中学、高级中学各3年。小学高年级增设职业教育预科，初级中学可开设各种职业科。高级中学除普通教育、师范教育外，可开设农、工、商、师范、家事等职业科，实行分科施教。② 该学制力求兼顾职业教育与普通教育，对我国职业教育发展影响深远，标志着我国现代职业教育体系确立。

中国共产党成立之初，就十分重视职业教育的发展，着力兴办工人夜校和工人俱乐部，著名的有1921年初筹办的京汉铁路长辛店工人夜校、1922年至1924年开办的安源路矿工人夜校和工人俱乐部。土地革命时期，中央苏区的职业教育紧紧围绕军事需要展开。例如，1931年成立的中央军委无线电学校，为红军培养了大批无线电、机务人才。抗日战争爆发后，由陕甘宁边区医药学校、西北医药专门学校、延安药科学校、白求恩护士学校等组成的一批卫生职业学校，课程设置以内科、外科、骨伤科为主，学制灵活，培养了大批卫生技术人员。

---

① 吴国荣 . 清末民初职业教育基本特征析论［J］. 福建论坛 · 人文社会科学版，2014（4）：95–99.
② 同上。

延伸阅读 2-1 ：洋务学堂

1862 年，京师同文馆在北京成立，目的是为清政府培养专业的翻译人才，学制五到八年不等，开中国近代外语教育先河。

1866 年，福州船政学堂成立，名为“求是堂艺局”。学堂分为前、后两学堂。前学堂称“法文学堂”，法语授课，教授机器制造和造船技术，培养工程师、技术员和技工。后学堂称“英文学堂”，参照英国海军学制，设驾驶、管轮两个专业，培养舰长和轮机长。学堂章程规定：学生“半日在堂研习功课，半日赴厂习制船械”。教习既是老师，又是工程师；既能上理论课，又能上实践课。学生既是学员，又是学徒；既学习，又参加劳动，承担生产任务。[①] 福州船政学堂的显著特色之一就是产教结合。

1881 年，北洋水师学堂成立于天津。学堂参照英国海军学制，设驾驶、管轮两个专业，十分注重学生的实践能力。课程可以分为内场课程和外场课程，内场课程主要有英语、汉语、数学、航海学、天文学等。外场课程主要有信号学、升桅技法、步兵操练等。学制七年，内场课程四年，外场课程三年。[②] 学生在校学习四年之后，由北洋大臣主办“大考”，合格者均派往“练船”培训一年。“举凡大炮、洋枪、刀剑、操法、弹药利弊、上桅接绳、用帆诸法、一切船上应用诸习，都要能够通晓。”[③]

（二）新中国成立后至改革开放前的职业教育与产业工人技能养成

新中国成立后至改革开放前，我国职业教育建设迎来一次高潮，之后很长一段时期处于低谷。具体来看，“文革”开始前，是我国职业教育的一个高速发展期，“文革”开始后，职业教育体系受到严重冲击。

---

① 陈超 . 福州船政学堂的办学特色及其影响［J］. 海峡教育研究，2018（6）：7-14.

② 徐宁 . 洋务学堂与近代高等职业教育［J］. 兰台世界，2013（6）：115-116.

③ 刘金録 . 近代天津洋务教育及其借鉴［J］. 职业教育研究，2009（8）：158-160.

1949 年新中国成立时，百废待兴，急需大量初级、中级技术人才。为了调整和恢复国民经济，国家决定配套发展职业教育。中等职业教育是这一时期职业教育的主要办学形式，原因是中等职业教育学制较短，课程设置实用性强，适应国民经济恢复要求。1949 年 9 月，中国人民政治协商会议第一届全体会议通过《共同纲领》，规定人民政府应该有计划有步骤地改革旧的教育体制，并且要“注重技术教育”。1949 年 12 月，第一次全国教育工作会议提出，要改变旧中国遗留下来的普通中学与职业教育比例严重失调，特别是技术学校数量较少的状况。会议总结指出：中等学校在今后若干年内应着重向中等技术学校发展。1952 年 3 月，政务院发布《关于整顿和发展中等技术教育的指示》，指出国家正在进行大规模的经济建设，“培养技术人才是经济建设的必要条件，而大量训练与培养中级和初级人才尤为当务之急”。[①] 人民政府通过接收、接管和接办原有公立教育资源，对原有教育资源进行初步改造，大力发展中等职业教育。1949 年至 1952 年，中等专业学校由 1171 所发展到 1710 所，在校学生由 228845 人增加到 635609 人。[②]

1958 年，全国各地掀起“大跃进”运动，波及教育领域，造成职业教育脱离实际需要盲目发展，只重数量而教育质量严重下降。据统计，1956 年底，中专学校数量由上一年的 728 所猛增至 2085 所，学生数量从 48.2 万人增加到 108.3 万人；技工学校由 44 所增到 417 所，学生从 6.6 万人增加到 16.9 万人。而到了 1958 年，中专和技校的学校数量又上升近 2 倍，学生数量也分别上升近 1.8 倍和 2 倍。[③]1960 年，教育“大跃进”达到顶峰，随后在三年国民经济调整时期，关停了大量职业学校。十年“文革”期间，职业教育受到冲击，大量中等职业学校停办，师资分流，职业教育几乎瘫痪。

---

① 王富丽 . 建国后十七年职业学校的发展与启示［J］. 职教通讯，2013（4）：60–62.

② 同上。

③ 刘文全，马君 . 新中国成立 70 年中等职业教育的历史使命与变迁——基于中等职业教育政策文本分析［J］. 中国职业技术教育，2019（24）：28–35.

（三）改革开放以来的职业教育与产业工人技能养成

改革开放后，我国进行经济体制变革，经济体量不断变大，职业教育得以恢复并发展。中等职业教育恢复发展并达到巅峰，随后进入下滑期；高等职业教育逐渐成为我国职业教育的中坚力量。

1979年4月的全国教育工作会议上，邓小平强调教育事业必须同国民经济发展的要求相适应，“要考虑各级各类学校发展的比重，特别是扩大农业中学、各种中等专业学校、技工学校的比例”。1980年10月，国务院批转的《关于中等教育结构改革的报告》提出，改革的重点是大力发展各类中等职业学校、技工学校等。

到1998年，我国中等职业教育招生530.03万人，占高中阶段招生总数的56.96%；在校生1467.87万人，占高中阶段在校生总数的60.02%。从数据上看，无论是招生数量还是在校生数量均达到峰值，随后开始进入下滑期。1999年，中等职业教育招生人数出现自改革开放后的首次下降。中等职业教育招生人数与1998年的数字相比下降了35.8个百分点，招生数减少67万人。①

1985年，“高等职业教育”这个概念首次出现在中央文件中。中共中央在《关于教育体制改革的决定》中明确指出发展职业技术教育要以中等职业技术教育为重点，发挥中等专业学校的骨干作用，同时“积极发展高等职业技术院校”，并逐步建立起“一个从初级到高级、行业配套、结构合理，又能与普通教育相互沟通的职业技术教育体系”。该决定明确了改革开放后我国职业教育的发展战略。②1991年，国家教委发布《关于加强普通高等专科教育工作的意见》，该意见从指导思想、培养目标、设置规范、学制课程与教学改革、师资经费等方面对高等专科教育的发展予以明确，从根本上确立了我国高等职

① 刘文全，马君．新中国成立70年中等职业教育的历史使命与变迁——基于中等职业教育政策文本分析［J］．中国职业技术教育，2019（24）：28-35.

② 曹婷．新中国成立70年我国高等职业教育的发展势况与改革路径［J］．装备制造与教育，2018（3）：9-15.

业教育的发展体系。[①]

21世纪以来，扩大高等教育规模成为教育改革重点。普通高等教育随之规模扩大，而中等职业教育规模下降。与此同时，高等职业教育逐渐成为我国职业教育的中坚力量。2002年，国务院颁布《关于大力推进职业教育改革与发展的决定》指出，推进职业教育管理体制改革，逐步建立在国务院领导下，分级管理、地方为主、政府统筹、社会参与的新型职业教育管理体制。[②]2005年，高等职业教育开始转型，国家提出重点建设100所高等职业院校的计划。截止到2010年，全国独立设置的高职院校1246所，招生数310.5万人，在校生数966.2万人，分别是2000年的3倍、6倍和10倍左右。[③]2015年，教育部《关于深化职业教育教学改革全面提高人才培养质量的若干意见》指出，要深化职业教育教学改革，全面提高人才培养质量。[④]至此，我国高等职业教育办学目标由"主要扩大办学规模"过渡到"力求提高办学质量"阶段。

延伸阅读 2-2 ：首钢技工学院的发展[⑤]

首钢技师学院的前身是成立于1954年的首钢技工学校。1985年起，该校成为北京市首批教学改革试点单位，教改试点班以实习为重。如1989级的焊工924试点班，仅1990年9月至1991年1月，训练9个课题，44名学生

---

① 刘文杰.新中国成立70年我国职业教育发展回顾与前瞻［J］.内蒙古社会科学（汉文版），2019（3）：192–197.

② 同上。

③ 郭文富，马树超.新中国成立70年来职业教育发展的历史阶段特征与经验［J］.教育与职业，2019（10）：5–10.

④ 刘文杰.新中国成立70年我国职业教育发展回顾与前瞻［J］.内蒙古社会科学（汉文版），2019（3）：192–197.

⑤ 首钢技师学院官网：http://www.sgjx.com.cn/info/1032/1600.htm；为了首钢的明天——首都钢铁公司技工学校教学改革纪实［J］.职业技能培训教学，1995（1）：14–15 ；刘淑文.共建大师工作站助推产学研飞速发展——以首钢技师学院为例［J］.中国培训.2017（2）：215 ；技师学院.紧扣企业行业发展的技能"命门"［J］.职业，2013（9）：8–9.

就用掉6000多公斤焊条、25吨钢板。最后毕业考试中，42名同学全部通过三级工考试，其中，27人达四级工，10人达五级工。1992年7月的北京市经委技术操作比赛，该班3名同学囊括焊工比赛前三名。

1993年学院被评为北京市重点技工学校，1998年被评为国家级重点技工学校，2004年被国家劳动和社会保障部评为高级技工学校，2009年被北京市政府批准成为全市五所技师学院之一。

在管理体制上，学院与首钢集团二级子公司组成了集团化教育培训体系，设立了“教育培训研究会”和“教育培训联席会”，根据企业发展研究制订职工培训计划，共同探讨技能人才培养目标和方法。

为使学校的教育教学环境与企业的真实生产环境相对接，学院引进北京市首席数控车工卫建平创新工作室，2014年建成约400平米的“技能大师工作站”，全方位促进教学改革。生产性实训、教研教改技术研发、双师型锻炼等工作，使校企合作走向产学融合成熟阶段。

学院目前全日制在校生2790余人，设有机电类、冶金类、信息类、管理类、幼教护理类、环保类、休闲体育类等常设专业24个，形成中级工、高级工、预备技师和学制技师培养以及高技能人才培训教育体系。

二、新时代职业教育在我国产业工人技能养成中的作用

产业工人的技能养成是一个系统化工程，需要国家、社会、个人共同参与，多方合作，形成合力。职业教育是产业工人技能养成的源头之一，在产业工人技能养成的过程中具有十分重要的作用。

（一）帮助受教育者树立职业理念

职业理念是指劳动者对工作的认识和看法。这里面既包括对职业道德、

职业精神的认识，也包括对职业纪律、职业责任的认识，还包括对自己的职业目标、择业观念的认识。

职业道德是劳动者对待工作的自我要求，如爱岗敬业、遵守社会规则等，良好的职业道德有助于社会和谐。职业精神表现为劳动者对工作价值的认同，如开拓进取、勇于创新、精益求精等。积极的职业精神促进技术创新，是社会进步的活力源泉。职业纪律是工作的外在约束，如执行安全生产原则、严格完成生产工序、遵守企业生产纪律等。对职业纪律的严格遵守是降低社会风险的重要的手段。职业责任是劳动者对工作重要性的认识，既包括本岗位对于企业生产重要性的认识，也包括本岗位对于社会生活重要性的认识。努力承担职业责任，是劳动者承担社会义务的重要表现。职业目标是劳动者对自身职业生涯规划的认识，拥有清晰的职业目标是劳动者努力工作的动力之一。择业观念是劳动者价值观的重要组成部分，健康的择业观念是塑造社会主义合格建设者的内在要求。

人的认识形成是一个长期动态的过程，在青年时期受到正确的引导，对于人们树立正确的“三观”十分重要，职业学校正好担负起了对学生“三观”引导的任务。职业学校是他们由学生转变成职业劳动者、完成社会化的重要场所，是引导他们对本职工作有深入了解、树立良好职业理念的桥梁和纽带。

延伸阅读 2-3 ：詹天佑修铁路的故事

作为一个劳动者而言，职业理念到底有多重要？詹天佑的故事可以告诉我们答案。詹天佑是一位杰出的铁路工程师，主持修建了第一条完全由我国工程技术人员设计施工的“京张”铁路。京张铁路是联结华北和西北的交通要道。清政府刚提出计划，一些帝国主义国家就纷纷争夺修建权，想以此加强对中国的控制。争执不下时，他们提出条件，如果中国用自己的工程师来修建的话，他们就不争了。这本是一种要挟的手段，但没想到的是，清政府决定任命詹天佑为总工程师自主设计施工。消息一出，那些国家都认为是个笑话，甚至说“能在南口以北修筑铁路的中国工程师还没有出世呢”。

在困难重重之下，詹天佑不畏艰险毅然接受了任务。在开工之前，他进行了详细的勘测，周密计算应该在哪里开山、架桥、铲坡、改弯等。詹天佑常说，工程人员的工作首先要精密，不能有一点儿马虎，“大概”“差不多”这样的词不能出自工程人员之口。他总是以身作则，不管条件怎样恶劣，始终坚持在现场工作，亲自扛着标杆，背着经纬仪，在峭壁上定点、测绘。每当遇到困难时，他就会想，这是第一条中国人自己修建的铁路，一定要建好，不能让外国人小瞧了中国工程师。在詹天佑及团队的精心设计和艰苦工作下，这条铁路比原计划缩短了一半时间竣工，给那些看笑话的外国人以有力的回击。

（二）帮助受教育者获取职业知识和技能

产业工人获得职业知识和技能的途径有两个。一是接受职业教育，在进入岗位之前，按照岗位能力要求进行专门学习。将岗位职责要求、操作规范、生产方法等融入课程设置，通过理论学习了解知识，通过实训实践消化知识，掌握完成日常工作生产任务的职业技能。二是进入工作岗位后，在工作过程中，通过实践，完成生产任务，获得职业技能和知识。在工作过程中，产业工人通过对所需知识的实际运用，获得职业技能的提升。当然，为了更好地让理论知识和实践技能相结合，越来越多的职业院校开展了校企合作、产教融合等活动。

职业教育对产业工人获得职业技能和知识具有基础性的传播作用。现代工业化生产方式决定了工人在步入工作岗位之前，需要有专业知识的储备并掌握熟练的操作技能，需要了解产品的工艺流程、工时工序，对工作中需要使用的设备工具有实际的操作经验。一个普通人如果不进行专门的教育学习，是很难掌握所需职业技能并满足企业的生产需要的，不经过训练贸然上岗，既不可能完成企业要求的生产任务，还可能由于操作失误而损毁重要生产设备，甚至引发安全事故，使得企业和劳动者个人遭受严重的伤害和经济损失。

举办职业技能大赛是职业学校办学的一个新思路。职业技能大赛是衡量学生职业技能掌握情况的逐步成熟的方法，比赛项目立足于生产一线岗位，评价标准是岗位任务的完成情况，模拟实际生产场景，比较职业学校原有的考试形式，对于学生掌握的理论知识和实操技能更能直观考查。通过参加职业技能大赛，学生可以锻炼自己的实际操作技能、团队间的彼此配合能力，获得综合能力、心理素质的全面提升。

延伸阅读 2–4 ：职业教育改革的“1+×”证书制度

2019 年，教育部、国家发展改革委、财政部、市场监管总局联合印发《关于在院校实施“学历证书 + 若干职业技能等级证书”制度试点方案》，启动了新一轮职业教育改革。“学历证书 + 若干职业技能等级证书”（以下简称“1+×”证书）制度是改革的重要内容，也是帮助产业工人获得职业技能和知识的重要保障。“1”是指职业学校颁发的学历证书，表明学生学完了学校培养方案制定的专业课程并考试合格，通过国家教育部备案的证书证明学生的学习经历和求学结果。“×”是指职业技能等级证书，表明获得者拥有证书相应岗位的操作能力和所需知识，是证书获得者职业技能水平等级的证明。职业学校学生要获得两种证书，就要接受两种考核体系评价，本质上，要求更加系统地掌握理论知识，提升实践能力。学历证书与职业技能等级证书共同作用，加强了对职业教育学生的认证程度，对于职业教育学生求职就业具有积极正面影响。

（三）引导受教育者建立技能的自我发展能力

产业工人职业技能的自我发展能力，既包括产业工人终身学习的能力，又包括产业工人在工作岗位上不断总结经验、打磨技能的能力。

终身学习的能力，是指在人的全生命周期中，在学校教育阶段之后，保持学习习惯、不断进行知识更新、适应社会发展趋势的能力。在知识爆炸的现代社会，生产工艺迭代迅速，以往掌握一套生产方法使用一辈子的时代一去不返了。产业工人要保持生产技术竞争力，就必须不断更新自己的知识结构，掌握新的生产工艺，跟上社会变革的步伐。

对过往经验的总结，要求具备不断反思的能力，一方面，要拥有出色的观察能力和记忆能力，了解工作细节并能回忆关键步骤；另一方面，要拥有归纳总结和综合比较的能力，对工作步骤归纳分类，比较不同的作业方法，并综合找出最优方法。对技能的打磨，要求具有场景再现和工作复现的能力，可以较好地完成工作场景复制，更重要的是，需要富有科学实验精神和主动创新精神，面对工作中反复出现的问题，更加倾向于使用新的方法去解决，而不是依赖已有的方法解决。在实际作业中，一些工序的微小变化，一些原材料使用的不同排列组合，一些生产工具的尝试性使用或针对性革新，都可能节省生产成本，带来生产工艺的进步、生产技能的提高。

表面上看，产业工人终身学习的能力强调终身性，强调在学校教育阶段之后继续保持学习习惯；总结经验、打磨技能的能力又强调在工作岗位上拥有实践经验，两者似乎都与职业学校的关系不大，但实际上，对于产业工人来说，不论是终身学习的能力还是总结经验、打磨技能的能力，两者都需要经过职业教育的系统培养才能更好地获得。

因为终身学习能力的获得需要学习习惯的系统养成、学习意识的深入培养、学习方法的体系化传授；总结经验、打磨技能能力的获得，需要掌握科学的工作方法，拥有研究问题的能力，系统化地掌握实验方法。以上这些，对于产业工人来说，只有在职业学校接受系统的专业教育，一方面掌握工作原理，另一方面进行大量实训，理论和实践相结合，才能较好地掌握科学工作的方法。在职业院校学习的学生，都处在人生观、价值观的形成时期，在这个时期形成的观念和行为习惯十分牢固且带有认知黏性，对其一生都有重要影响。从这点来讲，职业院校对于产业工人培养自我发展的能力具有不可替代的作用。

延伸阅读 2-5 ：不断创新的工人发明家——包起帆

在我国经济社会发展的不同历史阶段，涌现出无数爱岗敬业、不断创新、追求卓越的先进模范人物，包起帆是其中优秀的一员。先来看看他的成长经历吧。包起帆是一名从码头工人干起来的教授级高级工程师。他曾经长期在港口生产一线工作，40 多年间先后经历了工人、技术员、中层技术管理者、高级管理者等阶段，退休后当了政府参事。工作期间，包起帆获奖无数，国家级和国际级大奖就有 100 多次，包括 3 次国家发明奖，3 次国家科技进步奖，56 次省部级科技进步奖，39 次日内瓦、巴黎等国际发明展览会金奖。

有人说创新很难，与普通人无关，那是科学家、工程学家的事，包起帆却用“从小改小革起步”的创新探索，实现了一个又一个不可能。关于包起帆发明创造的故事很多，比如“圆珠笔”的故事。有一次，包起帆无意中发现圆珠笔的启闭结构正是抓斗所需要的，他就想把这个原理应用到抓斗中。为了搞明白其结构，他找到圆珠笔厂，希望能看看图纸，但却一再被拒绝。最终，他锲而不舍地三上圆珠笔厂，终于拿到了图纸并解开了谜团，从而改进了抓斗的启闭系统。

所有创新都有一个艰难的过程，如果浅尝辄止或者知难而退，就不会有创新的成功。人要想得到持续的发展，就得有持续的努力。

包起帆之所以能持续创新、不断突破，与他始终保持进取之心、不断在工作中总结提升分不开。值得一提的是，包起帆 17 岁来到上海港，从一名普通的码头装卸工做起，在实践中，他意识到如果不能扎实系统地学习科学文化知识，就无法持续提升。1977 年，有着十年工龄的包起帆考进了上海第二工业大学，专攻起重运输机械专业，在学校理论与实践相结合的训练下，虽学得辛苦，却也为今后搞发明打下了坚实基础。

（四）有利于大规模培养技术技能型人才

现代化工业生产是社会化大生产，是流水线作业、标准化作业、规模化作业。流水线作业要求劳动者明确分工、各司其职，共同协作完成生产任务。为了满足流水线上前后工序衔接要求，对于产品的每一道工序都必须符合标准化要求，达到通用目的，这就要求劳动者必须掌握标准化工作方法，符合统一的岗位业务规定标准。规模化作业，是企业提升生产效率的要诀，只有将生产规模提升到某个水平，才能摊平生产成本，提升产品利润空间。综上，现代化工业生产，特别要求社会能够快速提供大规模的拥有标准生产技能的具有合作意识的劳动者。传统的学徒制培养模式，学徒工跟着师傅每天耳濡目染，完成师傅交代的任务，观察师傅做工，受到师傅的言传身教，学有所成后，为师傅免费工作 3 到 5 年不等，以此作为学费并由师傅完成手艺检验，由此出师，方可自立门户。这种传统模式，培养周期长、培养标准不统一、培养人数少，无法满足现代化工业生产对于大批量合格劳动者的培养需求。

职业学校的专业设置紧跟市场变化，根据市场变化动态设置专业。但课程设置，必须要达到行业资格标准的要求，这些保证了学生所学技能具有通用性，能适应行业内大多数企业要求。通过加强学校和企业的合作，加快产业和教学的融合，职业学校的学生可以获得在生产一线真实工作环境中进行实训的机会，掌握标准化生产技能，锻炼流水线作业的合作能力。职业学校学制较短，招生规模大，按照现代教育理念进行人才培养，培养合格率高，可以为现代工业体系大规模培养技能型人才，满足现代化工业体系社会化大生产的用工需求。

三、职业教育在我国产业工人技能养成方面的现状和问题

职业教育在产业工人技能养成方面发挥着重要的作用。但因各种因素的

影响，也存在着所设专业不能满足产业发展需要、培养的人才数量和素质不能满足企业实践需求等问题。

（一）职业教育的办学规模逐渐扩大，但仍然无法满足产业工人队伍建设需要

从1985年开始发展到2000年，我国高职院校在校生已占当时全国高校在校学生总数的18.14%。进入21世纪，我国高等职业教育迅猛发展，高职学校数从442所增加至1418所，全日制高职在校学生数从100.9万人增长到1133.7万人。过去20年平均17.61%的增长速度使我国已经建成了世界上规模最大的职业教育体系①。

在师资力量上，一方面，教师总量逐年递增。1986年，高职院校教职工总数达到18.0万人，专职教师约8.6万人，20世纪末，教师队伍总量虽不断扩大，但发展较慢，规模依旧较小。从2000年到2018年，高职院校专任教师总数从8.7万人激增到49.8万人，总增长率达到472.4%。另一方面，师资结构趋于合理。首先，双师型教师比例不断提高。2018年，我国高职双师型教师共19.14万人，占高职专任教师的39.70%。其次，高职院校师生比趋于合理。到2018年，师生比远低于教育部制定的普通高等学校基本办学条件指标。最后，高职专兼师资结构持续优化。2017年到2018年，各地省级财政列支专项经费用于支持中高等职业院校聘用兼职教师，累计投入共8.2亿元，支持1.6万个专业点，聘请4.4万名兼职教师，一批企业工程技术人员、高技能人才、能工巧匠到学校兼职任教。②

相比于高等职业学校办学规模逐年扩大，中等职业学校则呈现萎缩态势。中职学校受到高等教育扩招影响，社会认同度下降；同时，我国人口结构中，

① 宋乃庆，郑智勇．新中国成立70年来我国高等职业教育发展探析［J］．职业技术教育，2019（36）：7-12.

② 同上。

青年人口占总人口比例在下降，这些导致中等学校招生环境恶化，办学规模逐渐缩小。2015 年全国共有中职学校 11202 所，比 2010 年减少 2670 所，减少了 19.25%。学校数逐年递减，招生数和在校生数也在下降。2010 年至 2015 年，中职招生数下降 269.17 万人，下降了 30.92%；在校生数下降 581.8 万人，下降了 25.99%。

总体而言，进入 21 世纪以来，我国职业教育办学规模虽然逐年提高，但是仍然无法满足产业工人队伍建设需要。其中的重要原因，在于随着我国经济结构的转型和产业的升级，对于产业工人的需求已经从重数量向重质量转变。我国职业教育目前仍无法满足对于高级技术工人的需求。

（二）职业教育的重要性逐渐被认识，但是资金投入远远不足

2002 年，国内第一次出现“技工荒”的报道，之后同类报道逐渐增多，2008 年金融危机后，此类报道有所减少，在 2013 年后又有所上升。之所以产生“技工荒”，一方面，是因为我国经济体量在不断扩大，人工成本逐年上升，企业原有的人工成本预算无法满足技工群体要求，双方不能达成一致，故产生“技工荒”。另一方面，随着高等教育产业化、高校扩招，社会上学历崇拜越来越严重，技术工人劳动力的供给跟不上经济发展需要。随着供给侧结构性改革、“一带一路”倡议的实施，合格的高技能产业工人需求量大增，职业教育的重要性也在被重新认识。但与此同时，对于职业院校的财政经费投入支持还相对滞后。

“十一五”期间，中职教育经费从 2005 年的 271 亿元增长到 2010 年的 1357 亿元（年增幅 38%），高职高专经费也从 371 亿元增长到 1051 亿元（年增幅 23%），远高于同期教育经费 18% 的年增幅。与之相随的是，中高职经费占教育总经费的比重，从 2005 年不足 8% 增长到 2009 年的 12.8%，达到历史最高值。“十二五”期间，职业教育经费增长速度大幅回落。2011 年至 2016 年，高职高专经费分别为 1251 亿元、1410 亿元、1452 亿元、1518 亿元、

1726亿元、1836亿元，中职教育经费分别为1639亿元、1909亿元、1997亿元、1907亿元、2138亿元、2223亿元，两者的年增幅均跌至10%以内，低于同期12%的教育总经费年增幅。最终，职业教育经费占总教育经费的比重一路回落，从2009年的最高值下降了2.4个百分点，2016年为10.4%。①

职业教育生均拨款与普通教育生均拨款相比，相对投入不足。1994年，中职生均经费3096元，普通高中生均经费1542元，两者相差近一倍。此后，中职对普通高中的经费优势有所缩小，直到2004年依然保持在1.4倍左右。而在2005年至2016年，中职与普通高中之间的生均经费差距不断缩小，到2016年两者已经大体相当，都为9100元左右。2005年，本科生均经费10976元，高职生均经费6103元，两者相差4873元。而在2016年，本科生均经费18414元，高职生均经费11049元，两者经费差距扩大到7365元。虽然职业教育投入不断增加，但是与普通教育相比，生均经费的增长相对滞后。②

2005年以来，虽然中央财政对职业教育的支持力度不断加强，投入不断扩大，但是，与普通教育相比，职业教育投入仍然落后。例如，投入增速方面，"十二五"期间职业教育的增速依然落后于普通教育；生均经费方面，职业学校学生经费占有率仍然较低。

（三）职业教育重视操作技能训练，但与实际岗位需要仍有距离

培养具有合格操作技能的产业工人群体，是职业教育的主要目标。要完成这样的目标，学校的理论教学是远远不够的，需要增加实际操作训练，在生产一线的实际生产任务中才能提高操作技能。为创造条件，切实提高职业院校学生的实操技能，改革开放以来，政策逐渐从产教结合转向产教融合。

改革开放后，职业教育的发展方向一直是推动职业教育与产业生产相结

① 田志磊，赵晓堃，张东辉．改革开放四十年职业教育财政回顾与展望［J］．教育经济评论，2018（11）：74–91.

② 同上。

合。1979 年，原国家劳动总局颁布了《国家劳动总局技工学校工作条例（试行）》，该文件要求，技工学校的教学和生产相结合，以期通过更加直观的方法提高学生的实际动手能力、生产实操能力和解决实际问题的能力。该文件还要求落实实习教学政策，各地方劳动局需要组织辖区企业与区内技工学校结对，配合完成技工学校学生实习任务。到 1982 年，教育部、国家劳动总局、中华全国总工会、共青团中央、全国职工教育管理委员会五个部门联合下发了《关于切实搞好青壮年职工文化技术补课工作的联合通知》，该通知要求各级企事业单位应该联合职工大学、技工学校做好青壮年劳动力的职业技术补课教育。[①]

1985 年，党中央颁布了《关于教育体制改革的决定》，该决定鼓励职业学校办学形式多样化，探索各种主体与中等职业学校进行合作办学，如企业、个人、事业单位、社会组织等。1993 年，党中央、国务院颁布了《中国教育改革和发展纲要》，该纲要强调“要改变政府包揽办学的格局，逐步建立以政府办学为主体，社会各级共同办学的体制”，鼓励校企联合办学，使企业获得稳定的合格劳动力，同时使中等职业学校获得额外收入，以厂养校。1995 年，原国家教育委员会出台了《关于推动职业大学改革与建设的几点意见》，该意见要求深化产教结合，完善职业院校与企业的合作机制，使合作形式标准化，并要求职业院校突出自身办学特色，发挥自身特色发展校办企业，通过参与企业活动提高办学能力，进而在区域经济中提升职业院校影响力，深化产教结合程度。

2000 年，教育部出台《关于制定高职高专教育专业教学计划的原则意见》，该意见确认，企业有根据业务需求开办职业学校和培训班的权利，鼓励企业拓展自主培训功能，并鼓励企业通过“订单式”培训，加强与现有职业院校合作。2004 年，教育部颁布了《关于以就业为导向深化高等职业教育改

① 肖靖．从产教结合到产教融合——40 年职业教育的政策变迁［J］．中国高校科技，2019（8）：66–71.

革的若干意见》，该文件指出，“订单式”培训形式在校企合作中应该多加开展，建立产学研合作的长效合作机制。“工学结合、校企合作”应该成为产教结合的基本模式，并在改革中探索多样化的人才培养模式。2008 年，教育部职业教育与成人教育司在其年度工作要点中指出，当前职业院校需要明确以就业为导向，加强与企业之间的产教合作，逐步完善“订单式”人才培养模式。[①]

2010 年以后，产教融合替代产教结合成为职业教育的改革方向。我国的产业结构升级要求我国的职业教育必须深化产教融合。2014 年，国务院发布了《现代职业教育体系建设规划（2014—2020 年）》，该规划指出，对于个体技术技能的积累，校企协同要成为一个基础，这为产教融合提供了明确方向。2015 年，教育部出台了《关于深化职业教育教学改革，全面提升人才培养质量的若干意见》，其中，细致规定了校企合作、工学结合的模式，强调职业院校的教学安排必须与区域经济的产业结构转型升级保持衔接，产业部门要强化对职业院校教学过程的指导、评价与服务，进而实现三位一体式的校企协同育人机制建设。2017 年，《关于深化产教融合的若干意见》再次重申了校企协同育人的宗旨、目标、实施方式及配套保障，为深化校企协同育人做出了明确的规范。2017 年，教育部出台了《关于开展现代学徒制试点工作的意见》，其中明确了职业教育的专业设置需要对接产业需求，根据产业需求动态调整专业设置，要求将现代学徒制作为产教融合的一种典型机制，努力推进现代学徒制在招生、培养等方面的改革。

然而，在产教融合的政策实施过程中，融合深度不足，不能形成产教联动的有效机制，企业和学校还是各有一套行为规则，合作过程中双方积极性有限，存在“两张皮”问题，最终，使得企业虽然参与教学实训，但职业院校毕业的学生，还是缺乏“即插即用”的能力，往往进入企业后，还需要企

① 肖靖．从产教结合到产教融合——40 年职业教育的政策变迁［J］．中国高校科技，2019（8）：66–71.

业进行“二次投入”“专项培训”后才能上岗工作。刚毕业职校生的操作技能与实际岗位需要存在差距。

（四）职业教育学历环境有所改善，但有利于产业工人的配套政策有待完善

目前，国家层面对于职业教育学历的认可度是有所提升的。国家支持技术技能人才凭技能提升待遇，鼓励企业职务职级晋升和工资分配向关键岗位、生产一线岗位和紧缺急需的高层次、高技能人才倾斜；建立国家技术技能大师库，鼓励技术技能大师建立大师工作室，并按规定给予政策和资金支持，支持技术技能大师到职业院校担任兼职教师，参与国家重大工程项目联合攻关；积极推动职业院校毕业生在落户、就业、参加机关事业单位招聘、职称评审、职级晋升等方面与普通高校毕业生享受同等待遇；逐步提高技术技能人才特别是技术工人收入水平和地位。机关和企事业单位招用人员不得歧视职业院校毕业生。国务院人力资源社会保障行政部门会同有关部门，适时组织清理调整对技术技能人才的歧视政策，推动形成人人皆可成才、人人尽展其才的良好环境。按照国家有关规定加大对职业院校参加有关技能大赛成绩突出毕业生的表彰奖励力度。但是社会上对职业教育学历的认同度并没有多大改变，认为接受职业教育是接受“二流教育”，接受职业教育的学生是被高考制度淘汰的学生的观念仍然顽固。受高等教育产业化影响，近年来，普通高等教育毕业生人数屡创新高，年年都是“最难就业季”，人们惊呼学历贬值，本科学历在职场上已失去竞争力，受到所谓学历鄙视链的影响，高等职业教育就更加没有竞争力了，在很多家长和高中毕业生看来，接受职业教育是无奈之举。产业工人薪酬水平与其他职业相比仍然较低，对产业工人的奖励体系不完善。

（五）职业教育办学已有相当规模，但管理体制需要变革

1978 年 2 月，经国务院批准，教育部和原国家劳动总局联合发文，重新确定技工学校管理体制。文件指出“办好技工学校是培养工人掌握现代化设备，提高工人技术水平，补充熟练工人的重要方式，对加速发展国民经济，实现四个现代化，具有重要意义”。文件明确全国技工学校的综合管理工作，由教育部划归原国家劳动总局主管，教育部给以协助。[①] 至今，我国职业教育管理体制仍然是多头管理、各管一块的条块分割体制。教育部负责管理中等职业学校和高等职业学校，人力资源和社会保障部负责管理技工学校，行业协会参与管理社会培训机构。这种条块分割的管理体制，职能交叉、统筹乏力，难以有效整合资源、提高职业教育办学质量。部门分别办学，容易导致人才重复培养，教育资源重复投入。主管部门插手教学过重，导致部分学校自主权不多，与所在区域经济结构和产业结构结合较差。职业学校学生的人才认定模式也存在一些问题。大力推行的“1+X”证书制度，本意是希望增加对职业学校学生的认可度，提供相比学历证书更加多元的评价标准，但是，由于职业技能等级证书的颁发部门是人力资源和社会保障部，这就造成职业技能等级证书知识体系与职业学校课程体系的不兼容。由于涉及教育部与人力资源和社会保障部两部门的沟通成本问题，职业学校的课程改革难免落后于职业技能等级证书知识体系的更新，特别是近年来，人力资源和社会保障部加大了关于职业资格考试的整治力度，取消了一大批职业资格证书，又根据社会发展新增了一批职业资格证书，加大了职业学校课程改革的调整难度，无形中加重了职业学校学生的学习负担。综上，现行职业教育管理模式已经不能适应我国的社会发展和经济发展，应该尽快予以变革。

---

① 崔秋立．技工学校现行管理体系的内在逻辑［J］．山东人力资源和社会保障，2020（2）：24-26.

四、国外职业教育在产业工人技能养成方面的经验借鉴

对发达国家的职业教育模式进行分析，学习它们的成功经验，可以获得有益的启示，促进我国职业教育的发展。

（一）日本的职业教育模式

职业教育在日本的发展开始于明治维新时期。为增强国力，日本政府大力推行“富国强兵”“奖励百工”的政策，发展实业。随着经济规模的扩大，工业体量随之扩大，前工业时代的学徒制已经不能满足日本企业对于劳动力的总体用工需求了。为了快速培养大批技术人才，日本政府大力兴办职业技术学校，扩大劳动力培训规模。“二战”后，日本参照美国学制进行职业教育改造，1947 年文部省实施的《学校教育法》确立了普通高等教育与职业教育并行的制度。大量中学毕业生进入职业院校学习，为战后的日本提供了充足的熟练工人和初级技术人员。

日本职业教育的特征有以下四点。一是高度重视职业教育立法。通过立法，实现职业教育全国一盘棋，对学制、教学级别、教师资格、学生来源、生活补助进行明确规定，在国家层面建立了完整的职业教育体系。适时对法律进行修订，确保法律的适用性和时效性。二是丰富职业教育办学层次。日本各类职业院校覆盖国民各个年龄段，人们可以根据自己的文化程度和时间自由度，选择不同学制和不同课程难度的职业学校接受职业教育。职业教育机构中除了我们熟悉的中等职业学校和高等职业学院外，还有本科及以上层次的职业教育大学。1976 年 5 月颁布的《国立学校设置法部分修正法案》中，日本宣布成立两所以技术教育为根本、研究生教育为主的新型高等教育机构，即丰桥技术科学大学与长冈技术科学大学。两所大学的目标是培养更高层次、更高水平的技术人才，基本保持着“本科—硕士”的人才培养模式。1986 年

开设博士课程，开始招收博士研究生。[①] 三是为职业教育教师的师资质量提供保障。在 1949 年的《教育职员许可法》中，规定从事教师行业必须获得职业教师资格证方可上岗，并将接受大学教育作为教师职业的基本门槛。[②] 此后，政府又规范了教师的入职录用流程、在职考核标准。教师大多是双证教师，既有理论教学能力，又有一线实际生产经验。最后，政府加大对职业教育教师的待遇投入，使得职业教师薪酬水平与本科高校教师收入水平看齐，避免职业教育优秀师资流失。四是由企业内部职业培训制度对职业教育体系进行补充。1958 年出台的《职业训练法》明确了企业内职业培训在社会训练制度中的地位，鼓励在企业内部建立学校形态的教育机构，对员工实行有针对性的、科学系统的技术技能培训，完善企业内部培训体系。日本政府在 1969 年、1978 年对《职业训练法》进行了多次修订，使公共职业训练和企业内部职业训练的分工更加明确。[③]

（二）德国的双元制职业教育模式

双元是指学生在职业学校学习过程中，私营企业为一元，国家公立学校为另一元，教学中相互协调，形成双元。学生在企业完成实践技能培训，在学校获得理论知识，学生具有两种身份，接受两种教学内容，拥有两类教师，获得两类证书（学业证书和技术证书）。德国双元制职业培训体系的学制一般为 3 年，一小部分专业是 2 年或 3.5 年，每周 3 至 4 天在企业学习，1 至 2 天在职业学校学习。生源覆盖德国所有中学毕业生，免费进行职业教育培训，培养目标是成为企业的技术管理人员。1969 年，德国颁布了职业教育的基本法——《联邦职业教育法》，“双元制”职业教育的地位正式以法律形式予以

---

① 彭宇玲，左文涛 . 德、日两国职业教育对我国职业本科教育发展的启示［J］. 北京工业职业技术学院学报，2020（7）：52–56.

② 王轶，迟晓君 . 日本职业教育发展：阶段梳理与经验借鉴［J］. 职业技术教育，2020（18）：75–80.

③ 同上。

确立。1981 年，德国又颁布了该法的配套法——《联邦职业教育促进法》，明文确定了涉及职业教育规划、统计和研究内容的条款。2005 年，两法合并，修订颁布了新的《联邦职业教育法》。2007 年，对该法进行了再次修订。①

德国双元制职业教育的特点有以下几点。一是职业教育培养以企业方为主。政府制订学习计划后，学校只进行理论教学，不进行实训。企业安排培训生进入实习岗位并开展实践教学，在真实工作环境中，完成对培训生的训练，培训生要承担相应生产任务。企业提供职业教育培训的大部分经费，约占 2/3，国家承担 1/3。培训开始时，企业需要与学生签订《职业教育合同》，并在培训期间为培训生发放生活津贴。二是通过大量企业实训完成培养任务。在德国，近 50% 的培训学员在少于 50 人的企业获得他们的技能。② 一些中小企业不具备独立完成职业教育的能力，跨企业培训中心弥补了这方面的不足。这是行业协会帮助建立的一种联合实训中心，由同一城市的同行业企业共同参与建设和使用，为学生提供部分或全部学徒制职业培训内容。培训生在企业实训中完成技能训练，企业实训时间占到整个职业培训期的 70%，学校理论课学习只占整个职业培训期的 30%。三是国家统一培训标准。职业教育的培训标准由德国联邦政府决定。根据《联邦职业教育法》，德国政府以“国家承认的职业教育”形式颁布职业教育的专业目录。2013 年 7 月 31 日最新颁布的德国“国家承认的职业教育专业”为 331 个,覆盖大约 2.5 万个社会职业。③ 所有企业必须按照国家统一的培训标准完成培训。四是由利益相关方完成对学生的综合评定。行业协会组织统考并颁发职业资格证书。培训生经过培训后，参加由企业、雇员、职业学校教师组成的考试委员会组织的考试，对培训生进行评估并划分等级。学生通过考试后获得由行业协会颁发的职业资格

---

① 姜大源 . 德国“双元制”职业教育再解读［J］. 中国职业技术教育，2013（33）：5-14.
② 景琴玲，王革 . 德国职业教育体系透析与展望［J］. 国家教育行政学院学报，2012（2）：91-95.
③ 姜大源 . 德国“双元制”职业教育再解读［J］. 中国职业技术教育，2013（33）：5-14.

证书，全国认可。① 五是建立完善的职教经费保障体系。德国的职业教育是由社会众多部门共同参与的，职业培训的经费来源也是多渠道的。总体来说，德国职业教育经费保障体系是一个多元混合模式②，政府和企业是主要的经费承担者。另外由国家设立的中央基金，要求所有企业无论培训与否，都须向该基金缴纳一定数量资金。中央基金由国家统一分配和发放，并有一套严格的分配制度和资金申领条件③。企业需负担培训的所有经费并发放学徒津贴，但是用于培训或缴纳给基金会的资金在一定时候可以从国家的税款中以一定比例扣除。跨企业培训中心的费用，除联邦政府财政补助外，主要由行业协会承担，行业基金由行会自行管理，统一分配。另外，一些企业会固定向工会缴纳一定数额的资金，用于企业外培训。2020 年，德国通过新的《职业发展培训促进法》，被资助者可以获得更高的补贴份额以及更高的贷款豁免，使职业培训更具吸引力。

通过对日本、德国两国职业教育模式的分析，我们可以得到以下启示：一是尽快完善职业教育立法，使我国职业教育体系获得法律有效支撑。二是加强校企合作，加大企业实训力度。三是加强师资建设，加快双师型教师队伍建设，提高职业院校教师薪酬待遇，吸引人才充实职业院校师资队伍。四是引导企业、行业协会、工会等社会力量参与职业教育建设，多元共治，共同提高职业教育水平。

五、职业教育与产业工人技能养成的未来发展

我国职业教育经过了 70 年的发展，体系从无到有，规模由小变大，其间

---

① 张爱菊，李子成，刘佳．德国“双元制”职业教育运行模式及借鉴［J］．石家庄铁路职业技术学院学报，2020（3）：100-105.

② 陈远远．我国免费中等职业教育政策探究 [D]. 西南大学，2011.

③ 同上。

有过曲折，有过沉寂，但是经过恢复和发展，现在已经达到了一个新高度。截至 2018 年，高职院校数量 1418 所、招生 368.83 万人、在校生 1133.7 万人，分别占全国普通高校的 53%、46% 和 40%，招生和在校生数量均为 1978 年的 30 倍和 1998 年的 5 倍。① 目前，我国职业教育已经拥有较大办学规模，未来，需要全方位地提高办学质量，以满足经济发展需求，配合国家发展战略要求。这需要使用多种手段，改革职业教育的办学管理体制，不断提高职业教育的实训效果、增加多元化办学资金来源等。

（一）改革职业教育办学管理体制

我国职业教育管理体制目前还是保留着“条块分割，各管一块”的局面，对此，应着手进行合并管理改革。首先，合并技工学校和社会培训机构的管理权，由一个部门统一制定职业教育规划，统一招生计划和毕业标准，统一教师培训、职称评定和教师执教资格认定的管理权限，统一教育育人理念与教学质量标准。其次，强化教育部门在地方政府层级的协调能力，破除地方层级僵化的部门垄断和条块分割管理状态，深化地方经济发展与职业学校的联系，不断发掘职业教育助力区域经济发展的潜力。针对在实施“1+X”证书制度的过程中可能存在的教育部与人力资源和社会保障部之间信息沟通不畅问题，可以探索建立信息备案通报制度。即人力资源和社会保障部每次更新职业资格证书设置后，与教育部进行通报，同时，人力资源和社会保障部更新职业资格证书的相关专家，给教育部职业教育课程设置提供改革建议，参与课程建设，以此，最大限度地消除部门间的信息差，达到职业学校课程设置与职业技能等级证书知识体系深度融合的目的。

---

① 赵惠莉，薛茂云．新中国成立 70 年高等职业教育的崛起、创新与变革［J］．中国职业技术教育，2020（9）：24–31.

（二）继续提高职业教育的实训效果

面对职业教育效果不佳的局面，职业学校需要继续通过创新产教融合、探索校企合作的新方式，不断提高实训效果。以实训为抓手，通过实训，增加学生操作经验；通过实训，提高学生实操技能；通过实训，提高学生拿到职业资格证书的概率。

是持续推动产教融合的发展。要认真贯彻教育部《关于深化职业教育教学改革全面提高人才培养质量的若干意见》、国务院《国家职业教育改革实施方案》等文件精神，同时，对于发达国家产教融合的成功经验进行学习和借鉴。鼓励行业龙头企业，国有大中型企业到高等职业院校进行合作办学；明确企业用人需求，按企业用人导向进行专业设置，计划招生规模；共同探讨课程内容设置，建立实训基地，承担教学任务，参与教学管理；建立利益共享机制，共享知识产权；建立就业绿色通道，解决学生就业困难，同时，国家给予企业相应的税收减免补贴。

二是因地制宜推动校企合作。由于我国东中西部区域经济发展不平衡，各个区域之间经济结构存在明显差异，大区域内部的各个小区域也存在发展差异。各类职业院校应该针对本地产业布局进行专业建设。通过调研，明确区域内支柱产业、特色产业、新兴产业，选取其中发展潜力大和社会需求高的产业进行专业设置，优化学校专业设置布局，明确自身办学定位、专业发展方向，集中办学资源，对目标专业进行持续深度投入。针对区域内企业状况进行调研，根据企业用工需要，对学校现有专业的设置进行动态调整，合并相近专业，淘汰就业率较低专业，不断强化学校专业设置与企业需求的联系。与区域内企业进行深度校企合作，探索订单式培养模式，与合作企业建立顶岗式实习实训机制。提高职业院校在区域内的社会认可度，紧跟本地经济发展和产业升级步伐，增强职业院校吸引力。

三是职业院校课程建设要紧紧围绕岗位能力发展需求进行。面对不断迭代的生产工艺，职业院校的课程建设也要与时俱进。要了解企业生产的新工艺、新标准、新技术和新要求，邀请企业一线技术人员、高级管理人员共同参与课程研发。注重核心课程的实用性和科学性，确保课程对学生能力培养的有效性。专业课程标准要参考行业用工标准，根据不同职业的资格认证，制定课程结业标准，完成对学生学习效果的有效评估。

延伸阅读 2-6 ：福州市的职业教育实训基地建设①

福州职业技术学院的轨道综合实训基地有一套地铁沙盘，这套沙盘“复制”福州地铁 1 号线，设置“行车调度员”和“行车值班员”岗位，让学生提前掌握接发地铁列车的基本技能。沙盘上，地铁列车在轨道上开行。该校城市轨道交通运营管理专业大二女生郭家倩和她的同学们当了一回福州地铁 1 号线的“行车值班员”，熟练地接发每一列进入区间的地铁列车。郭家倩盯着电脑，轻点鼠标“开放”信号，区间轨道瞬间变成了绿色光带，列车徐徐开进“福州南站”。这是假设地铁运行系统出现故障状态下进行的一次全手动实操演练。

福州职业技术学院的城市轨道车辆实训基地以福州地铁列车为蓝本定制了仿真驾驶器，让城市轨道交通车辆技术专业的男生爱不释手。基地负责人林昊介绍，该校 2011 年开设城市轨道交通相关专业，2014 年建立上述两个实训基地，随时可检验教学实效，人才培养模式更有针对性，职业教育更接地气。

福州市职业教育公共实训基地投入使用于 2016 年 10 月，已建成机械制造、电子电工、网络信息等实训项目，正在筹建电商、新能源汽车、服装纺织和智慧旅游等项目，可为福州市 30 多所职业教育学校相关专业师生提供对应的实训服务。与此同时，公共实训基地还向签约企业开放，企业可组织员工进驻培训，以此提升技能。今后，这里还将承办福建省各类职业教育赛事。

---

① 中华人民共和国教育部官网：http://www.moe.gov.cn/jyb_xwfb/xw_zt/moe_357/jyzt_2017nztzl/2017_zt02/17zt02_mtbd/201705/t20170510_304235.html，2017 年 5 月 10 日。

福州市教育局的目标是：将该基地打造成产、教、研、训、赛一体化的公共实训场地。

（三）拓展多元化职业教育的办学资金来源

近年来，职业教育的资金投入虽然不断加大，但是总体上仍然投资不足，也因此限制了职业教育的发展。国家财政对高职教育的经费投入是逐年稳步上升的，国家财政性教育经费在高职教育的总投入占比由 2009 年的 43.1% 提高到 2016 年的 62.51%，事业收入总额仅次于国家财政性教育经费投入，投入量也呈递增趋势，但是占比呈下降趋势。[①] 由此可见，国家财政投入是高等职业教育经费的主要来源。而国家财政对于高职教育的投入总量虽然逐年提升，但与普通教育的投入相比，在总教育经费支出中，职业教育投入占比份额却是逐年下降，也就是说，同期普通教育的财政投入水平大大高于职业教育的财政投入水平。职业教育面对投资不足的困境，不能仅仅依靠国家财政解决问题，应该创新投融资渠道，吸引社会力量办学，多样化投资合作方式，达到办学资金来源多元化的目的。一是可以吸引风险投资机构进行融资，采取项目单独融资模式或共建科技园模式，建设职业教育学校研发孵化器，风险共担，利益共享，加快应用技术、科研成果的市场转化率，筹集部分办学资金。二是通过校区土地进行融资，将学校拥有的城市核心地段土地与郊区土地进行置换，中间的差价作为部分办学资金。三是成立职业教育集团，探索混合所有制职业学校的办学可能。

（四）职业教育适应未来经济发展需求

随着新经济业态不断涌现，数字经济、网红经济已初具规模。职业教育

① 葛涛，乔春华 . 教育供给侧改革背景下高职教育多元化投入路径研究［J］. 教育财会研究，2019（12）：15-23.

应具有前瞻性，提高专业设置灵敏度，根据经济发展新动向设置专业。改革课程设置，注重实用性，职业教育向劳动者教授的技能应该是市场要求劳动者掌握的技能。面对产业结构升级挑战，我国职业教育培养高技能劳动者的能力还有很大提升空间。2018 年数据显示，我国技术工人人数超过 1.65 亿人，占就业人口总数的 21.3%。其中，高技能人才仅 4791 万人，占就业人口总数的 6.2%，高级技师和高级工程师的职位空缺严重。接近 52.7% 的企业对劳动者的技术等级或者专业技术职称有明确要求，但是全国就业人员参加技术人员资格考试比例不足 2%，专业技术人员资格证书持有率不到 4%。[①]

延伸阅读 2–7 ：高校开设全国首家螺蛳粉学院

2020 年 5 月 28 日，全国首家螺蛳粉产业学院在柳州职业技术学院揭牌。学院将于 2020 年正式招生，计划招生 500 人。

螺蛳粉产业学院将开设 7 个高水平特色专业，并制定课程标准及培训教材，打造师资团队，建设螺蛳粉大数据技术服务中心及“双创”教育实践平台，培养一批高素质、极具创新力的螺蛳粉产业技术技能复合应用型人才。据悉，2019 年，网红美食螺蛳粉已为柳州创造产值超过 70 亿元。

近年来，专业技术技能人才越来越成为市场上的“香饽饽”，不少特色学院或专业出现。例如：2017 年 7 月，江汉艺术职业学院成立潜江龙虾学院，下设餐饮管理、烹调工艺与营养、市场营销三个普通大专学历专业，学制两年。2019 年 7 月 1 日，国内首个垃圾分类教育学校台州垃圾分类公众教育学院正式成立。它是一个集垃圾分类、培训、策划、宣传、研究于一体、线上线下相结合的综合性平台，旨在进一步推广普及台州垃圾分类工作。

根据前瞻产业研究院发布的数据显示：2018 年 2 月 23 日，柳州启建螺蛳粉特色小镇。2018 至 2020 年，柳州市规划建设一个功能完善、上下游产业

---

① 贾旻，王迎春 . 新中国成立 70 年职业教育发展历程、经验与展望［J］. 河北大学成人教育学院学报，2020（6）：91–100.

齐全的螺蛳粉产业园，引进螺蛳粉企业50家以上；按照100亿元产业发展目标，培育1至2家年产值超10亿元和多家年产值超5亿元的预包装螺蛳粉生产企业。

——摘自新浪网，作者：前瞻经济学人APP，2020年5月28日

（五）职业教育配合国家发展战略要求

职业教育应紧密配合国家战略发展要求。以“一带一路”倡议为例，一带一路沿线横跨欧亚大陆，连接亚非国家，内部差异巨大，产品需求和用工要求皆有不同。在中国企业“走出去”的过程中，中国产业技术工人也要大批地走出国门，除了服务于供职企业，也要服务于当地发展要求。这对中国产业技术工人提出了更高的素质要求，也对中国职业教育提出了更高要求。首先，在职业教育中，要加强外语训练。掌握国际通用语言或目的地国家语言，对于产业工人与当地工人的沟通交流十分有益。其次，在职业教育中，可以适当加入目的地国家风俗文化介绍。帮助产业工人入乡随俗，避免出现不必要的矛盾。

第三章

职业培训和产业工人技能养成

新时代背景下，随着国民经济的快速发展以及信息技术的不断进步，我国制造业进入了一个新的发展阶段。加强职业培训，提高产业工人职业技能水平，是我国从制造大国向制造强国转变的重要手段，也是实施制造强国战略的技能支撑和人才保障。

一、新中国成立以来不同时期的职业培训发展

新中国成立以来，随着经济社会的发展，我国职业培训经历了不断发展和完善。我国始终以适应经济建设的需要开展职业培训，但是在不同的发展阶段，职业培训重点不同，呈现出不同的时代特点。

（一）培养后备技术工人为主的时期（1949 年至 1977 年）

1. 举办技术工人训练班，组织失业工人转业培训

新中国成立之初，如何解决旧中国遗留下来的 400 多万失业工人和失学青年的就业问题，成为关系我国政权稳固、经济发展和社会稳定的重要问题。在 1950 年的政务院关于救济失业工人的指示中，决定实行以工代赈为主，以生产自救、转业训练等为辅的办法。之后，劳动部颁布《救济失业工人暂行办法》，规定了具体细则，包括开展转业训练、选拔优秀的失业工人、开设干部训练班。1952 年，政务院发布了《关于劳动就业问题的决定》，规定在登记各类失业人员后，有计划地进行分批训练[①]。1950 年至 1953 年底，全国各地举办了 400 多个转业训练班，参加培训的人数达 15 万多人[②]。转业训练班的重点

① 赵泽众 . 为制造大国注入技能动力［J］. 劳动保障世界，2019（31）：12-13.

② 刘德志 . 必须把劳动部门举办的技术工人训练班和技工学校提高一步［J］. 劳动，1954（11）.

是安置失业工人劳动就业，减轻严重的失业现象，这对国民经济的恢复发展起到了重要作用。

2. 以师带徒培养后备技术工人

随着工业生产恢复和发展，新建、改建单位不断增多，生产技术日益复杂，而技术工人的数量、质量和技术类型都不能满足工业生产需求。为了满足大规模的经济建设需要，从 1953 年起，职业培训重点开始向培养后备技术工人和在职技工转移。

为保证新建、改建企业能够按时开工生产，组织老技工传授生产经验和技术，是最便利的办法[①]。没有培养能力的新建企业则以委托培训的方式实现技工的供应。以师带徒的培养方式，师资易于解决，有现成的生产设备可供利用，学习实用性强，培养速度快，一般在半年到一年内即可掌握生产技术。因此，在大力开办技工学校外，以师带徒仍是培养后备技术工人的重要形式。1958 年 2 月，国务院颁布了《学徒补贴暂行规定》[②]，使学徒培训更加规范化、制度化。

3. 职业培训主体情况

这一阶段，我国的职业培训主要是为生产服务，根据“五年计划”所规定的培训熟练工人计划要求，由劳动部对各地的劳动部门作出具体安排，布置和拟定各省市年度培训任务，各地主要产业部门负责具体培训工作。对于失业工人的转业培训，则由失业工人救济处与各市总工会和有关部门一起负责。

在以师带徒培训过程中，学徒入厂前，由行政和工会根据工厂实际情况，确定师徒人选，企业行政组织车间主任、工段长、技术人员、师傅、工会代表等共同研究并编制教学大纲、教学计划。工会协助师傅解决在培训过程中以及师徒双方签订合同中存在的问题，通过定期举办师徒座谈会，交流教学经验。

---

① 霍亚夫 . 搞好在生产中培养后备技工的工作［J］. 劳动，1955（2）.

② 黄勤芬 . 学徒工培训制度必须改革［J］. 职业教育研究，1988（2）：6-7.

（二）职业培训蓬勃发展阶段（1978 年至 2001 年）

1. 确立“先培训，后就业”的方针

20 世纪 80 年代初期，我国职工培训还属于应急培训和补救培训，“文革”期间积累下来大量的待业青年，以及改革初期就业门路窄，使得安置就业工作任务艰巨。与此同时，由于缺乏专业知识和岗位培训，新工人上岗后不能胜任工作，导致企业产品质量低、生产事故多。在积极探索就业门路的同时，国家鼓励发展各种职业技术培训班和补习班，以提高劳动者的素质，同时，还可以推迟青年就业年龄，避开当前待业人员的就业高峰。

1980 年，中央政府在全国就业工作会议上，提出“三结合”就业方针，在劳动部门倡导下，集安置青年就业和培训于一体的劳动服务公司在全国迅速普及开来。1981 年，党中央、国务院提出“要普遍开展对城镇待业青年就业前的培训，逐步做到使一切需要就业的人员，先经过培训以后再就业”[①]。1983 年，劳动部召开全国培训工作会议，提出全面系统地改革培训制度，逐步将就业后培训转变为就业前培训，即采取“先培训，后就业”方针[②]，以改革不合理的工人技术结构状况。“先招生，后招工”“先培训，后就业”的方针，使我国职业培训模式发生了很大转变，企业由过去的招收徒工形式为主转变为以招收各大中专、技工学校和职业高中毕业生为主，师徒制培训受到很大影响。

2. 推行劳动预备制培训

为缓解就业压力，提高劳动者素质，劳动部于 1996 年制定了“实施劳动预备制度方案”，在 36 个城市开展了劳动预备制试点，进行 1 至 3 年的职业培训。1999 年，国务院颁布《关于积极推进劳动预备制度加快提高劳动者

---

① 中共中央、国务院关于广开门路，搞活经济，解决城镇就业问题的若干决定（摘要）[J]. 劳动工作，1981（12）：2–4.

② 崔铁刚 . 新中国学徒制演变的制度分析 [J]. 职教论坛，2012（10）：77–81.

素质的意见》，全面推行劳动预备制培训工作。实行劳动预备制的主要对象为城镇未能继续升学和准备就业，以及农村未能升学并准备从事非农工作或进城务工的初、高中毕业生。通过在就业前进行1至3年的职业培训和教育，使其获得相应的职业资格或掌握一定的职业技能后，在国家政策的指导和帮助下，实现在劳动力市场的就业。全面推行劳动预备制是我国培训就业制度的一次深刻变革。

3. 推动创业培训工作

为帮助具有创业意愿的下岗职工、失业者提高创业能力，实现自主就业，促进岗位开发，形成一批小企业创办者和再就业领军人，1998年，劳动和社会保障部将“创业培训”列为职业培训的重要内容之一，并选择北京、上海和苏州为试点单位。创业培训转变了一部分下岗工人和失业人员落后的就业观念，使其树立了创业和竞争意识，掌握了创业必备的基础知识，不仅造就了一批中小企业带头人，同时吸纳了大量下岗职工和失业人员再就业，推动了当地经济发展。1999年，劳动和社会保障部总结了北京、上海、苏州三地的试点经验，研究制定了《创业培训试点指导意见》，并把试点范围扩大到30个城市，创业带动就业成效明显。

4. 职业培训的主体情况

1978年开始，我国职业培训逐步放开，在劳动部门的倡导下，一些省市出现了集安置就业、开展培训和管理于一体的新型组织形式。到20世纪80年代，劳动服务公司快速发展，有省、市、县办和企业办等多种形式，这些公司担负了介绍就业、输送临时工、组织生产服务、进行职业教育等任务，它们一方面充分发挥地方经济和劳动力资源优势，开辟生产、服务门路，扩大安排就业；另一方面根据生产建设的需要和待业青年的迫切要求，与有关部门或企业联办就业训练班，提高待业人员的文化和技术素质。20世纪90年代，为加强对劳动服务公司的领导和管理，省、市、镇级劳动服务公司分别更名为“就业服务管理局”“就业服务管理处”“就业服务管理站”，各级就业服务管理部门在同级劳动行政部门领导下，负责管理社会劳动力，进行职业介绍和开展就业训练等就业服务工作。

自1981年党中央和国务院作出《关于加强职工教育工作的决定》后，工会把职工教育作为经济建设的重要组成部分，大力开办工会业务班，通过按需办学、定向培训、业余函授相结合等方式，组织职工培训。此外，为满足企业对人才素质的新要求，工会探索出与社会单位尤其是高等院校联合办学的发展之路，通过实行半脱产或业余学习的形式来适应企业和职工的需要，取得了良好的社会效益和经济效益。

这一时期，随着我国经济由计划经济向市场经济转变，以及为“四化建设”培养人才的目标，全国各省市积极建设职业培训中心、职业培训基地、就业训练中心，各单位、各行业纷纷根据自己的特长和优势举办各种职业培训班，以就业为目的的职业培训迎来了蓬勃发展。

（三）面向全体劳动者的职业培训制度逐步确立阶段（2002年至2011年）

21世纪，我国经济社会发展进入了一个新的阶段。2001年，中国正式加入WTO，对我国的产业结构和就业规模产生深刻影响。随着大批农村剩余劳动力流向城镇和非农产业，以及高新技术产业对技能人才的需求，对我国职业培训提出了新的要求。

1. 实施高技能人才培训工程和技能振兴行动

面对国内产业工人过剩但技术工人严重短缺、高技能人才供给不足、技能不匹配与技能人才老化的情况，为加强对技术工人特别是高级技师的培养，2002年，劳动和社会保障部启动了“国家高技能人才培训工程”，旨在制造、加工、建筑、能源和环保等传统产业以及信息通信、航空航天等新技术产业领域实施高级技工培训项目。2004年，为缓解我国青年高技能人才短缺状况，配合国家高技能人才培训工程的实施，共青团中央、劳动和社会保障部等组织部门决定在全国企业青年职工中实施“青工技能振兴计划”，目的是通过组织技能培训，使参加计划的青年技术工人的技能水平提升一个等级。国家高技能人才培训工程，为我国积极面对经济全球化挑战提供了智力支撑和人才保障。

2. 实施农村富余劳动力转移培训

随着农民大规模进城务工，从农村转移出来的剩余劳动力逐渐成为产业工人的重要组成部分。但由于缺少科学知识、职业技能和学习现代化信息与技术的机会，他们只能在建筑、制造、服务等低技术行业劳动，这与我国经济快速发展、产业结构升级对劳动力的需求不相适应，农民工培训问题引起了社会各界的广泛关注。为实现农村劳动力合理有序转移，保障农民充分就业，2003 年，国务院办公厅批准实施《2003—2010 年全国农民工培训规划》，规定重点支持农民工输出地区开展转移就业培训，指出农民工培训任务：一是“引导性培训”，对广大农民工开展寻找就业岗位知识等方面的培训；二是“职业技能培训”，对农村富余劳动力进行转岗职业技能培训，提高就业能力①。

3. 实施多层次职业培训

结合我国产业结构升级、城镇化建设和农村劳动力转移等带来的需求，以及各类劳动者在不同职业生涯发展阶段的需要，实施了多层次、灵活多样的职业培训。2005 年，劳动和社会保障部提出“十一五”期间实行“5+1”行动计划，包括提高新生劳动力就业能力的“新技师培养带动计划”、提高下岗失业人员职业转换能力的“城镇技能再就业计划”、提升创业人员开业经营能力的“能力促创业计划”、提升农村劳动力转移就业能力的“农村劳动力技能就业计划”、为劳动者就业成才提供技能鉴定的“国家技能资格导航计划”以及提升技能劳动者岗位工作能力的技能岗位对接行动。

---

① 吴慧燕 . 农民工生存状况及培训政策探析［J］. 职业教育研究，2005（12）：8–9.

4. 提出建立面向全体劳动者的职业培训制度

2008 年，国务院颁布《关于做好促进就业工作的通知》，明确提出要健全面向全体劳动者的职业技能培训制度，鼓励职业院校、培训机构和用人单位开展就业前培训、在职培训、再就业培训和创业培训。2010 年，国务院关于加强职业培训促进就业的意见，提出加快构建面向全体劳动者的职业培训制度。2011 年，人力资源和社会保障部发布《高技能人才队伍建设中长期规划（2010—2020 年）》，提出我国将以实施青年技能就业培训工程和企业职工技能提升培训工程为重点，建立健全面向全体劳动者的职业培训制度。至此，我国职业培训重点逐渐向全体劳动者转移。

5. 职业培训主体情况

为落实我国人才强国战略的指导思想，劳动保障部门推出以技能振兴为目标的职业培训计划，通过指导和依托企业、技工学校、技能培训机构，和社会各类培训基地开展技能提升培训和岗位培训。随着政策措施的逐步完善，2011 年，我国基本形成了“学校—企业—培训机构”三位一体的职业培训体系。

除了劳动保障部等政府部门以外，工会等群团组织在职业培训中发挥了越来越重要的作用。

2004 年，中华全国总工会等 9 部委和人民团体联合开展全国“创建学习型组织，争做知识型职工”活动（简称“创争”活动）[①]。在工会的领导下，“创争”活动得到广泛开展，同时工会顺应新形势发展的需求，将岗位、技术练功活动纳入全面实施“创争”活动之中，掀起了学先进、赶先进、做先进的热潮。此外，工会密切关注农民工的发展。2007 年全国总工会推进包括就业培训机制等十项维权机制建设，各地通过工会职业介绍机构和培训基地为农民工免费提供政策咨询、就业信息、岗位培训、职业指导和职业介绍

① 钟言 . 全国“创建学习型组织，争做知识型职工”活动正式启动［J］. 政工研究动态，2004（5）：2.

服务[①]。

（四）构建终身职业技能培训体系阶段（2012年至今）

2008年，全球金融危机对我国的产业发展产生了很大的负面冲击，资源紧张、效率低下、结构失衡等社会问题更显突出，面对国际环境的新变化和国家经济发展的战略要求，增强创新能力、优化经济结构、加快推进产业结构转型升级，成为当前的一项重要任务。

1. 重点实施农民工职业技能培训

随着第一代农民工年龄增长和逐步返回农村，新生代农民工陆续进入城市，成为农民工的主体。与第一代农民工不同，新生代农民工普遍年龄较低，受过基本文化知识的教育，有较高的职业期望，由于培养方式的“重理论、轻技能”，新生代农民工职业技术水平较低，无法满足企业用工需要。这种结构性矛盾成为新生代农民工就业和产业结构升级的瓶颈。2015年，国务院发布《关于进一步做好新形势下就业创业工作的意见》，要求加强就业创业服务和职业培训，重点开展农民工职业技能提升和失业人员转业转岗培训，同年还制订了关于农民工返乡创业意见和创业培训五年行动计划。2019年，人力资源和社会保障部出台《新生代农民工职业技能提升计划（2019—2022年）》，提出大力推进新生代农民工职业技能培训。

2. 加强新时期产业工人职业培训

党的十八大以来，我国对新时期产业工人队伍建设给予了高度重视，并出台了一系列重大政策。2015年，“中国制造2025”提出坚持把人才作为建设制造强国的根本，加快培养制造业发展急需的专业技术人才，建设一支素质优良、结构合理的制造业人才队伍；2016年，为保障制造业发展规划的人才供给，教育部、人力资源和社会保障部、工业和信息化部等部门共同编制

① 张小琼．外来务工人员的管理与培训现状分析［J］．管理观察，2012（13）．

了《制造业人才发展规划指南》，提出了推进制造业人才供给结构改革、加快实现产业和教育的深度融合等一系列任务要求。2017年的《新时期产业工人队伍建设改革方案》，提出构建产业工人技能形成体系，包括完善现代职业教育制度、改革职业技能培训制度、统筹发展职业学校教育和职业培训、改进产业工人技能评价方式、实施国家高技能人才振兴计划、促进农民工职业技能提升计划六大举措。

3. 确立构建终身职业培训体系

2013年，党的十八届三中全会通过《中共中央关于全面深化改革若干重大问题的决定》，提出2020年前，我国将构建一个覆盖城乡全体劳动者，从学校到企业，从课堂到岗位，贯穿每个劳动者终身职业生涯的适应不同劳动者多样化、差异化需求的终身职业培训体系。2018年，国务院印发《关于推行终身职业技能培训制度的意见》，提出了建立全员参与、贯穿终身的职业培训制度，意味着职业培训工作从短期技能训练为主转向终身技能养成，构建终身职业培训体系是现阶段我国职业培训发展的重要目标。

4. 职业培训主体情况

随着我国确立构建终身职业培训体系，企业、职业院校、社会培训机构等各类培训主体积极探索培训新模式，大力开展面向广大劳动者的职业技能培训，为提高劳动者就业创业能力发挥了重要作用。

全国总工会积极探索和推进实施职工素质建设工程，先后制定了职工素质建设工程意见和五年规划①。2012年，"全国职工基本职业素质培训"启动，这是以实地培训与网络培训相结合的方式，为各类职工提供"量身定做"的培训服务，打造集职工基本职业素质培训、上岗资格培训、职业证书培训、职工学历提升教育于一体的工会网络教育培训"大学校"。2015年以来，地方工会积极探索"一户一产业工人"的培养模式，让贫困人员掌握技能提升

① 原文涛. 推进职工素质提升工程的实践与思考［J］. 中国职工教育，2013（19）：48-49.

素质，成为产业工人队伍一分子。2018年，在工会引领下，全国各地开展以“职业大培训、岗位大练兵、技能大比武、劳模大引领”为主要内容的职工素质提升工程，助推“有理想守信念、懂技术会创新、敢担当讲奉献”的新时代产业工人队伍建设[①]。

延伸阅读3-1：“一户一产业工人”培养工程探索与实践[②]

资兴市位于湖南省东南部，是一个典型的资源枯竭型城市，煤炭资源曾经是该市的经济发展支柱。2011年10月，湘南地区被批准为国家承接产业转移示范区，资兴市成为承接珠三角产业转移的重点地区。随着经济转型、城乡统筹的推进以及大量承接企业的落户，资兴市“技工荒”问题日益突出。

根据调查摸底，全市劳动力26万多人，但专业型、技能型人才不足10%；初中及初中以下文化程度占比达74%。通过企业用工状况调查，园区内80%的企业存在不同程度的“用工荒”，65%的企业表示难以招到技术工人。同时，资兴市煤矿关停压产后近2万名从事采矿业的农民工以及为保护生态实施生态移民的近6万名移民却面临转移就业的难题。

2012年，资兴市结合实际，在全国率先启动实施“一户一产业工人”培养工程，将以往的“民工经济”转变为“技工经济”。通过为全市城乡新增劳动力、下岗失业、特困群体、自由择业的每个家庭培养一名产业工人，培养1至2项就业技能和致富本领，实现“培养一人、就业一人、致富一家”的目标。

由于我国实行的“普惠式”技能培训条块分割严重，在资兴市，有培训任务的部门多达15个，劳动、农业、教育、科技、工会、团委等部门都有培训职能。面对技能培训“政出多门”以及技能培训资金、教学资源分散等问题，资兴市突破性地整合了15个部门的人、财、物资源，设立专门的“一户一产业工人”培养工程领导小组，统一“组织协调、培训基地、培训计划、

① 陈张贤. 实施职工素质提升工程 助推产业工人队伍建设［J］. 工会信息，2019（1）：47–48.
② 资料来源：资兴市政府网。

劳务信息、资金管理、考核考评”；组建职教中心，明确市职业中专在全市职业培训工作中的主体地位，形成大职教格局。

为使培训更有针对性，资兴市通过“进村到户入企业”的方式，摸清全市劳动力资源现状、群众培训意愿以及企业需求，建立动态的市、乡、企业三级劳动力资源信息库，并挤出财政投入，用于市职教中心的软硬件建设，对职业培训实行“免培训费、生活费、住宿费，给务工补贴”的优惠政策，对职业中专的在校生实行“零费用”就读。

通过采取学校与企业、产业基地对接，“公司 + 学校”等培训形式，把培训课堂搬到生产车间，提升培训的质量和实效；鼓励技术能手或致富带头人以“传、帮、带”方式展开培训。在资兴市东部林区，漫山遍野的南竹和林木是深山中村民的重要经济来源，通过采取“公司 + 农户”的运作模式，大规模组织当地农民参加工艺品加工技能培训，成为乡镇致富的一条新门路。

“一户一产业工人”培养工程在资兴市取得了显著实效，资兴技工成为吸引众多企业项目落户资兴的“吸铁石”，其经济社会发展各项主要指标位列“湖南第一方阵”，转型发展焕发新的活力。2015 年，“一户一产业工人”培养工程在全省推广，并成为推进产业工人队伍建设改革的有力举措。“一户一产业工人”培养工程探索出了一条精准培训、有效施策、全面提升劳动者素质的新路子，为推进新时期产业工人队伍建设改革提供了有益经验。

二、新时代职业培训在产业工人技能养成中的作用

随着现代科技的不断发展，劳动复杂程度的日益提高，我国劳动者只有具备较高的科学文化技术水平和先进的劳动技能，才能适应现代化生产的要求。因此，必须认识到加强职业培训的重要性和紧迫性，提升产业工人职业技能水平，既是当务之急，也是长远之计。

（一）职业培训对个人的影响

1. 紧跟时代发展，掌握先进的生产技术和必备的劳动技能

随着知识经济的发展，高知识化、高科技化成为产业发展的必然趋势，面对我国高新技术产业的快速发展以及我国传统产业结构大规模的调整和转型升级，需要不断地培训和开发高素质人才。树立终身学习理念，紧跟时代的发展步伐，学习新知识、新技术，掌握先进的生产技术和必备的劳动技能，可以提高劳动者适应未来职业变化的能力，也是社会发展的普遍要求。

2. 提升职业能力，拓宽就业渠道

随着国家产业结构的转型升级，对劳动力素质的要求也在不断提高。经过专业化教育培训的、拥有较高专业岗位操作水平的技术性工人，在求职中更具备优势，而缺乏职业技能的劳动者，其转移就业将面临很大的限制。因此，参加职业培训，不仅可以提高个人专业知识和文化、经营、管理素质，在求职就业时具有明显优势，而且能创造更多的就业机会，扩宽就业选择空间。

3. 适应岗位需要，帮助职工在岗位上成才

伴随着产业的优化升级、高新技术设备的更新，只有提高产业工人的岗位技能，才能更好地适应新时期产业的发展要求。因此，加强职工的岗位技能培训，在具体的工作岗位上学习工作所需的各种理论知识和操作技能，使得产业工人在自己的专业领域积累丰富经验的同时有着更加扎实的基础，既能适应产业发展的高技术含量要求，又能提高职工的实际工作能力和技能，使其胜任岗位工作，同时也能获得更多晋升和较高收入的机会，真正在工作岗位上实现自身的价值和个人的长远发展。

（二）职业培训对企业的意义

1. 有利于推动企业创新发展，提高企业竞争力

企业是劳动者参加职业培训的主要载体，同时也是劳动者技能提升的主要受益者。在当前的国际形势下，企业在激烈的国际竞争中要想脱颖而出，就必须提高创新能力，推动产品和生产升级，技术技能人才必然成为企业生产和发展的根本。因此，开展职业培训既能够为企业培养一支高水平的技能型人才队伍，推动企业的创新发展，同时，还有利于提升企业核心竞争力，为企业带来更多的社会经济效益。

2. 有利于保障企业的人才资源，满足企业的发展需要

职业培训既是保障现代企业人才资源充足的重要条件，也是开发企业内部人才资源、挖掘干部员工潜力最有效的途径，对激发企业内部发展活力、提升管理水平、促进企业的发展有重要意义。随着社会发展和科技进步，与企业经济发展密切相关的设备、技术、技能也在不断更新，企业员工要不断地学习新知识和新技术，具备更熟练的职业技能，才能与不断变化发展的就业环境相适应。

3. 有利于增强员工对企业的归属感和凝聚力

企业要基业长青，关键在于能够吸引人才、用好人才、留住人才。职业培训不仅能提高员工的工作技能，也为员工搭建个人未来价值提升和发展平台，体现企业对员工的重视。企业开展职业培训，有利于调动员工的积极性，提升员工工作激情，员工充分感受到企业的内部文化和经营发展理念，更能增强对企业的归属感和凝聚力。

（三）职业培训对国家的意义

1. 促进产业结构转型升级，建设制造强国

面对日趋激烈的国际竞争，我国是否能在未来发展中赢得主动并发展建成制造强国，越来越取决于劳动者素质特别是技能人才素质。尽管我国的产业工人队伍数量庞大，但高素质技术工人缺乏，已成为制约中国制造业转型升级的瓶颈。加强产业工人培养，提升产业工人的职业技能，打造知识型、技能型和创新型的高素质技能人才队伍，有助于促进我国产业结构的转型升级，实现我国建设成为制造强国的战略任务。

2. 减少结构性失业，稳定就业形势

当前，我国就业问题还存在着劳动者充分就业的需求和劳动力总量过大、素质不相适应之间的矛盾。这种结构性矛盾已经成为我国就业和产业发展的双重约束。大力推行职业技能提升行动，加强对产业工人的教育和技能培训，可实现提升就业和促进产业升级的双重发展目标，促进经济社会持续健康发展，有利于实现更高质量和更充分就业，促进社会和谐发展。

3. 增加人才储备，建设人力资源强国

我国是一个人口大国，丰富的劳动力资源为我国经济的快速发展发挥了巨大的作用，但是我国劳动力整体素质水平还不尽如人意，成为制约我国经济发展的瓶颈。加大职业培训和技能开发，有利于改变人力资源不合理、技能人才短缺的情况，把人口负担变为人口优势，最终实现向人力资源强国的转变。

延伸阅读 3-2 ：华为的职业技能培训

从注册资金只有 2 万元的小型民企，花费不到 30 年的时间，成为全球通信设备行业的领头羊，华为能迅速赶超对手、走上巅峰离不开企业对人才的重视。作为成功的企业领袖，华为创始人任正非从创业伊始就有很强的人才资源意识，他曾指出："人才是第一资源，是企业最重要的资本，人力资本应优先于财务资本增长。"

华为很早就在企业内部建立起了适合企业业务需求与人才成长特点的分层分类的人力资源开发和培训体系。从 1997 年开始，华为要求新招聘的大学生在华为大学进行封闭式入职培训，为期半年，而培训的第一阶段就是为期半个月的军事化训练，以此来培养和强化员工的纪律意识。

在职业技能培训上，任正非一直倡导培训要坚持"训战结合"的方针，并选用一线骨干人员做培训师。1998 年的《华为基本法》第七十二条规定：

“我们对中高级主管实行职务轮换政策。没有相关工作经验的人，不能担任部门主管。没有基层工作经验的人，不能担任科级以上干部。”

华为新员工入职培训分三个阶段：大队培训、一营培训、二营培训。其中，大队培训主要是宣讲公司文化，进行互动交流和组织户外体验。之后，进入一营继续培训，培训内容包括普及公司运作的基本流程规范、员工对内/对外服务流程规范以及一些重要的产品知识。一营培训结束后，会进行2个月的实习，以提高员工的实战能力，并指派导师进行辅导，导师负责新员工实习期间学习和工作计划的制订及考核。在一、二营培训结束后，公司领导会与新员工沟通，根据个人意愿、岗位匹配度及相关需求确定最终岗位。

除了建立“训战结合”、终身培训的学习机制外，华为还不断选派骨干员工到海外进修，借此提升员工的能力和素养；推行易岗易薪、末位淘汰政策，激励员工不断超越自我。

三、职业培训在产业工人技能养成方面的现状及问题

改革开放后，我国产业工人队伍素质提升面临诸多挑战，结构性失业风险及社会矛盾冲突日益突出，严重制约了制造业的转型升级和产业结构的持续优化。职业培训作为提升产业工人职业技能的原生动力，越来越受到人们的重视，但与经济和社会发展的需求相比，还存在不少问题和制约因素。

（一）职业培训体系的现状和问题

1.职业培训政策体系并不完善，缺乏法律保障

从立法上看，我国《劳动法》《职业教育法》《民办教育促进法》《就业促进法》等法律均有职业培训的相关规定。在政策措施方面，党中央和国务院出台了多个重要文件推动职业培训工作，如《关于加强职业培训促进就业

的意见》《关于推行终身职业技能培训制度的意见》《职业技能提升行动方案（2019—2021年）》等。总体来看，我国与职业培训相关的法规政策体系已初步形成，但是还不够完善，首先，《劳动法》《就业促进法》等法律规定过于原则，缺乏操作性；我国职业培训工作主要是依靠《职业教育法》，法律保障不健全。其次，已出台的职业培训政策落实尚不到位，制度建设有所缺失，政策执行仍需加强。

2. 职业培训体系尚存在缺陷，与市场实际需求脱节

目前，我国职业培训体系还不健全，职业技能培训的规模、质量和水平与我国实现高质量就业目标还有很大差距。主要表现为培训层次和水平较低，职业培训服务供给不足，同产业升级、科技进步的需求存在较大差距；职业培训补贴标准偏低，培训投入不足；培训内容、方式陈旧，培训针对性差、效率低；培训基础能力建设薄弱；监管不足；等等。这导致职业培训效果不显著，与我国经济转型升级的发展要求并不适应。

（二）职业培训方式的现状和问题

新时期，我国产业工人对培训的共同期望是培训内容的实用，培训时间和方式的灵活。他们参加技能培训的目的是提升就业竞争力，因此，在进行职业培训时，更重视的是所学知识的实用性和应用性，但是由于认识以及技术上的原因，目前我国的职业培训方式上还存在着一些问题。

1. 培训内容脱离实际，缺乏针对性

由于企业和培训机构对职业培训重视程度不够，对实际工作缺乏考察调研，对职工培训的真实需求和存在问题认识不够充分，培训目标不明确，或者培训急于求成，重形式轻内容，重理论轻实践等原因，培训内容不能贴合工作实际。此外，随着科学技术的发展，信息、产品、设备等快速更迭，由于对新技术、新理论、新方法等培训内容更新不及时，不能适应市场、政策、技术等方面的变化，最终导致学习的知识不能满足岗位需要，无法真正地提升职业技能。

2. 培训方式不够灵活

在“互联网 +”时代背景下，知识和实践的成果出现爆炸性增长，而网络教学模式具有的开放性、灵活性、及时性等优势，满足了人们个性化的学习需求，人们能够根据自己的职业需要自主选择课程、专业，学习的时间、进度、方式和方法，不仅真正实现因材施教，还有效提高了教学效率。但是在实施培训过程中，不少企业在公司培训信息化建设、网络培训平台建设方面还不成熟，职业培训的方式仍是以效率较低的课堂教学为主，上课时间也比较固定，没有从成人学习的特点和企业工作的实际需要出发，无法调动员工培训的积极性，培训效率低下。

3. 培训工作缺乏系统性和整体性

当前，部分企业缺乏对职业培训流程科学合理的把控，缺少对职业培训的整体规划，培训内容混乱，导致培训质量不高。首先，培训工作随意性大，没有一个既定的合理的规划程序可以执行；其次，职业培训过程中缺乏引导、监督和管控；最后，没有建立完整的职业培训体系，对影响职业培训各个环节的情况缺少系统的认识和科学的管理，从而导致职业培训难以可持续发展。

（三）职业培训主体的现状和问题

1. 政府

从政府角度来看，政府日益意识到产业工人职业培训的重要性，从国务院到各级地方政府，相继出台了一系列促进职业技能培训的政策和措施，制定技能人才岗位补贴制度等。但是政府在职业培训指导和服务方面还存在很大的不足，监管不严、政策执行不到位等问题比较突出。

2. 企业

从企业角度来看，企业培训主动性较差，由于技能人才培训周期长、培训成本高、产业工人工作稳定性较差等原因，企业缺乏人才储备与培养的耐心，在时间和资金上往往不愿过多投入，造成许多企业仍旧存在只用人而不培养人的现状。另外，培训方式比较单一，只注重培训工作用到的职业技能，缺乏长远眼光，极少关注员工综合素质的培养和提升。

3. 培训机构

从培训机构角度来看，虽然在我国有很多职业培训机构，包括就业训练中心、公共实训基地、高技能人才培训基地、产教融合实训基地等。但是大部分培训机构存在散、弱和小的问题，经营能力、管理能力和服务水平都比较低。专业设置以及培训课程与企业和社会发展的需求脱节，培训针对性差，有效性低；培训手段过于理论化、形式化，缺乏实践操作；资金投入不足，教学设施和手段有限，培训形式单一，导致培训质量难以保障。

4. 工会

从工会角度来看，工会在组织职工培训过程中，主要通过开展业余文化、技术学习和培训、岗位练兵、职业技能竞赛，“职工书屋”建设，打造网络学习平台等方式，培养选拔高技能产业工人。传统培训方式仍占主导地位，在培训内容的设计上，对产业工人技能培训力度不够，培训效果不佳，转化率不高，无法充分激发工人参加技能提升培训的热情。

（四）职业培训补贴的现状和问题

为保障职业培训的有效开展，我国制定了一系列有关培训经费补贴的政策规定，尤其是近年来，中央财政、各地方财政在预算中安排出大量的职业培训补贴资金，以鼓励和促进职业技能提升。

2002 年，国务院《关于大力推进职业教育改革与发展的决定》，对企业提取教育培训经费额度作了详细规定。2008 年，国务院发布《关于做好促进就业工作的通知》，对职业培训补贴政策作了进一步的充实和完善。2017 年《就业补助资金管理办法》规定，就业补助资金可用于职业培训补贴和职业技能鉴定补贴，并规定了享受职业培训补贴的人员范围，以及实行“先垫后补”和“信用支付”等支付办法。在《关于失业保险支持参保职工提升职业技能有关问题的通知》中，规定缴纳失业保险三年以上、当年取得职业资格证书或技能等级证书的企业职工可享受技能提升补贴。2018年《关于推行终身职业技能培训制度的意见》中强调，终身制度的核心和关键在于就业培训的补贴要覆盖终身职业生涯的全过程。2019年5月18日，国务院办公厅印发《职业技能提升行动方案（2019—2021年）》，明确从失业保险基金结余中拿出1000亿元，统筹用于职业技能提升行动。

当前，我国职业培训补贴政策比较完备，但在职业培训过程中，培训补贴的使用还存在着一些问题。首先，培训补贴的社会保障仍处于缺位状态，大部分中小企业几乎没有按要求提取职工教育经费，有些企业甚至没有关于教育经费提取使用的办法或制度；其次，培训补贴类目繁多，申领复杂，且金额较低，政策的吸引力不高；最后，政府对职业培训补贴的宣传度不够，补贴政策的社会知晓度不高，一定程度上影响了培训补贴的执行效果。

延伸阅读3-3：北京市职业技能提升行动实施方案（2019—2021年）

2019年5月18日，国务院印发了《职业技能提升行动方案（2019—2021年）》。结合本市实际，北京市人民政府办公厅2019年9月27日印发《北京市职业技能提升行动实施方案（2019—2021年）》。实施方案从大力开展企业职工职业技能提升培训，加强重点产业、重点领域职业技能提升培训，加强重点群体就业创业培训三个方面对职业培训补贴制度进行了详细的规定，现列表如下：

培训类型	培训对象	补贴标准		其他
		企业	个人	
岗前技能培训	新录用人员	500元/人		入职12个月内，培训时间不低于40课时

续表

培训类型	培训对象	补贴标准		其他
		企业	个人	
岗前技能培训	实施1至3年培养计划的新型学徒	5000至8000元/年/人		根据产业急需程度、职业类型、培养等级以及实施效果
	特种作业人员安全作业培训	特种作业操作证	1000元/人	2019年1月1日以后取得
就业技能培训	岗位技能提升培训	初级工（五级）	1000元/人	2019年1月1日以后取得相应证书，且在本市缴纳失业保险1年以上
		中级工（四级）	1500元/人	
		高级工（三级）	2000元/人	
		技师（二级）	2500元/人	
		高级技师（一级）	3000元/人	
	高技能人才培养	每人5000元的标准，每年不超过30万元的研修补助		
	技能大师创新培训项目	每个项目不超过30万元		
重点人才培养	高精尖产业企业和金融科技企业	不超过20000元/人	不超过标准的50%	
	文创企业	不超过5000元/人		
重点领域培养	养老护理、安保、医疗陪护、托幼、快递等领域	不超过3000元/人		从业人员取得相应证书
	城市供水、排水、供热、燃气、园林绿化、公共交通、环境卫生等城市	不超过4000元/人		

续表

<table>
<tr><th rowspan="2">培训类型</th><th rowspan="2">培训对象</th><th colspan="3">补贴标准</th><th rowspan="2">其他</th></tr>
<tr><th colspan="2">企业</th><th>个人</th></tr>
<tr><td></td><td>运行保障领域和其他重点领域的企业</td><td colspan="2"></td><td></td><td></td></tr>
<tr><td rowspan="4">重点群体培养</td><td>吸纳就业困难人员就业并开展以工代训的</td><td colspan="2">500 元 / 月 / 人（领取不超过 6 个月）</td><td>对就业困难人员和农村劳动力给予培训期间生活补贴</td><td></td></tr>
<tr><td rowspan="3">家政服务专项培训</td><td>岗前培训</td><td>2000元/人</td><td></td><td>年培训时间不低于 80 课时</td></tr>
<tr><td rowspan="2">“回炉”培训</td><td>500 元 / 人</td><td></td><td rowspan="2">年培训时间不低于 40 课时</td></tr>
<tr><td>员工制家政企业1000元/人</td><td></td></tr>
</table>

四、职业培训在产业工人技能养成中的经验借鉴

（一）职业培训在英国产业工人技能提升中的成功经验

英国是最早进行产业革命的资本主义国家，但受国家不干预的“自愿自助”传统[①]影响，英国对职业教育持自由放任的态度，技术技能发展薄弱一度被认为是“二战”后英国国际地位和竞争力逐渐衰落的原因。直到 20 世纪 70 年代，在新职业主义思想的影响下，英国政府才颁布了《产业培训白皮书》《产业训练法》以及《就业与培训法》，旨在加强政府、产业部门和教育部门

① D. 洛克伍德，刘堃闿，罗志刚 . 英国职业培训［J］. 职业教育研究，1985（1）：50–54.

之间的合作，并于1983开始推行“青年培训计划”“统一职业准备计划”等一系列职业培训计划。

1. 确立“现代学徒制”的职业培训模式

1993年，英国启动了一项以振兴职业教育与培训体系为目标的现代学徒制计划，主要面向16至17岁中学毕业生，学生在企业作为学徒接受技能培训，业余时间在学校完成学习。完成培训通过考试或者评估可获得国家职业资格水平证书①。1994到1997年，现代学徒制培训不断推广到更多领域，开发了面向18至19岁青年的高级现代学徒制项目②。20世纪90年代末，英国政府把技能优先作为经济社会发展的基本战略③，进入21世纪，英国开始从国家战略的角度对技术技能人才培养进行系统变革，并加大对学徒制改革的力度。2004年，学徒制取消了25岁年龄上限。几十年来，英国不断发展和完善现代学徒制，使其成为英国职业教育培训的主要方式之一。

2. 形成了职能明确的多元培训主体

英国现代学徒制培训是建立在多元主体参与合作的基础上，政府、行业组织、培训机构和企业在职业培训活动中分工明确，分别承担着不同的职责。政府主要负责技能人才培养的宏观规划，制定税收优惠政策，发放培训津贴，认定职业资格。行业组织则负责制定技能标准，组织考核，以及认定培训机构的培训方案。培训机构负责具体的培训工作，包括制定培训方案、开发培训课程、实施培训项目等。企业参与制定培训目标、培训预算、培训形式、培训内容、培训结果的评价以及外部培训机构的选择等④。这些参与主体互相监督、互相协调，促进现代学徒制培训模式的正常运作。

---

① 陈蕊花，刘兰明，王芳.英国现代学徒制嬗变历程、战略管理及经验启示［J］.职教论坛，2020（2）：164–170.

② 陈小婷.英国、瑞士现代学徒制比较研究［D］.西北师范大学，2016.

③ 李玉静.21世纪英国技能人才培养培训政策研究［D］.东北师范大学，2019.

④ 石惠鑫.英国政府主导下的职业教育社会伙伴关系研究［J］.河北大学成人教育学院学报，2019，21（4）：69–77.

（二）职业培训在日本产业工人技能提升中的成功经验

“二战”之后，日本经济迅速恢复发展，许多产品成为国际市场的重要竞争者，这与日本重视技术人才的培养密不可分。1947年，日本政府制定了两种职业培训制度：培养技术人员制度和职业辅导制度，前者是针对在职职工的技术培训，后者是以失业人员为主要对象的职业培训制度。1958年，日本政府改革职业培训制度，制定了公共职业训练法和企业训练标准。

1. 企业内职业培训模式，培养了大量的技术人才

为了在激烈的技术竞争中获得生存和发展，日本企业很重视根据自身需求，对员工的生产技能和管理水平进行职业培训。企业根据经济发展需要，制订出一套适合本企业的人才培训计划，通过投资兴办各种职业技术培训机构、企业技术学院、培训中心等，对企业内部人员进行培训[①]。在培养技能人才时，除采用脱产培训外，还通过企业内部多种岗位转换的方式，使员工的技能、经验等均得到广泛的交流和提高，实现一专多能、全面发展的目的。日本企业不仅注重员工知识、技能、经验方面的培训开发，还重视培养他们的工作积极性、创新性、团队合作意识和企业忠诚度。这种职业培训模式，受企业和产业需求驱动，极大地提高了日本的劳动生产率，促进了日本经济的发展。

2. 系统的职业培训立法，保障技能人才培养

日本的职业培训立法随着社会的经济发展水平不断地进行调整和完善，最终形成了一套完整和系统的职业培训立法体系。1947年，日本先后制定了《劳动基准法》和《职业安定法》，规定对人们给予必要的知识和技能培训，成为当时日本进行职业训练的主要依据。1958年，日本颁布《职业训练法》，形成了综合化和系统化的职业训练体制，标志着日本现代职业训练制度

---

① 王志平. 日本职业教育探析［J］. 南京高师学报，1998（1）：3–5.

的确立。1969年，颁布新的《职业训练法》，重新调整了职业培训体系，提出贯穿劳动者全部职业生涯的培训制度。为适应经济发展和产业结构调整的需要，日本分别在1974年和1978年对《职业训练法》进行修订。1985年，《职业训练法》经过根本性修改并更名为《职业能力开发促进法》，确立新的职业培训开发制度。之后，日本多次对该法进行修订，2006年，日本建立以用人单位为实施主体的新型培养模式，即“实习并用职业训练制度”，并将其写入《职业能力开发促进法》，不断完善的立法保障了日本职业培训的规范化和良好运行。

3. 加大资金投入，确保技能人才培养经费

日本政府为促进职业培训的开发与实施提供了一系列的扶持制度，其中最重要的是针对企业职业培训的补助金制度。日本的补助金制度主要是以中小企业为主，包括职业生涯促进助成金制度、雇佣创造能力开发补助金制度、职业能力提升助成金制度[①]等。参与培训的企业可获得新入职员工的培训补助金、在职培训补助金、职业资格认证补助金等，但是不同类型的企业补助的金额并不相同，制造业、电子通信等项目的补助金额比销售、管理项目的更多[②]。同样，为鼓励和支持劳动者参加职业培训、提高技能水平，日本政府还采取了一系列的个人补贴政策，包括对教育培训课程部分费用的补贴以及参加教育培训课程所带来的经济负担的援助等[③]。

（三）国外职业培训的经验启示

1. 完善职业培训法律保障体系

日本等国的经验表明，推动技能人才培养的重要保障就是不断制定和完善职业培训立法。首先，提高职业培训水平，必须有完善的法律保障，因此，

① 郑成功，李彬．日本政府推动技能人才培养的组织体系与政策措施［J］．日本研究，2014（2）．

② 李博，薛鹏，丁海萍．日本企业内职业培训现状分析及经验启示［J］．职业技术教育，2018，39（12）：73.

③ 陈玉杰．日本职业技能开发体系发展历程、现状及经验借鉴［J］．中国劳动，2020（2）：44–55.

政府要着力完善相关行业企业参与职业培训的法律法规体系，包括管理体制、办学方式和经费来源等。其次，要明确社会各主体参与职业培训的义务和职责，建立高度协调合作的技能人才培养机制。

2. 建立多元职业培训体系

职业技能培训需要社会各方面力量的共同参与，这需要政府明晰企业、学校、政府、行业协会等多元主体的责任，坚持以就业为导向、以产业为基础、以行业为依托、以加强实践能力和专业技能为核心，推动建立多元主体的职业培训合作体制，培养出适应社会所需的高技术人才。

3. 提高企业对职业培训的重视

与日本企业对职业培训的重视程度相比，我国许多企业缺乏对职业培训重要性的深思，企业管理者对职业培训的重视程度不够，并且经费预算比例较低。市场竞争的实质是企业人才的竞争，因此，只有重视员工的培训工作，才能在人才和知识的竞争时代取得优势，实现企业的发展目标。企业要转变思路，积极主动开展职业技能培训，通过培养技术性人才，优化企业自身的人力资源，增强企业竞争力。

延伸阅读 3–4 ：丰田的职工教育和培训

丰田汽车公司于 1937 年 8 月在日本爱知县举母町创建，其主要经营产品是汽车部件，包括钢铁、化纤制品、橡胶、玻璃以及各种日用品等。2004 年，丰田一年的利润达到 1 兆 1712 亿日元，超过通用、克莱斯勒、福特三家公司的获利总和，2008 年始逐渐取代通用汽车公司成为全世界排行第一位的汽车生产厂商。

谈起丰田的成功，也许更多人会想到丰田的生产方式，但是丰田还有一个创造奇迹的制胜法宝，那就是培育一支优秀的员工队伍。丰田式培育，既是培训又是教育。培训主要遵从“学以致用”的原则，从技能上提高员工的技术熟练程度和专业素质；而教育则从精神上深层次地影响员工，延续丰田精神。每一位进入丰田的员工，都会在这一平台上接受从里到外的熏陶和培育，成长为具有丰田特色的人才。

丰田十分重视新员工在“启蒙期”的发展，并一直沿袭着一项传统的入职引导制度，即“前辈制度”。为了帮助新员工更快地适应环境，公司会为他们各安排一位经验丰富的指导老师，负责其在工作、生活以及人际关系等各方面的指导和协调，时间大概为 6 个月。在这个过程中，老师会帮助新员工了解企业文化，熟悉各种制度流程，示范各个工序的安全操作等。

为了适应精益生产系统对作业人员技术能力的需要，丰田要求每位作业人员都能够掌握多种技能，提高技术素养。为此，丰田引进了工作轮换制度，每个作业人员轮流承担作业现场的工作，成为多能工。

此外，丰田汽车公司还成立了大学，为丰田的发展源源不断地提供人才动力。1981 年成立了丰田工业大学，主要面向有求学精神但没能升入大学的年轻人。随着国际化步伐的加快，丰田于 2002 年 1 月在日本设立了“丰田学院”。该学校以培养未来经营者和中层干部为使命，聘请来自一流教育机构的老师担任主讲。

丰田不仅对员工进行技能上的培训，而且深入员工的精神层面，即“非正式教育”。企业内部有各种基于资历、地域、兴趣爱好等组建的社团以及同学会、同乡会、运动会等，让每个员工都能自然而然地介入这个复杂的“关系网络”。另外，公司专门准备了体育馆、集会大厅、会议室、小房间等设施，供各团体自由使用，最大限度地为员工提供相互接触、交流的机会和条件，为团队精神的培养奠定了基础。

有人曾问：丰田人事管理与企业教育的实质是什么？丰田的总裁这样回答：“丰田人事管理与企业教育的实质在于通过教育把人的积极性调动起来。”培养和教育人才是丰田人事管理的传统，更是造就丰田人才的精髓。

——摘自《HR 管理标杆——世界知名企业人力资源管理实践案例撷英》

五、职业培训与产业工人技能养成的未来发展

随着技术的进步、经济发展方式的转变、产业结构的调整，劳动者技能水平和岗位需求之间的结构性矛盾日益突出。职业培训是提高产业工人队伍素质的重要方式，也是解决就业结构性矛盾问题的重要手段。因此，要不断健全和完善我国职业培训体系，创新职业培训模式，以适应社会经济发展要求、产业结构调整和劳动者技能水平提升的需要。

（一）健全职业培训法律体系

构建现代终身职业培训体系，离不开完善的职业培训法律保障，当前，我国已出台的法律法规中，有不少关于职业培训的内容，如《教育法》《劳动法》《职业教育法》《就业促进法》等，初步形成了职业培训法律体系，但是，我国职业培训仍存在法制不健全、保障滞后等问题，主要表现为立法内容简单、法律责任规定不清晰、监督力度不够等。因此，必须加强职业培训的立法工作，制定和完善专门的职业培训法律和条例，以立法的形式明确参加职业培训主体的权利和义务，规范职业培训的管理和运行体制；通过内容全面、操作性强的法律规定，保证职业培训的实施和有序发展。

（二）建立多元主体协同的职业培训体系

建立多元协同职业培训体系的重点是厘清政府、行业、职业培训机构和企业之间的职责，统筹实现产业工人培训的市场化、社会化改革，最终建立起由政府宏观调控、行业依法指导、社会各方面广泛参与、企业自主培训的职业培训体系。

1. 政府

政府相关部门应积极发挥引导、服务职能。加强立法，培育和规范劳务

市场、人才市场和培训市场；加强服务，对照产业发展要求以及相应岗位技能要求，提供培训需求信息，保证职业培训的质量和效用；引导、鼓励和监督社会力量积极参与职业培训，协调企业、行业和社会各方面办学单位之间的关系；加大对产业工人职业培训的支持和补贴力度，维护产业工人的合法权益，提高产业工人的社会地位和经济待遇，营造尊重劳动、劳动光荣的社会氛围。

2. 行业

在政府鼓励产教融合的宏观环境下，充分发挥行业协会和企业联合会的作用，是解决企业职业培训办学难问题的有效出路。行业组织应根据产业需要，结合行业发展趋势和企业生产发展、技术创新需要，为行业从业人员提供互相交流和学习的平台，通过开展技能培训，为行业发展提供高技能人才支撑，从而提高整个行业职业技能水平。

3. 职业培训机构

职业培训机构作为技能人才培养的主要阵地，要与时俱进，创新培训理念，突出新知识和新技能；拓展培训的形式，充分利用互联网技术，增强培训的有效性和吸引力；注重实践的指导和锻炼，探索和优化企业合作模式，加强实训基地建设；提升培训服务能力，加强职业技能培训师资队伍建设。

4. 工会

工会作为职工的代表组织，是推进产业工人职业发展的重要力量，因此，各级工会应积极了解产业工人的培训需求，促进和帮助产业工人提升技能。工会应加强对企业的监督，通过集体协商和集体合同的方式，督促企业落实、维护职工享受职业培训的权益；通过组织与职业发展有关的评优及竞赛活动，选择优秀产业工人，发挥他们的引领示范作用，带动周围产业工人学技术、学业务的积极性和主动性；积极发挥桥梁和纽带作用，加强与职工、企业、院校以及政府等多个主体的合作，根据市场、技术和职工的实际情况制订相关的职业发展计划，利用职工学校、职工俱乐部等阵地举办职业培训，弥补政府和企业培训方面的不足。

5. 企业

企业作为人才的流向地，应加强自身的社会责任感，主动适应企业发展和行业转型对人才的新需求，积极发挥职业技能培训主体作用。严格执行国家关于产业工人职业技能提升的政策、制度，创造条件鼓励和支持员工参加培训。有条件的企业可成立内部培训机构，或者设立专职部门管理员工职业技能培训工作，使企业培训正规化；建立科学的职业晋升通道和岗位升迁机制，激发产业工人参加培训的积极性，满足其职业发展的需要。

（三）突出企业的主动作用，广泛实行校企合作培养模式

校企合作是实现产学研结合，提高技能人才培养质量的有效途径，近年来在各级政府的引导下，国内许多企业与职业院校建立了技能人才培养合作关系。2015 年，我国启动的企业新型学徒制试点工作，按照政府引导、企业为主、院校参与的原则，采取企校双师、工学交替等模式共同培养学徒，具备了企业培养模式和学校培养模式的双重优点。因此，针对不断变化的就业需求，我们要不断创新培训方式，突出企业的主动作用，加强实践操作技能的培训，通过采取“订单式”“集中培训式”“定向培养”“委托代培”等培训形式，构建企校一体化的职业培训工作体系。

（四）创新培训方式，发展新师徒制

师徒制作为一种传统的技能传承方式，几百年来一直为各行各业广泛使用。当前，随着现代化建设进程不断加快以及科学技术的快速发展，传统的通过“传帮带”实现技能传承的方式存在着培训周期长、培训能力有限、效率低等问题。在以“知识经济”“网络经济”“数字经济”为主体的新经济时代以及智能制造和定制化生产的需求下，需要我们探索一种操作性和时效性较强的新师徒制，一方面可通过培训需求分析，结合企业的生产实际，制定

针对性强的训练内容；另一方面可利用网络化培训平台，扩大培训的规模，运用先进实用的教学方法，提高学员参与度，增强培训效果。

（五）应用信息技术，大力推广“互联网＋职业培训”模式

互联网信息技术的快速发展对现代经济社会的发展产生了深刻的影响，传统的教育培训模式面临着机遇和挑战。以互联网信息技术为载体的远程教育培训得以快速发展，产业工人的培养也应顺应时代潮流。按照国家信息化发展战略，实施“互联网＋行动计划”“创新产业工人队伍建设网络载体”“打造网络学习平台”，是促进产业工人队伍建设的重要举措。因此，要大力推动信息技术在职业培训过程中的全面应用，积极探索“互联网＋”环境下产业工人培养的实践教学，按照产业需求和职业标准，开发开放式和优质的在线培训课程资源，增强培训的广泛性和课程吸引力。

延伸阅读 3–5 ：北京燕京啤酒集团公司：两级培训联手，提升职工技能

20 世纪 80 年代，北京郊区顺义县建立了一家燕京啤酒厂，历经 31 年的发展，从被市民戏称为“农民啤酒”的小型啤酒企业，逐步成长为中国最大啤酒企业集团之一。

燕京在发展中始终注重职工尤其是农村劳动力的技能培训。燕京集团的培训主要分为两级：一级是集中培训；一级是各部门、车间的培训。集中培训主要是综合性培训，包括职业道德、企业文化、生产安全、工艺技术等内容。而各部门、车间的培训则是根据不同车间的工作内容和流程进行，培训内容更加细化、专业。

为适应员工技能培训不断发展的需要，燕京每年都会投入专项培训资金用于完善培训基地和现代化教育设施；建立专、兼职教师资源库，挑选高学历、责任心强、业务水平高的科技人员以及一线人员中工作出色、群众威信高的业务骨干充实教师队伍；聘请啤酒、营销等专家学者进行讲座。每次培

训后，会从讲课的条理性、语言表达能力、板书、联系实际等八个方面给教师打分，对学员进行考试、训后评价、效果追踪。

公司制定了详细的职业培训管理制度，鼓励职工参加继续教育，到技工学校学习，提升相关技术；根据个人意愿及企业选拔相结合的原则，选送优秀的科技人员深造；与高等院校合作举办在职培训班，培养技术人才。此外，公司还不定期地把一些员工送到国外去参观、考察、学习。

在燕京啤酒集团还有一支特殊的人才队伍——“林智平创新工作室”。1994 年，林智平与燕京啤酒结缘，从业 25 年以来，一直致力于燕京集团啤酒工艺技术革新、质量控制与保证、新产品开发等研究与开发工作，并取得了一系列成果，被人们称为燕京的“啤酒教授”，2010 年评为北京市劳动模范。2011 年，在北京市总工会与北京市科学技术委员会联合授予下，以林智平名字命名的职工创新工作室正式成立，由 51 名高技能人才组成的团队，在林智平的带领下，先后完成国家部委等十余项科技成果。工作室全面执行“项目带头人”责任制、“名师带徒”辅导制，以研促培；提供多元化培训课程和学术交流机会等全方位、立体化培训措施，实现技能人才培养。以劳模为榜样，以团队协作为动力，劳模创新工作室正在成为企业的“人才高地”和“创新基地”，对技能人才培养和重难点工作攻克，带动企业的技术创新有着重大意义。

第四章

职业资格认证和产业工人技能规范化

职业资格认证起源于西方，欧美资本主义国家已经建立起较完整的职业资格认证体系，形成了规范的职业资格国家标准、鉴定程序以及管理监督体系。我国的职业资格认证起步虽晚，但越来越得到政府的重视。我们希望通过对我国职业资格认证的历史背景介绍、现状及问题分析，提出我国职业资格认证体系的完善建议。

一、职业资格认证的相关概念和意义

（一）职业资格认证相关概念界定

1. 职业资格

所谓职业资格，是指劳动者为适应劳动需要和从事某一职业而使用特定技术、知识的能力，这也是劳动者进入某一行业或从事某一职业的前置条件。职业资格与学历文凭不同，后者是个人文化理论水平的标识，强调象牙塔内的求学经历；前者与“职业劳动”紧密联系，反映某职业规范化、专业化的操作标准，强调劳动者的技能水平。

1994 年劳动部、人事部颁发的《职业资格证书规定》第二条第二款指出：“职业资格包括从业资格和执业资格。从业资格是指从事某一专业（工种）学识、技术和能力的起点标准。执业资格是指政府对某些责任较大，社会通用性强，关系公共利益的专业（工种）实行准入控制，是依法独立开业或从事某一特定专业（工种）学识、技术和能力的必备标准。”从业资格在国家职业资格目录中被称为“水平评价类”资格，此类职业的专业性、社会通用性较强，等级划分明确，且仅作为个人能力的证明，可作为用人单位招聘、雇佣决策的参考，如电工、焊工等。执业资格在国家职业资格目录中被称为“准入类”资格，例如，律师、注册会计师等职业均属此类，劳动者需持证上岗，企业不得雇佣无证人员。[①]

2. 职业资格证书

所谓职业资格证书，是由我国人社部统一办理的、用以表明劳动者具备资格以从事某一职业的证明。它既反映了国家对劳动者从事特定工种所需知识、技术和能力的认可，也体现了特定职业专业化、标准化、规范化的操作，也是劳动者就业、转换职业或独立开业的资格凭证，在企业招聘、录用和培训过程中发挥了重要作用。

3. 职业资格认证

1995 年,《职业资格证书制度暂行办法》规定：“国家按照有利于经济发展、社会公认、国际可比、事关公共利益的原则，在涉及国家、人民生命财产安全的专业技术工作领域，实行专业技术人员职业资格制度。”所谓职业资格认证，也可称为职业资格认证制度、职业资格制度或职业资格证书制度，是针对职业资格的政策规定和实施办法，其主要内容是指：“按照国家指定的职业技能标准或任职资格条件，通过政府认定的考核鉴定机构，对劳动者的技能水平或职业资格进行客观公正、科学规范的评价和鉴定，对合格者授予相应的国家职业资格证书。”[②] 从本质上而言，职业资格认证的实质是我国的一种考试制度，以职业资格鉴定为核心，以促进职业技能规范化为目标，与“职业劳动”密切相关，是职业分类、职业资格范围与等级、职业培训、职业技能鉴定网络、资格考试、机构管理、证书管理、继续教育等内容的总和。

4. 职业技能鉴定

（1）职业技能鉴定的概念

职业技能鉴定以劳动者的职业技能为鉴定对象，以规定的职业标准和任

---

① 吕忠民 . 职业资格制度概论［M］. 北京：中国人事出版社，2011.

② 侯自芳 . 我国职业资格制度人才评价体系研究［D］. 国防科学技术大学，2006.

职资格为参照，以第三方认证原则为基础，以职业知识、操作技能和职业道德为考核内容，由考评员对劳动者从事某种职业或工种所应具备的知识、技术、能力做出客观的测量和评价。从本质上而言，职业技能鉴定是我国的一种基于劳动者职业技能水平的考试制度，属于标准参照性考试，是劳动者进入某个行业的“门槛”。职业技能鉴定不是一个简单的考核活动，它构成了职业资格认证的核心内容，在提升劳动者素质、培养技能型人才方面发挥着重要作用，有利于加快我国职业规范及制度建设，是培育和发展劳动力市场的基础性工作。

（2）职业技能鉴定的性质

①职业技能鉴定是一种标准参照性考试。它以国家技术等级标准为参照，对被考核者的理论知识和实际操作技术进行测量和评价，这种考试仅将每个人的成绩与既定标准进行比较，达到标准即合格，与任何其他考生或考生总人数无关，且没有选拔性功能，如计算机二级考试、驾照考试等。与之相对的是常模参照考试，它能够鉴别每个被考核者在某一参照团体中的相对位置，体现了人才选拔的功能，比如高考应试、公务员考试。

②职业技能鉴定是一种社会职业性考试。它由人社部统一管理，由各行业主管部门和省、自治区、直辖市组织实施，与学校教育考试性质不同，它着眼于职业劳动和技能水平，旨在通过考核与实际岗位相关的职业知识和实操来提升劳动者的技能水平，因而职业技能鉴定与“职业”和“就业”密切相关，它是国家劳动制度、国家考评制度的重要组成部分。[①]

（3）职业技能鉴定的特点

①职业技能鉴定以岗位或工种的实际需求为导向。学科导向和知识导向背景下的传统教育更注重理论构建的完整性和系统性，而职业技能鉴定与劳动者所从事的岗位或职业密切相关。前者培养的人才在理论深度、知识广度、

① 王毅，王磊．职业技能鉴定体系的建立与完善［J］．发展，2015（2）：110.

思维能力、创新精神等方面具备优势，比较符合学术科研、研究所、高校等部门的需要，但相对独立于生产经济活动，在很大程度上与实际工作岗位脱钩。相反，职业技能鉴定密切联系实际经济生产活动和工作岗位的需要，经技能鉴定后上岗的产业工人具备该岗位所要求的任职资格，能解决岗位中实际出现的问题。职业技能鉴定摒弃了现代考试制度中的不合理成分，注重岗位的实际需求，避免“高分低能”现象的出现，是弥补学科导向的传统考试制度的重要途径。

②职业技能鉴定以第三方认证原则为基础。第三方认证是相对第一方认证和第二方认证而言的，我国在改革开放之前实行计划经济，因此，国家统筹计划在劳动者职业资格认证过程中发挥着决定性作用，导致职业资格认证成为政府指导下的企业行为，实质上是企业单方面的自培训、自考核和自认证。但随着社会主义市场经济体制的完善，单方认证的弊端日益显露，难以满足社会对公平公正原则的要求，因而我国职业资格认证采用第三方认证原则。所谓第三方认证，是指由政府批准的独立于劳动力供给和需求双方的第三方对劳动者的职业技能做出评价和认证，也称“考培分离”原则。其中的第三方鉴定机构，能够代表劳动力供求双方的利益，且不受政府部门行政权力的直接管制，政府仅对职业资格认证市场进行宏观性的管理和监督。因此，第三方认证原则不仅能够有效弥补单方认证在公平竞争、劳动力自由流动等方面的弊端，平衡劳动力供求双方的利益，促进劳动力市场的健康运行；也有利于提高职业资格认证质量，增强权威性和科学性。[①]

③考试内容、对象和场所各有特点。职业技能鉴定的考试内容因岗位、工种和等级层次的不同而有所差异，但大致包括职业知识、操作技能和职业道德三项考核内容。职业技能鉴定的对象广泛，从被考核者单位来看，包括社会待就业者、部队退伍军人；企事业单位职工和学徒期满的学徒；各类职

---

① 史术高，廖嫣．试论职业技能鉴定的考培分离［J］．职业，2012（6）：43-44.

业技术院校及培训机构的学员。从职业资格等级上看，由低到高分为初级、中级、高级、技师、高级技师共五个等级。职业技能鉴定的考试场所是经人社部批准而建立的实施鉴定工作的基层组织，承担着受理申请、审查、协调、考核鉴定等职责，其选址按照职业和工种的需求而设置，遵循因地制宜的原则，考试场所分散于各省、自治区、直辖市。[①]

（二）职业资格认证对职业技能规范化发展的意义

职业资格认证本质上是一种国家考试制度，是我国劳动就业制度的重要组成部分。推行这一制度，是我国现代化生产方式和就业方式发展的必然结果，也是推动我国特色职业教育创新的重要路径，在宏观上有利于促进劳动力市场健康运行、打造良好的劳动氛围，在微观上符合企业和劳动者的共同利益。职业资格认证对职业技能规范化发展的意义主要包括以下内容。

第一，推行职业资格认证，有利于培养符合实际工作岗位需求的技能型人才，弥补学历文凭制度的缺陷。学历文凭制度和职业资格认证是我国人力资源开发的两大体系，随着生产方式和生产关系的变革，学历文凭制度暴露了诸多弊端：一方面，其垄断性不仅导致教育资源配置失衡，也导致教育领域缺乏竞争性和活力；另一方面，重点培养理论知识而忽视实操技能的传授，导致脱离工作实际，难以培养技术型人才。与之相反，职业资格认证有利于促进国内人力资源优化配置、解决劳动力就业结构性矛盾，引导社会公众成为技术型人才。

第二，推行职业资格认证，有利于激励职工加强技能学习，提高职工的主动性。从用人单位的角度来看，职业资格认证为用人单位的招聘、录用、培训、绩效考核和职位晋升提供了衡量标准，是人才引进的重要依据，是用人单位加强人事管理、提高效益的重要工具；从劳动者的角度来看，职业资

① 王毅，王磊．职业技能鉴定体系的建立与完善［J］．发展，2015（2）：110.

格认证作为劳动者知识技能的凭证，有利于劳动者上岗就业和职业的自由流动，提高就业竞争力和工资、福利待遇，同时劳动者也将主动学习技能、更新知识，谋求职位晋升和个人成长，从而形成良性循环。

第三，推行职业资格认证，有利于带动职业培训、继续教育的发展，为劳动者技能提升提供保障。从行业发展的角度来看，职业培训、继续教育等多主体竞争，有利于促进行业的多元竞争和劳动力市场均衡发展，改变了以往学历文凭教育的垄断地位；同时，劳动者通过接受职业培训，技能水平提高，能够较好适应市场需求，提高就业竞争力，有利于缓解结构性失业问题。①

第四，推行职业资格认证，有利于在全社会营造尊重技能、尊重劳动、尊重技术的氛围。获得职业资格证书的技术工人，其工资待遇、地位得以提高，能够增强技术工人的荣誉感、自豪感和责任感，从而引导劳动者积极钻研技术，提高技能水平。

二、我国职业资格认证的历史发展和现状分析

我国职业资格认证的历史可追溯至20世纪50年代，当时我国实行工人技术等级考核制度，这一制度一直沿用至“文革”结束。党的十一届三中全会之后，各行各业开始拨乱反正，1978年和1988年，我国两次对工人技术等级标准进行了修订。1992年，中共十四大召开，确定了社会主义市场经济方向，职业资格认证开始发展。我国职业资格认证的历史发展可划分为计划经济时期和社会主义市场经济时期，下面从顶层设计、组织与管理、考评员队伍建设等六个方面分析我国职业资格认证的现状。

---

① 潘亚妮，陈雪峰，郁惠珍．对我国职业资格制度现状的思考［J］．化工时刊，2019，33（9）：41–43.

（一）我国职业资格认证的历史发展

1. 计划经济时期

新中国成立初期，我国生产力水平低下，民族工业化程度低，因而加快工业化建设、推进产业工人队伍建设成为当时的重要任务。在此背景下，我国探索新型工资分配制度，破除“工分制”的弊端，提高工人的劳动积极性。同时，我国还建立了与新型工资分配制度相适应的考工制度，这成为我国职业技能鉴定制度的雏形，推行考工制度的核心是明确划分各个工种的技术等级标准。在周恩来总理和国务院有关部门的领导下，1956 年，我国按产业、按部门逐步建立起上万个工种的技术等级标准，于是考工晋级制度开始全面推行。这一制度也就是所谓的“八级工制度”或“八级工资制”，它主要借鉴了苏联经验，由国家制定工人技术等级标准、划分工人的技术等级，并与工资挂钩，具有明显的国家计划特征，由此建立了国家统包统配、工资统一计划管理的劳动就业制度。“八级工制度”具有可操作、可考核的优点，能有效区分简单劳动与复杂劳动并有效鉴定工人技术等级，折射出尊重技能、尊重劳动的社会文化，有利于引导工人追求高层次、高水平的劳动技能。1963 年，根据社会进步和企业发展的客观需要，照搬苏联模式已经不能适应我国实际情况，因而我国对技术等级标准进行了第一次全面修订，调整不适应生产关系的内容，提高了技术标准水平。①

1966 年至 1976 年“文革”时期，职业技术教育事业发展停滞。1978 年党的十一届三中全会之后，我国开始了第二次全国修订工人技术等级标准的工作，从新的角度定义工人技术等级标准，明确提出“工人技术等级标准是考核工人技术水平和对工人进行技术培训的科学依据”，即将工人技术等级标准与培训、考核挂钩。1988 年，我国开始了第三次全国性工人技术等级标准

---

① 曹晔，盛子强．我国职业资格证书制度的历史、现状与趋势［J］．职教论坛，2015（1）：70–75.

修订工作，这次“修标”工作总结了前两次的经验与教训，通过实地调研等方式提出了“修标”工作的原则和理论依据，初步形成科学化、规范化的工种分类体系，部门之间工种交叉重复问题得到初步解决。[①]

2. 社会主义市场经济时期

1992 年，中共十四大召开，提出我国经济体制改革的目标是建立社会主义市场经济体制，要使市场在国家宏观调控下对资源配置起基础性作用。1993 年，中共中央十四届三中全会出台的《关于建立社会主义市场经济体制若干问题的决定》指出：“要制定各种职业的资格标准和录用标准，实行学历文凭和职业资格两种证书制度，逐步实行公开招聘，平等竞争，促进人才的合理流动。”1995 年《劳动法》第六十九条规定：“国家确定职业分类，对规定的职业制定职业技能标准，实行职业资格证书制度，由经过政府批准的考核鉴定机构负责对劳动者实施职业技能考核鉴定。”1996 年《职业教育法》第八条规定：“实施职业教育应当根据实际需要，同国家制定的职业分类和职业等级标准相适应，实行学历证书、培训证书和职业资格证书制度。”2007 年《就业促进法》明确指出：“国家对从事涉及公共安全、人身健康、生命财产安全等特殊工种的劳动者，实行职业资格证书制度，具体办法由国务院规定。”

为了贯彻落实《职业教育法》的规定，完善职业资格认证，客观公正地评价专业技术人才，加强职业技能鉴定的社会化管理，提高劳动者素质，国家相关部门出台了以下措施：第一，1993 年 7 月，劳动部依据《工人考核条例》颁布了《职业技能鉴定规定》，该文件对职业技能鉴定的体制、鉴定机构及其组织实施、考评员等做出了规定，以“职业技能开发”和“职业技能鉴定”等重要概念代替“工人考核”，标志着在我国计划经济体制下运行了近 40 年的“工人技术等级考核制度”开始向国家职业技能鉴定制度转轨。第二，

① 权衡 . 关于编制《中华人民共和国工种分类目录》和第三次修订工人技术等级标准工作的介绍［J］. 职业教育研究，1993（1）：7–9.

1994年3月，劳动部和人事部联合颁布《职业资格证书规定》，该文件对“职业资格”相关概念进行了界定，对职业资格认证的程序、原则、证书管理等基本内容做出了明确规定，标志着我国正式建立起职业资格认证体系，初步形成系统化、制度化、科学化、规范化的模式。第三，1995年，人事部印发《职业资格证书制度暂行办法》，对从业资格和执业资格做出规定，进一步规范了我国职业资格认证。第四，1999年，国务院组织相关部门和专家学者制订了《职业分类大典》，将职业划分为1838种，该大典的重要意义在于第一次对我国社会职业进行了科学规范的划分和归类，填补了职业分类领域的空白。随着科技与经济的发展，该大典难以适应新时期的要求，2010年底，人社部会同有关部门启动修订工作，编写了2015年新版《职业分类大典》。

进入21世纪，我国加入世贸组织，与世界经济的联系日益紧密，社会主义市场经济体制也不断深化，“职业”的内涵也在不断扩展，某些职业资格已经失去存在的意义，甚至成为阻碍就业创业的门槛。在此背景下，2007年，国务院印发《关于清理规范各类职业资格相关活动的通知》，要求各地区分步、分类开展清理规范工作。2014年，《国务院关于取消和下放一批行政审批项目的决定》明确规定取消部分职业资格认证和许可项目。总之，这一时期为发挥市场在资源配置中的决定性作用，政府清理一批职业资格，降低就业创业门槛，营造良好的人才发展环境，释放制度红利，有利于激发市场主体的活力。

（二）我国职业资格认证的现状分析

1. 初步建立职业资格认证的法律法规体系

1993年，党的十四届三中全会提出要实行学历证书和职业资格证书并重的制度，1994年颁布的《劳动法》和1996年颁布的《职业教育法》明确提出实行职业资格认证，这是职业资格认证法律地位确立的标志。经过20余年的发展，我国职业资格认证已初步建立了从中央到地方再到行业的法律法规体系。各省、自治区、直辖市以《劳动法》《职业教育法》《工人考核条例》《职业技能鉴定规定》和《职业资格证书规定》等文件或规定为依据，坚持因地制宜的原则，制定了地方性质、行业性质的《职业技能鉴定实施办法》《行业特有工种职业技能鉴定实施办法》等配套行政法规和技术性管理文件。[①]

延伸阅读 4-1 ：地方性、行业性的资格认证

1994 年，铁道部根据国家《职业技能鉴定规定》发布《铁道行业特有工种职业技能鉴定实施办法》，适应社会主义市场经济发展需要，促进铁道行业职工队伍素质提高。2003 年，云南省广泛听取社会各行业意见，借鉴国外成功经验，出台了我国首部省级《职业技能鉴定管理条例》，虽然是地方性法规，但这标志着我国职业技能鉴定管理工作进入了法制化的轨道。因此，从中央到地方再到行业，已初步建立起职业资格认证的相关法律法规体系，形成了依法鉴定的良好局面和依法治理的社会氛围。

2. 初步形成我国职业资格目录框架

在全面深化改革尤其是供给侧结构性改革的大背景下，为持续性激发市场活力并不断减轻人才负担，推进大众创业、万众创新，2013 年以来，人社部按照国务院要求，连续七批集中取消 434 项职业资格许可和认定事项，削减比例达 70% 以上。在“七连清”的基础上，人社部与各有关部门反复协商并报国务院批准，2017 年 9 月，印发了《关于公布国家职业资格目录的通知》，该文件标志着我国初步形成职业资格目录框架。国家职业资格目录共计 140 项职业资格。其中，专业技术人员职业资格 59 项，含准入类 36 项，水平评价类 23 项；技能人员职业资格 81 项，含准入类 5 项，水平评价类 76 项。

① 徐燕 . 我国职业技能鉴定的发展历史及现状［J］. 职业技术教育，2007，28（19）：66-67.

这表明，我国对职业资格实行清单式管理，目录之外一律不得认定职业资格。

职业资格目录框架的形成意义重大。第一，明确了国家职业资格范围、实施机构和设定依据，有利于从源头上解决职业资格过多过滥的问题，有效降低就业门槛，是推进简政放权和供给侧结构性改革的重要举措。第二，提高了职业资格目录的公开化、科学化、规范化程度，能够有效规范鉴定、培训、发证等活动，进一步规范了职业资格认证市场的活动。

3. 初步形成职业资格认证的组织与管理基础

从组织机构上来看，《职业技能鉴定规定》第三条规定，“职业技能鉴定实行政府指导下的社会化管理体制。（一）劳动部综合管理全国职业技能鉴定工作，制定规划、政策和标准，审查批准有关行业的职业技能鉴定机构。（二）各省、自治区、直辖市劳动行政部门综合管理本地区职业技能鉴定工作，审查批准各类职业技能鉴定指导中心和站（所）”。省一级的劳动部门还需对职业技能鉴定的程序、申报条件、考评员、证书发放等问题做出规范。从管理上来看，主要形成了以下制度：

第一，实行题库管理。题库的开发与建设是职业技能鉴定的重要环节，以《工人技术等级标准》和《国家职业技能标准》为依据，由人社部或地方劳动部门组织行业专家，以职业活动为导向，开发职业技能鉴定题库，且题库内容的设计应客观反映劳动者的职业资格等级。

第二，实行职业技能鉴定回避制度。这一制度要求所有工作人员应当保持职业操守，拒绝所有“打招呼”“说情”的行为，且不能参加任何有亲属、朋友、同学等人的技能鉴定工作，应主动避嫌并向上级报告。

第三，实行职业技能鉴定证书制度。这一制度规定，对于通过职业技能鉴定的劳动者，应给予其相应的证书凭证，上述证书由人社部统一印制、核发。

第四，对职业技能鉴定考评员的管理。所有申请考评员者必须具有高级工、技师或者中级专业技术职称以上的资格；鉴定技师资格的考评员必须具有高级技师、高级专业技术职称的资格。同时，考评员必须具备良好的职业道德和操守，坚持公平公正的原则。

第五，实行罚则管理。劳动行政部门对职业技能鉴定机构实行监督、检查。若考评员在工作中有弄虚作假、徇私舞弊的行为，予以吊销考评员资格的处罚；若职业技能鉴定中心的工作人员出现以上违法乱纪行为，予以行政处分并停职的处罚。

4. 初步建立职业技能鉴定的考评员队伍建设

职业技能鉴定考评员是指在特定的职业及其资格级别范围内，按照职业资格鉴定的有关规定，对鉴定对象做出资格认证活动的裁判员和执行者。考评员在职业技能鉴定中起主导作用，其鉴定行为直接决定鉴定的质量。因而，加强考评员队伍管理，建设理论基础扎实、思想政治过硬、技术能力高超的考评员队伍，对促进资格认证活动的开展、客观评价劳动者具有重要意义。当前，《国家职业技能鉴定规定》明确规定考评员实行培训、考核与认证制度。第一，各劳动部门和各级单位组织申请人员参加培训，培训内容包括国家职业资格认证理论知识、职业道德、职业标准以及相关技能，并且越来越强调考评员的职业道德和个人品质对鉴定质量的重要性。第二，培训后接受考核，严格按照人社部颁布的《职业资格鉴定考评人员考核大纲》的要求，包括对公共理论知识和专业技能知识两个部分进行考核。第三，考核合格者可颁发全国统一的考评员合格证书。除了对考评员进行培训、考核和认证，在考评员使用方面，我国已经在实践中建立考评前集训制度、考评中岗位轮换制度、亲属回避制度、考评组长负责制度、质量督导制度，以及年度考核和评议等制度，能够有效规范考评员的行为，避免了考评员主观因素造成的不公平，有利于提高鉴定质量。[①]

① 林珺嫔 . 职业技能鉴定考评员管理的几点思考［J］. 劳动保障世界（理论版），2013（6）：44.

5. 初步建立职业技能鉴定质量管理体系

通过《劳动部关于加强职业技能鉴定质量管理的通知》《职业技能鉴定机构质量管理体系标准》《职业技能鉴定机构质量管理体系认证工作流程》《关于开展职业技能鉴定所（站）质量管理评估工作的通知》等文件，我国初步建立起职业技能鉴定的质量管理体系有以下亮点：第一，在理念上，多次提出要坚持职业技能鉴定工作的“社会效益和质量第一”，强调提高鉴定质量是最重要最紧迫的任务之一。第二，开展和扩大试点工作。自 2003 年 5 月开始，国家劳动部门选择包括天津、福建、湖南、新疆和铁道部等地方和部门的部分职业技能鉴定机构作为试点，对其展开质量体系认证，在试点工作的激励下，这些被选为试点的鉴定机构必然全面改进鉴定工作，完善相关的鉴定机制和规则。随着试点范围的扩大，将有效建立起职业技能鉴定机构的自我约束机制，提高鉴定质量。第三，通过对鉴定机构的工作进行评估，建立示范性职业技能鉴定所（站），总结为普遍性的经验并在全国范围内加以推广，充分发挥榜样引领的作用，同时建立职业技能鉴定机构的长效评估机制，提升各地职业技能鉴定机构的工作质量。

6. 职业资格认证的改革

经过 20 余年的发展，我国职业资格认证制度不断完善，在人才评价方面发挥了重要作用。同时，这一人才评价制度在实施过程中也出现了诸多弊端，例如，职业资格证书名目繁多、交叉重复，一些不法机构办假证以谋取利益……因此，职业资格认证市场需要通过改革加以规范。此外，从我国所处的宏观环境上来看，我国正处于经济社会的转型期，职业资格认证需要适应宏观环境的变化。我国现阶段职业资格认证改革的重点，主要是做好以下四个方面工作：一是落实国家职业资格目录；二是建立职业资格目录动态调整机制；三是加强职业资格监督管理；四是优化职业资格服务。例如，党的十八大以来，结合“放管服”改革重大决策部署，人社部已先后分七批取消了 434 项职业资格，削减比例达到 70% 以上，这不是降低职业准入门槛，而是摒弃阻碍“双创”与就业的职业资格证书，持续激发市场活力，促进广大劳动者更好施展创业创新才能。①

三、我国职业资格认证体系的现存问题

当前，我国职业资格认证已初步建立起组织基础、法律体系和考评员队伍等，受到了政府的重视，正稳步推进改革，但由于职业资格认证在我国真正建立仅二十余年，因而在实施过程中仍然存在诸多问题，例如，第三方认证原则不落实、考评员队伍建设不足等，以下主要从四个方面分析我国职业资格认证的现存问题。

（一）立法与执法层面的问题

我国职业资格认证是由《劳动法》和《职业教育法》规范的，这两部法律确立了职业资格认证的法律地位。随着改革开放、市场经济和数字化治理的进一步深化和发展，我国涌现出许多新兴职业，其职业结构、内涵发生了变化，导致现行法律体系不能适应新形势的需求。

1. 就业准入制度缺乏监督机制

现行法律对就业准入制度缺乏监督机制，导致职业资格证书与就业上岗的脱节。这主要体现在：第一，众多企业为节省资金而雇佣无资格证书人员，职工的非专业操作会大大增加事故出现的概率，危害人身财产安全；第二，众多企业未将资格证书与福利待遇相挂钩，激励机制缺位，挫伤职工学习和培训的积极性，这与职业资格认证的初衷背道而驰；第三，现行法律对上述违法行为未制定惩罚机制，不仅无法发挥职业资格认证的优势，也损伤了法律和国家的权威与诚信。

---

① 朱永亮，童华强．职业资格认证改革中“减与加”的协调发展思考［J］．中国培训，2019（6）：49-50.

延伸阅读 4–2 ：医药行业无证上岗典型案例

2013 年 10 月开始，全国各地开展了为期一年的整顿医疗秩序、打击非法行医专项行动（以下简称专项行动）。12 月 29 日，国家卫计委对相关结果进行了通报。据卫计委官方数据显示，专项行动期间，全国共查处无证行医案件 4.4 万件。2018 年全国各地卫生健康行政部门共查处无证行医案件 19245 件，罚款 1.36 亿元，没收违法所得 4954 万元，移送涉嫌犯罪案件 206 件。

2002 年 6 月 16 日下午，广东省珠海市香洲区人士杨某某因“胃痛”到南屏镇北山大街 14 号的普济药堂内买药，应杨某某的要求，李某某在该药堂内为杨某某静脉滴注，后杨某某病情恶化，送南屏医院抢救无效死亡。经中山大学中山医学院法医鉴定中心检验鉴定，杨某某符合冠状动脉粥样硬化性心脏病致急性心力衰竭死亡的病理学改变。法院认为，被告人李某某在普济药堂未领取《医疗机构执业许可证》及其本人也未取得登记注册执业资格的情况下，在该药堂内为他人进行静脉滴注治病，情节严重，其行为已触犯我国刑律，构成非法行医罪，判处被告人李某某非法行医罪，判处有期徒刑 6 个月，并处罚金人民币 1000 元。

2006 年 5 月 5 日，刚满 7 个月大的女婴，在安徽省广德县人民医院急救时不幸死亡。调查发现，为她进行救治的工作人员没有医师资格证书和医师执业证书，属于无证行医。广德县人民法院判决广德县人民医院违反《中华人民共和国执业医师法》，在婴儿死亡过程中应负主要责任，赔付死者家属共计人民币 16 万元。

2014 年 1 月，辽宁省沈阳市卫计委对沈阳和平美丽城美容医院等 3 家医疗美容机构进行立案调查，发现上述 3 家医疗美容机构存在超范围开展诊疗活动、使用无证人员独立从事医疗美容的违法事实，沈阳市卫生计生委给予 3 家医疗美容机构吊销《医疗机构执业许可证》的行政处罚。

从以上案例可得知，涉及公众安全的医疗行业存在诸多无证上岗的现象，事实上，各行各业均存在无证上岗的案例，导致安全隐患和事故增加。因此，相关部门应建立就业准入制度，加强监督，推动职业资格证书与上岗就业相衔接。

2. 多部门管理导致重复考核认证

当前，我国培训认证分别由人事部门、劳动部门和行业协会负责管理，比如，教育部门负责职前学历教育，人社部门负责职后教育和职业资格证书，同时，各部门也实施了专门化培训并颁发各自行业的证书，这就形成了多部门认证并存、职业资格繁杂重复的格局。这种现象弊端如下：第一，各种职业资格证书重复考核，其在管理上缺乏沟通、在内容上互不承认，造成扯皮现象，影响职业资格认证的统一性；第二，职业资格证书成为商业机构和个人谋取利益的工具，例如，一些机构通过降低报考条件、打虚假广告以吸引目标群体，更有甚者假冒权威机关名义“乱发证书”，导致“假证泛滥”，扰乱了职业资格认证的正常秩序，严重危害职业资格认证的权威性、严肃性和公正性，影响市场和行业的健康发展。

3. 职业资格标准体系建设落后

《劳动法》第六十九条对职业资格标准做出了规定：“国家确定职业分类，对规定的职业制定职业技能标准，实行职业资格证书制度，由经备案的考核鉴定机构负责对劳动者实施职业技能考核鉴定。”从理论上来看，劳动部门制定职业分类和职业标准，并建立职业技能鉴定机构、实施资格认证活动，然而从实践上来看，职业资格标准体系的建设问题重重：第一，职业技能标准的覆盖面不完整且缺乏量化标准，不能满足及时更新和科学性的要求。例如，中式烹饪、茶艺、调酒、品酒等职业的技能鉴定缺乏科学性的检测设备和手段，仅凭考评员决定考核等级，主观性和随意性大，容易导致鉴定失真，破坏职业技能鉴定机构在人们心目中的形象。第二，职业技能鉴定缺乏全国统一的标准。由于历史和经济效益的原因，职业资格证书不能在省际之间获得承认，职业资格认证反映了严重的条块分割和地区性壁垒，不利于人才的合理流动。[①] 第三，我国职业技能鉴定标准脱离经济与生产的实际要求，难以适应科技发展和就业方式的变化，带有学科体系的框架和特征。由于追求知识体系的完整性，偏重"学术派"和"理论派"建设，导致企业对职业资格证书的支持和认可度不高。

4."双轨制"分口管理的弊端

《职业教育法》第十一条对我国职业教育的主管部门做出了规定，将我国职业教育主管部门分为教育行政管理部门、劳动社会保障部门，实际上是将学历教育与职业资格教育条块分割、分口管理，以规避实际工作中的困难：第一，各主管部门以及企业办学、行业办学独立存在，各自分配"人、财、权"，按照隶属关系由上至下实施教育资源的配置，各主体间的责权关系难以协调、沟通，因而出现多头管理、职能交叉、互相扯皮的矛盾，教育资源得不到充分利用，从体制上限制了职业资格认证的发展。第二，非竞争性集中管理模式问题。尽管职业资格认证实行社会化管理体制，但职业技能鉴定活动是在劳动部门和教育部门的规范下进行的，政府行政权力干预范围大。因而，非竞争性集中管理模式下，市场活力与创新受到限制，不能及时反映劳动力市场的变化，鉴定结果缺乏真实性。

（二）职业技能鉴定机构所存在的问题

1.鉴定机制建设不足

职业技能鉴定需要依托完善的理论指导和制度规范，对工作流程、具体操作以及相关工作人员进行严格规范，否则容易导致鉴定工作各个环节出现问题，最终影响鉴定的质量。这主要体现在：第一，考务管理不规范。例如，考评员未能执行考核回避制度、不定期轮换制度；违规使用鉴定题库，一卷多用、擅自修改试题；阅卷评分、证书发放未按流程处理。第二，没有严格

---

① 张卫清.我国职业技能鉴定中存在的问题研究［J］.企业导报，2012（19）：177.

执行人社部制定的标准。例如，一些地区鉴定所的数量膨胀，造成社会资源的浪费；一些鉴定所的设施建设未达到国家标准，并导致无法满足考核鉴定的需求，最终降低实际考核标准。第三，基础设施不完善，信息化建设滞后。例如，技能鉴定机构的场地、设施建设落后于国家标准，更多依靠租赁来实施资格认证。第四，一些职业技能鉴定机构忽视鉴定质量，主要体现在片面强调鉴定数量、低标准鉴定，以此吸引目标群体并谋取经济利益。上述问题反映了职业技能鉴定机构的鉴定机制不完善，严重违反职业技能鉴定原则，极大损坏职业技能鉴定机构和职业资格证书的权威性，减低鉴定质量，无疑会降低职业资格证书的含金量。[①]

2. 考评员队伍建设不足

职业技能鉴定的考评员是资格认证的裁判官，其综合素质的高低直接影响鉴定工作的质量。因此，打造一支精干高效、业务能力精湛、公平公正、坚持职业底线的考评员队伍是规范开展职业技能鉴定的客观要求。当前考评员队伍存在不少问题，主要体现在：第一，"轮换、回避"制度执行不够。第二，业务水平能力待提高。一方面，许多考评员未能随着科技与产品的进步而更新自己的知识与技能；另一方面，许多考评员存在着技能经验丰富与语言表达能力低之间的矛盾。第三，职业道德有待提升。有些考评员缺乏责任心与职业道德，导致"执考不严""徇私舞弊"等不良现象，严重影响了鉴定的公平公正。第四，培训与考核机制落后。从考核上看，专业技术人员通过考核后便获得考评员资格证书以及终身考评资格，但由于缺乏有效的对考评员的评价与监督机制，导致无法调动考评员的工作积极性。从培训上看，考评员培训不甚合理。一方面，不同工种的考评员接受同样的培训，忽视实际工种的不同要求；另一方面，培训的内容理论强，注重知识性的输入，培训考核也侧重于理论知识测评，忽视技能培训与提升的要求。

---

① 唐晓钦 . 浅议职业技能鉴定［J］. 现代商业，2016（14）：115-116.

延伸阅读 4–3 ：评分教师违规提高考生成绩 收取好处费 27.1 万元获刑 11 年

2010 年 4 月，深圳市开设了“计算机操作员工种”的职业技能鉴定考试，每月考两批，对于通过者发放计算机操作员资格证书，该资格证书可作为“招调工”入户深圳的技能凭证。官某华是深圳市高级技工学校的计算机教师，也被聘任为深圳市“计算机操作员工种”职业技能鉴定考试的考评员，负责对该考试的实操部分进行评分。

经查实，官某华在 2010 年 4 月至 2011 年 7 月的评分期间，曾多次接受行贿人肖某辛等人的请托，违规拔高了多名考生的考试成绩，还与其他考评员互相告知考生信息，让对方在考评中予以拔高考生成绩，致使多名本来考不过计算机操作员考试的考生通过了考试。其中，仅 2011 年 3 月至 7 月，就有 20 名考生据此申请“招调工”，成功获批并生成调令。在上述违规操作中，官某华多次收受好处费，仅在帮助肖某辛等 14 名考生通过考试的过程中，从肖某辛处收受好处费共计人民币 27.1 万元。

2011 年 9 月，官某华被深圳市检察院查处，以渎职犯罪立案查办，后来以受贿罪、滥用职权罪两个罪名获刑，数罪并罚，决定执行有期徒刑十一年。另外，还有 3 名作为该考试考评员的教师被检察机关立案查处，分别判处有期徒刑七年六个月至九年不等。据介绍，这种通过拔高考生成绩来收受好处费的作案方式，是深圳市检察机关在“招调工”等民生领域发现的一种新类型职务犯罪。

这个案例中，职业技能鉴定考评员滥用职权、非法收受他人财物、为私人牟利的行为严重损害了国家机关的声誉、职业资格认证的权威性以及“招调工”入户的正常管理秩序，同时暴露出该考试的考评工作存在一定漏洞。该系列案成功查办后，相关部门迅速完善了系统，以避免类似案件再发生。这个案例说明，职业技能鉴定考评人员要遵守职业道德、遵守国家法律，相关部门应完善鉴定机制，提高鉴定质量。

（三）职业技能鉴定过程所存在的问题

1. 第三方认证原则不落实

所谓第三方认证原则，是指由政府授权批准的独立鉴定机构对劳动者的职业技能做出评价和认证。坚持第三方认证模式，适应了现代市场经济运行的基本规律，能够保证职业技能鉴定的公平性。然而这一原则在实际运用中存在矛盾之处：第一，出于历史原因和经济效益的考虑，许多职业技能鉴定机构的建立需要依靠职业院校和企业的场地与设备，模糊了劳动力培训方与职业技能鉴定单位之间的界限，导致第三方认证原则缺乏独立性，“考培分离”原则难以真正落实。第二，出于某种特殊情况或追求经济利益，无法抽调第三方考评员进行集中工作，导致出现本单位考评员鉴定本单位职工的现象，不仅破坏考评员回避制度，更降低鉴定工作的质量和公平公正。

延伸阅读 4–4 ：上海建筑“八大员”缺口大 至今考培未分离

2013 年 9 月，上海市建设交通委发布《关于本市贯彻实施住房和城乡建设领域现场专业人员职业标准的通知》（以下简称《通知》）对建筑行业“八大员”做出规定，通过市建设考核中心考核评价的合格人员，颁发由住建部制定的统一样式的合格证书。所谓建筑行业的“八大员”，指的是八个关键技术岗位：施工员、质量员、安全员、标准员、材料员、机械员、劳务员、资料员，他们在建筑工程中起着举足轻重的作用。如果说一个建筑工程中，项目经理负责管理决策，那么其带领的团队则由“八大员”组成，他们帮助项目经理完成工程的安全策划、施工进度、材料采购、质量验收等一系列的具体事宜。由于这些“灰领”岗位至关重要，其从业人员的技能水平和资质对工程质量自然也至关重要。

《通知》明确要求“坚持岗位培训、考核工作的‘考培分离’原则，实行市建设考核中心统一组织的考核评价，完善以市建设考核中心为主体的专职考试机构建设”。在现实操作中，建造师、造价工程师等一系列职业资格均已实现考培分离，而“八大员”考试却至今存在着考核与培训捆绑的问题。业内人士认为，培训机构垄断，考培不分离，可能使培训沦为走形式，从而影响证书的含金量。

目前，上海市开展“八大员”培训的机构仍然由相关部门指定，已延续了十几年，尚未市场化，从业人员必须先花钱报班之后才能报考。而市场化被视作“八大员”职业培训考试未来的大方向，应坚持建筑行业考培分离的第三方认证原则，加强市场引导，鼓励专业培训机构、职业院校和社会团体以及其他社会力量积极参与建筑行业职业培训，提高“八大员”的专业技能水平，促进行业职业培训与社会需求紧密对接。[①]

2. 职业技能鉴定题库质量较低

随着社会经济的进步与发展，各种新技术、新方法、新产品、新岗位不断涌现，原有的题库资源无法适应职业技能鉴定工作的要求。这主要体现在：第一，题库内容陈旧、更新慢。例如，随着时代发展，旧岗位的内涵发生变化，涌现出了许多新岗位，然而题库无法适应与时俱进的要求。第二，特定考核内容缺乏量化标准，随意性大。例如，针对品酒行业的鉴定，缺乏科学的鉴定设备和手段，仅依靠考评员的经验进行判断，不符合科学性和公平性的要求。第三，题库开发人员由于业务水平有限、对行业特点和发展趋势的了解程度低，导致试题内容不完整并与企业生产实际不符。综上，题库建设的诸多问题给职业技能鉴定工作带来诸多不便，影响鉴定的质量和公平性，因而题库建设是完善职业资格认证的重要工作。

3. 职业资格证书管理缺乏规划

职业资格证书管理缺乏规划，导致了诸多问题：第一，“证出多门”致

① 上海建筑“八大员”缺口大 至今考培未分离，工程师招聘网：https://www.gcszhaopin.com/article/4099.html。

使证书缺乏权威性。当前，我国各部门、各行业都可以颁发相应的资格证书，由于部门间协调不畅，各种证书在不同行业间缺乏适用性，导致劳动者在各种证书之间感到无所适从，也造成了人力、金钱和物质资源的重复浪费。第二，职业资格认证市场秩序混乱。例如，当前职业资格认证尚不健全，一些机构受到利益的驱使，假借官方的名义进行欺诈性宣传，组织职业培训、滥发证、办假证，提供一条龙服务，但其证书不受国家承认，致使学习者蒙受损失。再如，部分机构通过违规行为透露试题以提高行业竞争力，更有甚者违规办理境外证书，从中谋取暴利。总之，职业资格认证市场乱象迭出、秩序混乱，一定程度上归结为政府对证书市场缺乏有效的监管和规划。①

（四）社会环境支持度不足

我国推行职业资格认证，目的在于培养技能型人才，然而这一制度在执行过程中，社会认可度不高。主要体现在：第一，学历证书与职业资格证书之间的鸿沟并未打通。我国社会一直崇尚学历文凭，“劳心者治人，劳力者治于人”“万般皆下品，唯有读书高”的传统观念依然存在，因而用人单位在招聘时首先考虑学历文凭，忽视职业技术方面的资质。第二，职业资格标准没有以企业需求为导向。职业资格认证和培训存在重视书面考试而忽视实际操作的倾向，不能满足用人单位对高技能人才的需求，导致企业对证书含金量的质疑。第三，企业思想上对职业技能鉴定不重视。一方面，许多企业思想上没有认识到职业技能鉴定对提高企业效益的重要性，主观上认定鉴定活动是准政府行为，没有将鉴定工作纳入企业的生产经营；另一方面，在企业管理实践中，职业与待遇提升并未与职业资格证书相挂钩，难以发挥职业资格认证的激励作用，不能激发职工参与鉴定的积极性和主动性。总之，当前职业资格认证的施行并未形成良好的社会氛围，社会认可度不高。究其原因，一是封

① 洪列平．我国职业技能鉴定工作中存在的问题及对策［J］．职教论坛，2012（10）：84-86.

建传统观念起到了阻碍作用；二是相关部门和用人单位缺乏有效的宣传。

四、我国职业资格认证的完善建议

针对以上我国职业资格认证的现存问题，应采取相应的措施，从顶层设计入手，理顺体制。在此基础上，继续贯通职业资格和职称之间的衔接，不断提高劳动者参与技能鉴定的积极性；继续加大社会宣传，打造尊重技能与劳动的社会风气；继续加强国际交流，借鉴发达国家的成功经验。

（一）完善顶层设计，理顺体制

经过20余年的探索，我国已经基本建立起职业资格认证的基本法律框架，但是实施过程中暴露了诸多弊端，导致法律法规流于形式。因此，职业资格认证应建立专项法律法规，要求相关部门完善顶层设计，理顺体制。第一，建立完善的职业资格法律体系。基于当前《劳动法》《职业教育法》和其他有关文件，制定职业资格认证的独立法律，对权责划分、标准制定、范围确认等争议点进行明文规定，对全国职业资格的申报资格、登记与注册、管理制度等进行进一步规范，强化准入职业资格的法律地位，建立职业资格市场运行的规则，使职业技能鉴定工作有法可依，推动职业资格认证工作法制化、规范化。第二，理顺关系，明确划分职业资格管理机构的职权。我国职业资格认证出现的证出多门、重复认证、名目繁杂的弊端，其根源在于多部门多头管理，一方面导致权责不明，加剧了职业资格市场的混乱，另一方面导致劳动者对各类相似的资格证书感到无所适从，因此必须建立科学化、统一化的职业资格管理机构体系，清楚划分各部门职责关系，调整中央部门、地方部门、行业协会与中介组织各主体之间的关系，明确各方职责和权力。第三，转变我国政府职能，履行对职业资格市场的服务和监督职能。一方面，政府部门应对涉及公共利益、公众安全的职业资格进行直接干预和管理，加强立法工作。由于职业资格认证诞生于市场化需求，因而政府应在宏观层面履行监督职责，在微观层面减少干预，促进市场的活力。另一方面，应坚持市场引导与政府监管相结合的理念。针对职业资格证书市场出现的违法乱纪、破坏市场发展的现象，政府应建立监督检查系统，通过行政监查和社会监督坚决打击不法现象和不法人员，加大监管和惩处力度。

（二）完善鉴定机制，提高质量

完善职业资格认证的运行机制，推进开展鉴定工作。第一，坚持职业资格认证所需基础设施的合理投入，对职业技能鉴定所需专业设备给予合理的资金支持，采用现代化仿真技术进行测试，为鉴定工作提供良好的物质基础。第二，加强考务质量管理。通过安排统一考场、统一试卷、统一时间、统一考试、统一管理考评员，实现职业技能鉴定考务管理的统一化，提高技能鉴定的程序化和公平化程度。第三，加强考评员队伍建设，打造一支高素质的考评员队伍。一方面，队伍具备扎实的理论基础和丰富的实践经验，能更贴近用人单位的需求和岗位实际；另一方面，提高考评员队伍的准入标准并引入竞争机制，明确考评员的权利与义务，完善考评员的管理考核机制，取消考评员终身制模式。第四，完善职业技能题库建设。建立题库开发小组，组织高校、企业、专家等各方进行题库开发，形成共同开发的格局，使题库内容接近岗位和工种的实际情况，改革考评方式，突出考察技能运用，突破传统纸面考试。第五，切实推进第三方认证原则，坚持考培分离，有关单位应加强对用人单位、培训机构的监管，防止自我培训和自我考核的做法，保证职业技能鉴定的公平性。第六，加大职业技能鉴定的市场推广和监督力度。一方面，加强对职工、用人单位和社会群众的宣传，提高受众对职业资格相关法律和制度的理解，使其意识到资格认证对其职业生涯成长的重要性；另一方面，针对市场上存在的违反考核鉴定纪律的行为，应建立完善鉴定监督检查系统，通过政府部门的行政监督和社会公众的群众监督，严厉打击滥发证、办假证等市场不法行为，督促用人单位雇佣持证人员，引导用人单位规范用工。综上，通过完善职业技能鉴定机制，形成鉴定工作的程序化、规范化，最终提高鉴定质量。

（三）加大宣传力度

职业资格认证活动是职业技能开发的重要手段，有利于提升劳动者的竞争力、为用人单位的人才引进提供依据，也有利于市场经济的可持续发展。因而，贯彻职业资格认证，需要加强宣传。第一，重视对高技能人才先进事迹和相关政策的宣传工作，并发挥宣传平台的作用。第二，加强对职业技能鉴定管理人员、考评员的宣传与教育，使其了解职业资格认证的内容、规范化操作工作流程，重点宣传职业资格认证在提高劳动力质量和增强劳动力市场流动性以及加强企业管理等方面的作用，增强全社会对职业资格认证的认同感，维护职业技能鉴定的权威性和严肃性。

延伸阅读 4–5 ：高技能人才的宣传措施

人社部和相关部门高度重视对高技能人才先进事迹和相关政策的宣传工作，通过开展“身边的大国工匠”推荐学习活动、与中央广播电视总台合作推出《大国工匠》系列节目、在中央广播电视总台举办《匠心筑梦》“五一”大型文艺晚会，编辑出版《校企双制 工学一体——校企合作工作指南》《沧桑巨变——中国技工教育发展历程》《匠心育人——中国技工教育发展成就之技工院校风采录》《中国技能闪耀世界——第 44 届世界技能大赛参赛工作实录》《匠心逐梦技能中国——第 46 届世界技能大赛申办工作实录》《新时代 新技能 新梦想——世界技能大赛先进事迹巡回报告会活动演讲集》等书籍，深入开展“技能中国行”等主题宣传。充分发挥《人民日报》等中央媒体、“技能中国”等微信公众号、《组织人事报》、《劳动保障报》和《中国青年报》相关专版等宣传平台作用，在高技能人才表彰、提高技术工人待遇、大规模开展职业技能培训、推行企业新型学徒制、工程技术领域实现高技能人才与工程技术人才职业发展贯通、大力发展技工教育和世界技能大赛选拔赛等方面开展重要政策和活动的宣传工作。通过以上宣传措施，在全社会营造尊重劳动、尊重技能的氛围。[①]

（四）继续完善职业资格与职称的衔接

职称是反映专业技术人员技术水平、能力和成就的等级称号，在“评聘分离”原则下，聘任的岗位称为“职务”，而专业技术人员的水平称为“职称”。我国各地方政府应尽快落实 2017 年中共中央办公厅、国务院办公厅印发的《关于深化职称制度改革的意见》的通知，继续推进职称制度的改革，尽快解决职称与职业资格之间的历史遗留问题，减少重复评价，进一步完善两者的衔接工作，完善职称与职业资格对应关系，针对取得相关职业资格的专业技术人员，应根据其实际成果和业绩，直接对应相应层级的职称，不再进行相应职称的评审和认定。将职工工资待遇、岗位晋升与职业资格挂钩，健全技能型人才评价体系，激发广大职工参与技能鉴定的信心，有利于壮大技能型人才队伍。

延伸阅读 4–6 ：湖北省职称制度改革

以湖北省为例，2020 年 5 月，为深入推进职称制度与职业资格制度有效衔接，湖北省人社厅印发《关于建立第二批专业技术类职业资格与职称对应关系的通知》，在全省已建立的首批 13 项专业技术类职业资格与职称对应关系基础上，继续建立第二批 34 项专业技术类职业资格与职称对应关系，明确这些专业技术类职业资格效力直接等同于职称。此举积极响应中央政策，有

① 人力资源社会保障部对十三届全国人大二次会议第 2479 号建议的答复，http://www.mohrss.gov.cn/gkml/zhgl/jytabl/jydf/201912/t20191203_344838.html。

利于加强专业技术人才队伍建设，激发人才创新创造创业活力。新制度的出台打破了原有壁垒，推进了职称制度与职业资格制度的有效衔接。

（五）加强国际交流

随着改革开放和经济全球化的发展，技能型人才在全球范围内的流动加快，要求我国借鉴国际发达国家的经验，建立统一的人才评价标准，促进我国职业资格证书与国际接轨。一方面，职业资格认证必须符合我国国情，不能照搬别国模式；另一方面，由于职业资格认证属于技术性质的测量活动，同时我国职业资格认证探索和建设仅 20 余年，因而广泛开展国际交流与合作、借鉴他国优秀经验、有效衔接国际证书，有利于提高自身管理水平和完善我国职业资格认证。

五、国际职业资格认证的经验

为使人力资源素质适应工业化的高速发展，英美等国家率先以立法的形式建立了职业资格认证，无论是美国教育考试服务中心、英国国家职业资格委员会，还是韩国产业人力公团，这些国家的职业资格认证机构所提供的资格证书成为当地求职、就业的重要前提和依据。如今，世界上很多国家根据历史文化和经济背景建立起符合国情的职业资格认证，例如，东西方国家具有不同的职业资格认证体制，欧美国家采用竞争性的分权方式，而日本、韩国、新加坡等国家采用非竞争性集权方式。[①]

---

① 唐文丽 . 如何借鉴国外经验发展和完善我国的职业资格证书制度［J］. 河南职业技术师范学院学报（职业教育版），2007（2）：72–74.

（一）英国的经验

英国的职业资格认证由于其完善的运作体系和高质量的证书而成为世界其他国家学习与借鉴的典范。1986 年 10 月，英国成立国家职业资格委员会，负责全国范围内职业资格认证的管理和统筹，这是英国建立职业资格认证的标志。随后，建立普通国家职业资格证书，将职业资格的概念从专门岗位的职业技能培训领域扩展到基础职业教育领域。英国建立职业资格认证的主要亮点如下：第一，政府适度干预、企业积极参与、紧密联系市场。英国政府先后颁发《教育改革法》《继续与高等教育法案》《德林报告》《国家技能纲要》等法律法规，形成了分工合理、职责明确的机构体系，除了国家职业资格委员会，还建立了产业指导机构、证书机构、鉴定站等，在市场化基础上统一职业资格标准，企业和行业积极参与制度建设。因而英国的职业资格认证符合市场需求和就业方式的变化趋势，得到了各界的参与和支持。[①] 第二，英国政府从政策上确立了国家职业资格证书和学历文凭证书并重的地位。英国社会存在与我国类似的国情，素来有“崇尚学历文凭、轻视职业技术、重知识、轻技能”的传统，为提高职业资格证书的“含金量”，消除学历文凭与职业资格的藩篱，英国政府在职业资格等级与学历文凭之间建立了对等互认关系，并承认国家职业资格为入学资格。这一举措极大地改变了英国的社会风尚，提高了职业资格证书的受认可程度。第三，以证书质量为生命，沿袭西方政治制度中的三权分立思想，严格建立“组织保障 + 考评员保障 + 监督保障 + 经费保障”的质量控制体系。标准制定、技能考核、考评员监督、证书管理、经费支持等分别由独立的部门或行业组织进行管理，形成了证书质量管理体系，能够有效保障职业资格认证的统一性、权威性、科学性和严肃性。[②]

---

① 张欢．英国推行国家职业资格证书制度的经验及启示［J］．经济研究导刊，2014（34）：305-306.

② 郑静姝．英国职业资格证书制度再研究［D］．华东师范大学，2012.

（二）德国的经验

1969 年，德国颁布《联邦职业教育法》，这是德国建立现代化职业资格认证的标志，德国也是实施职业资格认证较早的国家，其历史最早可追溯到中世纪行会实行的“学徒制度”，经过几个世纪的探索和发展，形成了职业资格认证完善的顶层设计、特色化的双轨制模式、行业协会发挥主导作用、完整的职业资格标准体系和科学化的职业技能鉴定体系，其中具有本土化特征的主要是：第一，职业资格认证是“双元制”模式的产物，“双元制”模式下，必须通过职业技能鉴定来提高职业培训的质量，培训结束后，学徒必须参加由行业协会组织的考核，通过后可获得相应的职业资格证书和学历证书，因而鉴定考试程序能够有效保证劳动者技能水平和知识水平。第二，社会多方参与的职业资格认证管理体制。行业协会在职业资格证书管理中居主导地位，是职业资格认证的主体，承担职业资格认证的职责。这有利于发挥职业教育培训的优势，提高职业资格认证的社会认同，调动各方利益相关者的积极性，促进职业教育的可持续发展。①

（三）澳大利亚的经验

澳大利亚的职业教育与培训建设非常成功，其职业资格证书制度也独具特色，具有本土化特征，尤其是形成了统一的国家职业资格框架。澳大利亚曾经实行的是多方独立颁发职业资格证书的制度，中学、职业教育院校和产业界培训机构都有资格发放证书，所以不同层次、不同类型的教育之间难以相互沟通。直到 1995 年 1 月，澳大利亚政府开始改革这一现状，目标是建立起全国统一的职业资格认证框架（AQF）。所谓 AQF 是涵盖了普通中学、职业教育与培训、高等教育的职业资格框架，用 12 级资格规定三类教育的相互

① 许冰冰 . 德国职业资格证书制度研究［D］. 天津大学，2010.

融通和相互衔接，有利于促进终身学习、发展多样化的教育培训体系。[①]

上述国家包括韩国、美国等职业资格认证发展领先的国家，都形成了适应本国国情的资格认证体系，就其相同点，主要可总结如下：一是政府完善顶层设计，以立法的形式进行规范化管理，起到引导作用；二是注重建立监督机制和质量控制机制；三是坚持第三方认证原则；四是形成了科学的职业资格框架体系；五是职业资格认证的参与各方职权清晰、分工明确。这些国家在职业资格认证上探索多年，形成了丰富的经验。我们需要在立足本国国情的基础上，认清不足之处，广泛加强国际交流，开展国际合作，提高我国职业资格认证的管理水平。

① 韩舒文 . 中、澳两国职业资格证书制度比较研究［D］. 河北师范大学，2014.

第五章

职业技能竞赛和产业工人技能提升

开展职业技能竞赛，树立一批先进模范人物，有利于推动产业工人队伍建设和改革。坚持面向基层、面向一线职工、面向普通劳动者，激发广大职工的主人翁精神和创新活力，推动形成党政重视支持、工会积极组织、职工广泛参与、社会充分认可的竞赛格局。以下重点讨论我国职业技能竞赛的历史发展与现状，并在现存突出问题的基础上提出我国职业技能竞赛的发展方向。

一、职业技能竞赛的概念界定与意义

（一）职业技能竞赛的定义

“职业”是指个人凭借体力、智力、知识或技术从事于一定的社会分工并从中获得报酬的工作。“技能”是指个人运用以训练和学习的方式获得的知识和经验来从事某种活动的能力。“竞赛”是指以个人或团队的形式参加相关的比赛，通过事先制定的规则和程序，评出参赛者的名次或给予相应的奖励，比如，篮球比赛、龙舟比赛、知识竞答比赛等都属于竞赛。“技能竞赛”是我国职业教育改革发展的重要载体和制度创新，在《职业技术教育词典》当中，“技能竞赛”是指为了解职业教育或职业训练的成效、促进单位和个人间技艺交流、表扬先进、激励全体以及提升技能水平，由有关单位举办的技能性竞赛。国家人力资源和社会保障部规定了“职业技能竞赛”的定义，所谓“职业技能竞赛”，是指国家劳动部门、行业主管部门或行业组织、社会团体及其他组织依据国家职业技能标准，结合生产和经营工作实际开展的以突出操作技能和解决实际问题能力为重点的、有组织的群众性竞赛活动，坚持社会效益为主和公开、公平、公正的原则，并与职业技能培训、职业技能鉴定、业绩考核、技术革新和生产工作紧密结合。

（二）职业技能竞赛的分类

职业技能竞赛实行分级分类管理。按照不同的分类标准，职业技能竞赛可进行不同的划分，一般而言，划分标准主要有三种，分别是按主办部门划分、按参与对象划分、按行业划分。[①]

1. 按主办部门划分

（1）国际性的职业技能竞赛

指由某个获得主办权的国家主办，并有其他国家参与的职业教育技能大赛。例如，世界技能大赛便是国际性的职业技能竞赛，由世界技能组织牵头举办，有“技能奥林匹克”之誉，每两年举办一次，是最具影响力、最高水平的国际性竞赛。通过举办世界技能大赛，不仅为各成员国提供了技能展示和切磋的平台，也有利于通过竞争激励参赛选手提高技能，加强各成员国在职业技能领域的合作，在世界范围内形成尊重技术、技能报国的文化氛围。

延伸阅读 5-1 ：中国加入世界技能组织

2010 年 10 月，中国作为第 53 个成员国加入世界技能组织。2011 年 10 月，第 41 届世界技能大赛在英国伦敦举行，这也是我国首次组团参加的国际性职业技能竞赛。在此次大赛中，中国代表队的 6 名选手参加了数控车、数控铣、CAD 机械设计、美发、网站设计、焊接 6 个项目的比赛，总平均分在 51 个代表队中名列第二，仅次于韩国。2019 年 8 月，第 45 届世界技能大赛在俄罗斯喀山举行，我国选手取得了金牌榜、奖牌榜、团体总分第一名的成绩。我国上海获得 2021 年第 46 届世界技能大赛举办权，习近平总书记对此作出指示，要做好各项筹备和组织工作，加强同各国在技能领域的交流互鉴，展

① 李媛媛 . 我国职业技能竞赛的问题与建议［D］. 华东师范大学，2011.

示我国职业技能培训成就和水平，努力办成一届富有新意、影响广泛的世界技能大赛。[①]

（2）全国性的职业技能竞赛

全国性的职业技能竞赛可分为两类，分别是国家级一类竞赛和国家级二类竞赛。所谓国家级一类竞赛，是指跨行业（系统）、跨地区的竞赛，由人社部牵头组织，可冠以“全国”“中国”等竞赛活动的名称，例如，全国农业行业职业技能大赛为国家级一类大赛，由农业农村部、人社部和中华全国总工会联合举办；所谓国家级二类竞赛，是指单一行业（系统）内的竞赛，由国务院有关行业部门或行业（系统）组织牵头举办，可冠以“全国 ×× 行业（系统）×× 职业（工种）”等竞赛活动名称，例如，全国焙烤职业技能竞赛、全国邮政通信特有职业技能竞赛、“同煤杯”全国煤炭行业职业技能竞赛、全国旅游饭店服务职业技能竞赛等均属于国家级二类竞赛。除上述两类竞赛外，其他竞赛不得冠以“全国”“中国”等名称。

（3）地方性的职业技能竞赛

所谓地方性的职业技能竞赛，是指由“省、市、县”三级地方性政府组织的竞赛。以北京市为例，市级一类职业技能竞赛可冠以“北京”“全市”等竞赛活动的名称，例如，北京市第五届职业技能大赛；市级二类职业技能竞赛可冠以“北京市 ×× 行业（系统）×× 职业（工种）”等竞赛活动的名称，例如，北京市健身教练职业技能竞赛、北京绿化环保花艺师职业技能大赛；区县和系统级职业技能竞赛可冠以“×× 区县”“×× 系统”竞赛活动的名称，例如，“2020 海淀区工匠杯职业技能大赛”，由北京市海淀区总工会主办，属于区县级的职业技能竞赛。

① 习近平对我国选手在世界技能大赛取得佳绩作出重要指示，中国政府网：http://www.gov.cn/xinwen/2019-09/23/content_5432429.htm。

（4）学校性的职业技能竞赛

指由当地工会和教育主管部门牵头组织并由职业院校教务处等职能部门主办的职业技能竞赛，参赛对象多为本校学生，目标是适应社会发展需要、引领职业教育改革、提升选手的专业技能，促进教学过程与生产过程的深度融合。

2. 按参与对象划分

（1）职业院校职业技能竞赛

所谓职业院校职业技能竞赛，顾名思义，是指以职业院校的学生为参赛主体、覆盖各专业的公益性比赛，由教育部牵头组织，由国家相关部门、行业性组织、社会团体和地方组织共同举办。大赛分设中等职业院校和高等职业院校两个组别，以校级赛、省（地市）级赛两级选拔的方式确定参赛选手。开展职业院校技能竞赛意义重大：第一，这是提升我国职业教育教学质量的重要途径，透过职业技能竞赛，发现我国职业教育的不足，促进职业教育教学改革，提升教学质量；第二，有利于为我国制造业转型升级储备一批高技能水平、具有工匠精神的人才。

（2）职工职业技能竞赛

职工职业技能竞赛的参赛对象是各类企事业单位的在岗职工或下岗失业人员以及农民工，考核包括理论测试和实操。从层次上来看，包括地方性和全国性的竞赛，例如，2020 年 9 月，云南省举办的第十七届职工职业技能大赛——地质勘查行业地质调查员（地质灾害方向）职业技能竞赛，就属于地方性的职工职业技能竞赛。“全国职工职业技能大赛”是规模最大的全国性的比赛，由中华全国总工会和国务院其他部门共同举办。针对职工举办技能竞赛，是引导职工掌握现代科学技术的重要途径，是展现职工精神面貌和技能风采的重要平台，也是加强产业工人队伍建设的重要契机，在弘扬工匠精神和劳模精神方面、创造劳动光荣的社会风尚方面发挥重要作用。

3. 按行业划分

职业技能竞赛按行业划分可分为跨地区、跨行业系统的竞赛和单一行业系统的竞赛，前者指的职业技能竞赛中的竞赛项目涉及多个行业，例如，国际性、国家级的职业技能竞赛就涉及不同行业的多个竞赛项目。后者指的职业技能竞赛仅涉及某单一行业的若干项目。

延伸阅读 5–2 ："鼎盛诺蓝杯"

2020 年 5 月 17 日，"鼎盛诺蓝杯"第十一届全国旅游院校服务技能（饭店服务）大赛在浙江旅游职业学院正式开赛。这是由中国旅游协会旅游教育分会发起并组织的单一行业性的大型赛事，为期 2 天，共有来自全国各地 298 所院校、954 名选手报名参赛，参赛人数创历史新高。大赛分本科院校组、高职高专院校组（含高技院校）和中职学校组（含中专、中职、中技学校），设有中餐宴会摆台、西餐宴会摆台、中式铺床和鸡尾酒调制四个项目的比赛，每个项目由理论知识考核、实际操作和英语水平测试三部分组成，目的是考查学生的综合能力。①

王昆欣副会长总结了本届大赛的三大亮点："一是大赛规模再创历届之最，知名度、影响力不断增强。二是大赛覆盖范围不断扩大，人才培养综合效应突出。三是大赛秉持创新优化理念，专业赛事运作水平提升。"② 这项单一行业系统的技能竞赛，已经连续举办了 11 届，实践证明，旅游技能竞赛作为职业技能竞赛的一个行业分支，受到了广大职业院校和青年学子的重视和青睐，为我国旅游行业培养了众多优秀人才，推动了产教融合、校企合作。

---

① 第十一届全国旅游院校服务技能大赛在浙开赛【快资讯】: https://www.360kuai.com/pc/92e4b5c688ec4cfb9?cota=4&kuai_so=1&tj_url=so_rec&sign=360_57c3bbd1&refer_scene=so_1。

② "鼎盛诺蓝杯"【快资讯】: https://www.360kuai.com/pc/9eb43c2a21b5dd962?cota=4&kuai_so=1&tj_url=so_rec&sign=360_57c3bbd1&refer_scene=so_1。

（三）职业技能竞赛与先进模范人物

所谓先进模范人物，是指在特定的社会历史时期，在社会生产、社会实践中作出突出贡献的人，这个群体被称为“先进分子”和“标兵榜样”，他们也是推动社会生产力发展、促进社会进步的中坚力量和国民表率，是广大职工学习的民族精英、人民楷模。在本书中，先进模范人物是指在职业技能竞赛中涌现的“技术能手”“劳动模范”“大国工匠”“时代楷模”等。

先进模范人物通常具有以下特征：第一，具有技术专长性。先进模范人物追求职业技能的完美和极致，专业技术能力居行业领先水平，他们立足本岗位，用劳动创造价值，成为先进技术和生产力的创造者，用技术节约成本，提高产品质量和生产效率。第二，具有崇高的使命感和职业精神。当代，“爱岗敬业、争创一流，艰苦奋斗、勇于创新，淡泊名利、甘于奉献”是习近平总书记对劳模精神的总结和归纳，这二十四字箴言集中体现了我国先进模范人物的先进思想和精神风貌，成为推动国家发展、构建和谐社会的重要精神力量。第三，工作实践的创新性。先进模范人物折射出“创新”的核心品质，新时代的工匠不仅坚守和传承传统工艺，更能发挥工匠的创新能动性，通过技能竞赛、经验交流等活动创造新技术、新工艺和新方法，在传承中创新，在创新中发展，推动我国制造业不断转型升级。第四，社会贡献的突出性。先进模范人物凭借不断创新的进取精神、艰苦奋斗的拼搏精神、淡泊名利默默耕耘的“老黄牛”精神、甘于奉献的忘我精神，创造了诸多先进成果，助力我国实体经济的转型升级。①

先进模范人物，来源于劳动竞赛，又激励着劳动竞赛。20 世纪 30 年代，中共在中央苏区创造了劳动竞赛，劳动模范应运而生。此后的不同历史阶段，职业技能竞赛成为培养、选拔先进模范人物的重要载体和平台，同时，先进

① 叶巧明．劳模的劳动特点和价值特征［J］．石油政工研究，1995（4）：11-12.

模范人物对技能竞赛的开展也起到了促进作用。首先，先进模范人物强烈的使命感和职业精神是激励职工参赛的源动力，帮助职工摒弃“拜金主义、享乐主义、个人主义”等功利性观念并树立正确的竞赛观。其次，通过组织“劳模大讲堂”“大国工匠面对面”等活动，向高校学生和企业职工传授技能经验，激励广大群众投身技术实践，攻克竞赛的技术难题。

（四）职业技能竞赛的意义

开展职业技能竞赛意义重大，它不仅是培养、选拔高技能人才的重要手段，有利于激励一线产业工人钻研技术、提高综合素质；也有利于激励广大青年学子走技能报国之路，为我国产业转型升级提供人才支撑。我国开展职业技能竞赛，对产业工人技能养成和规范化发展的重要意义具体体现在以下几方面。

1. 有利于提高产业工人技能水平

职业技能竞赛是我国职业教育和培训的重要组成部分，两者的人才培养目标具有一致性，“职业技能性”是其本质属性，因而开展职业技能竞赛，有利于提高参赛选手的职业技术水平。第一，竞赛的项目设置和考核指标均结合实际生产和岗位需求，突出要求参赛选手的实际操作能力以及解决岗位问题的能力，对参赛选手提高技能水平具有引导意义。第二，通过职业技能竞赛的展示和评价功能，众多参赛选手及其单位、指导教师将物质性成果以及技能水平展示出来，并由评委对其进行鉴定、评价并排列等级名次，有利于传承和创新参赛选手的优秀技能，并重点弥补和攻克其中的差距。①

2. 有利于培养产业工人综合素质

职业技能竞赛并非单纯注重参赛选手的技能水平，也注重培养专业知识水平、职业道德和其他诸多能力等方面的综合素质，包括思维能力、团队协

① 李媛媛．我国职业技能竞赛的问题与建议［D］．华东师范大学，2011.

作能力、创新能力、职业精神、工作态度等。第一，有利于培养竞争精神。竞赛活动本质上是竞争性质的选拔活动，竞赛成绩和个人荣誉、工资待遇以及岗位晋升挂钩，因此，技术工人为追求个人实现必然刻苦钻研技术技能，增强实际操作能力。第二，有利于培养团队精神。参赛选手多以团队形式参赛，在团队中相互学习与分工合作，依托头脑风暴和集体经验解决实际问题。第三，有利于培养创新精神。职业技能竞赛注重新技术、新工艺、新设备的实际应用，有利于以赛促教，引导职业院校摒弃照本宣科的传统教学，引进先进设备的方法传授符合时代特征的内容，促进参赛选手创新工艺和技术。

3. 有利于提高产业工人社会地位

职业技能竞赛通过多渠道的宣传以及有声有色有形的展示，吸引了全社会的关注，有利于提高产业工人的社会地位，这主要体现在：第一，竞赛的获奖选手受到政府官员的亲自接见，被授予“劳动模范”“大国工匠”等荣誉称号以及现金奖励，并能参政议政，其政治地位提高了。第二，竞赛的获奖选手不仅凭借其高超的技术水平为企业节省了高额费用，也宣传了企业形象，提高了企业知名度，因而获得了企业的高度青睐，在工资待遇、岗位晋升方面受到优待，并授予“首席技师”等称号，有利于提高技术工人在职场中的地位。

4. 有利于提高产业工人职业认同感和荣誉感

通过职业技能竞赛，有利于增强相关群体对技术工作的认同感、自信感和荣誉感。第一，参赛选手将自己的技能展示在官员、评委、一般观众以及媒体面前并且得到肯定的评价，其工资待遇和社会地位得到提高，从而增强职业自信心、荣誉感和责任感，对技能提高具有激励作用。第二，针对普通劳动者，他们看到技术工人受到国家的重视以及地位提高而深受鼓舞，这部分群体受到激励并在岗位上努力奋斗。第三，针对职业院校的学生，通过榜样作用，使其认识到专业技能的重要性，了解技能专业的应用价值和远大前途，有利于提高职业院校学生主动学习的积极性，增强其参赛的信心，并树立远大志向。

5. 有利于打造劳模品牌、弘扬劳动精神

职业技能竞赛的主办方、承办方、参赛方以及各路媒体通过网络、电视、报刊、海报、公交和地铁等多种渠道宣传大赛的进展、宣传表彰仪式，充分展现参赛选手有声有色有形的实际操作技能及其积极进取、勇于竞争的精神风貌，有利于打造劳模品牌，使甘于奉献的劳模精神、勇于创新的工匠精神在社会上蔚然成风，激励广大劳动者和青年学子走技能报国的道路。

二、我国职业技能竞赛的历史发展与现状分析

我国职业技能竞赛与先进模范人物相伴而生，在不同历史时期，职业技能竞赛和先进模范人物也呈现出了不同的特征，但是无一例外的是，从土地革命时期到抗日战争时期，再到新中国时期和改革开放时期，先进模范人物总是以其崇高的精神和伟大的社会实践推动着竞赛的发展。从当前竞赛的现状分析来看，本节主要分析竞赛的顶层设计、组织机构分工、表彰激励以及宣传工作等方面。

（一）我国职业技能竞赛的历史发展

1. 土地革命时期的革命竞赛

我国的职业技能竞赛最早可以追溯至 20 世纪 30 年代的土地革命时期。这一时期，在政治和军事上，我党创建的苏维埃红色政权还不稳固，随时面临着国民党反动派“围剿”的威胁；在经济上，国民党反动派对苏区实行持续性的经济封锁，苏区生产的农产品不能销售出去，食盐、药品等生活和作战物资也无法从外面购入，同时，国民党反动派还大肆掠夺、毁坏苏区的农田、农具、耕牛等生产资料；在思想上，随着红色政权的建立，广大农民、工人等普通劳动者的主人翁地位得以确定，通过“打土豪、分田地”，开展土

地革命，农村长久以来不合理的权力结构重新分配，这让劳动者对劳动展现了极高的热情和积极性。在以上背景的驱动下，为巩固新生的红色政权，打破国民党反动派的经济封锁，发展苏区经济，中国共产党创造了劳动竞赛、生产竞赛、工作竞赛、生产突击队、义务劳动等新的劳动形式，在如火如荼的革命竞赛中，我国第一批劳动模范和先进模范单位诞生。①

中央苏区时期的劳动竞赛具有鲜明的社会主义特征：第一，竞赛具有广泛的群众性。竞赛得到了各级苏维埃政府的大力支持，工会组织积极谋划，从学校的学生到工厂的工人，从农村的农民到机关的干部，广大群众都自愿主动地参加劳动竞赛，苏维埃中央政府的官员亲自动员并参加劳动竞赛的评审工作，各方参赛的热情不断高涨。第二，奖励以精神奖励为主。这一时期的竞赛虽借鉴了苏联的经验，但并不完全强调“计件工资制”和“多劳多得”的斯达汉诺夫式手段，而将物质鼓励和精神鼓励相结合，奖励竞赛获胜者一面奖旗，并加以“军乐鸣爆、迎送”的形式，更加强调改变工人的劳动态度、提高工人的劳动觉悟、培养工人的劳动精神。第三，劳动竞赛目标的崇高性。这一时期劳动者参加劳动竞赛不是迫于以往的“雇佣”和“剥削”关系，是为了打破国民党对苏区的封锁，是无产阶级争取解放的斗争，反映了劳动者争取和创造新生活的美好愿望。总之，这一时期的劳动竞赛，是我国无产阶级掌握政权后的第一次国家管理的实践，并取得了成功，促进了我国第一批劳动模范的诞生，极大地改变了中央苏区职工和人民群众的精神面貌和价值取向，调动了群众的生产工作积极性，经济建设取得了很大成绩。

延伸阅读 5-3 ：“斯达汉诺夫运动”

“斯达汉诺夫运动”是 20 世纪 30 年代中后期兴起于苏联的一场群众性的社会主义劳动竞赛，它以劳动模范人物斯达汉诺夫命名。斯达汉诺夫出生于

① 蒋自饶，刘仲英．中央苏区的劳动竞赛［J］．江西社会科学，1991（6）：90–94.

贫困的农民家庭，很小就给人放牛，只上过三年小学。1927 年，他来到卡季耶夫卡市，下到“中央伊尔敏诺”矿井挖煤，想攒钱买一匹马。1935 年 8 月 31 日，斯达汉诺夫在 6 小时一班的工作时间内采煤 102 吨，超过普通采煤定额 13 倍，打破了世界的煤矿采掘纪录。从此，斯达汉诺夫开始得到苏联官方的大力宣传，以物质刺激、精神鼓动、政治魅力、严刑峻法为主要手段来调动人民劳动积极性、提高劳动生产率、推动工业化发展的“斯达汉诺夫运动”迅速在国内拉开序幕。

为了塑造典型英雄人物，苏联官方对斯达汉诺夫给予了丰厚的物质奖励和政治荣誉。斯达汉诺夫得到了高工资、高奖金，得到了政府提供给技术工人的高级住宅；煤矿联合会还专门为斯达汉诺夫夫妇准备了电影院、工人俱乐部和度假村的通行证；苏联官方报纸铺天盖地地对斯达汉诺夫精神和经验进行报道和宣传；1936 年，他被苏共中央政治局特批为苏共党员；斯大林多次亲切接见斯达汉诺夫并对其多有溢美之词……

“斯达汉诺夫运动”通过物质刺激、精神鼓动、政治魅力、严刑峻法等手段对苏联实现工业化发挥了正面促进作用，尤其是倡导多劳多得的计件工资制的推行，打破了平均主义的分配，激发了人民的劳动积极性，使苏联在短时间内取得了举世瞩目的工业化成就。然而，从苏联解体后披露的档案与文献来看，斯达汉诺夫所创造的 102 吨采煤纪录，是“中央伊尔敏诺”矿井党委书记彼得罗夫为改变“撤职劳改”的困境而一手策划的，最终人为地塑造了斯达汉诺夫这个劳动典型。由于“斯达汉诺夫运动”一味追求工业化建设的高产量、高指标、高速度发展，一方面导致弄虚作假的形式主义之风盛行，另一方面导致农业、轻工业、重工业比例失调，经济发展布局失衡。同时，出现了许多令人啼笑皆非的“竞赛闹剧”：牙科医生要向斯达汉诺夫学习，拔牙效率提高三倍；芭蕾舞演员单足脚尖旋转从五个增加到十五个；教授必须增加科学发明的数量，否则就有怠工的嫌疑；酒厂要把伏特加的度数从四十

度调到四十五度，以“增加无产阶级烈度”……[①]

随着赫鲁晓夫的上台，斯达汉诺夫的好日子到头了，他被赶回了顿巴斯，家属拒绝与他同行，斯达汉诺夫只得独自前往，形单影只。之后，他开始酗酒。1970 年，勃列日涅夫给斯达汉诺夫颁发了一枚社会主义劳动英雄勋章，但斯达汉诺夫的生活并没有出现起色。1977 年，这位曾经的劳动典型，在经历了生活的玩笑后，病死在精神病院。

2. 抗日战争时期的大生产运动

抗日战争时期，陕甘宁边区政府为打破日本帝国主义和国民党顽固派的经济封锁，摆脱内忧外患的困境，开展了“以发展农业生产为中心”的大生产运动，以克服粮食供给困难，解决财政危机，实现自给自足，推动边区农业生产建设的发展。毛泽东同志还发出了“自己动手、丰衣足食”的伟大号召。边区政府为鼓励军民广泛参与、激发生产积极性，先后出台了诸多奖励条例，主要有《陕甘宁边区人民生产奖励条例》《督导民众生产运动奖励条例》《机关、部队、学校人员参加生产运动奖励条例》等文件，对先进人物的评选和奖励提供了依据。

在此社会背景和政策背景下，劳动竞赛广泛开展。第一，1942 年，各农户间开展了劳动竞赛，各生产合作社、互助组之间的竞赛随之而来。先进党员、劳动模范、积极分子带头组织劳动竞赛，认真制订生产计划，发挥核心作用。第二，1943 年，劳动英雄、劳动模范之间开展起劳动竞赛，起到了示范作用，推动了劳动竞赛的开展。这一时期，边区政府先后奖励了一批劳动英雄，诸如靖边县的“水利英雄”张仲成，绥德分区的“锄草英雄”王德祥，定边县的“植棉英雄”郭秉仁，吴堡县的“拾粪英雄”白升才，“农业畜牧”英雄贺保元，赤水县的“积肥英雄”任启德、李兴时。第三，边区党政

---

① 郝宇青，田雨 . 政治动员议题的建构、实施及效果评析——对斯达汉诺夫运动的考察［J］. 党政研究，2016（1）：60-68.

军各机关和学校单位也相继开展了劳动竞赛，边区政府要求劳动竞赛应该成为一种广泛的运动，学校和机关等单位也应积极参与，“在开荒或夏种秋收时发动劳动竞赛、采取突击性的生产”。[①]总之，这一时期边区劳动竞赛的开展，涌现了一批劳动典型，促进了边区农业经济的复苏和发展，为抗战取得胜利奠定了物质基础，也促进了边区劳模运动的兴起和各种互助合作劳动组织的发展。

3. 社会主义改造和建设时期的劳动竞赛

1949 年至 1956 年，我国进入社会主义改造时期。由于新中国刚刚成立，百废待兴，为迅速恢复国民经济，我国开展了以“清查仓库、献纳器材、修复机器、恢复生产”为内容的生产运动。在此期间，我国涌现并树立了一批优秀技术型工人、能工巧匠，例如，李瑞环、倪志福、郝建秀、张百发等人，他们被称为“青年标兵”，为我国社会主义劳动竞赛起到了示范和标杆作用。他们在生产实践中创造的新技术、新方法极大地提高了生产效率和产品质量，成为时代的优秀楷模，奠定了新中国工业化建设的工人队伍主体。1950 年 7 月，抗美援朝开始，为加速国民经济的恢复和保障前线的物资供给，打破美国操纵联合国对我国的经济封锁，国内开展了以“爱国主义”为主题的劳动竞赛。这一劳动竞赛首先在东北地区展开，随后扩展到全国。1951 年 10 月，在中共中央的号召下，以“增产节约”为内容的劳动竞赛全面铺开，为前线提供了充足的粮食、衣被、药品、武器等物资，也为前线志愿军取得战争胜利奠定了坚实的物质基础。1953 年至 1957 年，我国进入“一五”计划时期，为了实现“一五”计划的目标，实现社会主义工业化，工人阶级开展了如火如荼的劳动竞赛，全国各条战线涌现了像孟泰、王崇伦等一批技术革新能手、劳动模范和先进工作者。

1956 年底，社会主义三大改造基本完成，标志着我国进入社会主义建设

---

① 王伯英 . 陕甘宁边区农业生产运动中的劳动竞赛［J］. 兰州工业学院学报，2018，25（3）：102-106.

时期。1956 年 3 月，在中共中央的号召下，“先进生产者运动”在全国范围内兴起，通过改进物质激励机制、探索先进带后进机制等举措，促进了群众间的相互学习、交流和经验总结，也为“一五”计划的提前完成注入了很大动力。1959 年，在各个工业企业间掀起了“比先进、学先进、赶先进、帮后进”的社会主义劳动竞赛，后来又形成了“比学赶帮超”运动，企业和工人互相交流学习生产经验，有效提高了产品质量、降低了生产成本，为我国社会主义工业化建设作出了重大贡献。1966 年至 1976 年，我国进入“文革”时期，受阶级斗争、反对走资派和修正主义的影响，劳动竞赛遭到破坏而发展停滞，但王进喜等劳动模范成为全社会的楷模。

4. 改革开放以后的技能竞赛

1978 年党的十一届三中全会以来，社会主义建设进入新时期，涌现了“两弹一星”邓稼先、“杂交水稻之父”袁隆平、“抓斗大王”包起帆等先进模范人物。21 世纪以来，更是涌现出高凤林、冯鸿昌、胡双钱等平凡而伟大的大国工匠，他们用兢兢业业、精益求精的工匠精神助力我国制造业转型升级，提高国际竞争力。改革开放之后，劳动竞赛得到了恢复和发展，这一时期，我国不仅加强国内的竞赛工作，各层次、各行业的职业技能竞赛层出不穷，逐渐形成具有我国特色的竞赛格局。同时，也开始关注国际性的职业技能竞赛。

1986 年，中央领导对《关于高级技工培养问题的报告》做出重要批示，“要制定切实可行的措施和政策，举办全国性技术比赛，并选出优秀者参加国际青年奥林匹克技能竞赛”，首次提出了要进军世界技能大赛的口号，也标志着我国开始展开国际性技能竞赛相关工作。1989 年之后，劳动部门先后组团赴澳大利亚、日本、韩国考察和学习经验，并与“亚太技能开发署”在技能竞赛领域开展合作。1991 年，我国开始收集各方资料并接触世界技能组织的时任主席、秘书长，为参加“国际青年奥林匹克技能大赛”（以下简称国际青奥赛）做准备。这个时期，国内竞赛体现出地区性、单一性行业、企业性的特征，例如，1989 年京津沪三市青工技术比赛、1990 年全国首届青工技术大赛、1992 年全国水文勘测工技术大赛等。

经过多年的探索和努力，1993 年，我国成功举办首届中国青年奥林匹克技能竞赛（以下简称首届青奥赛）。首届青奥赛由劳动部、全国总工会等九个部门联合举办，共设立车工、钳工等 10 个工种赛项，竞赛规则均按照国际青奥赛的标准执行。我国首届青奥赛的举办意义重大：这次竞赛为我国青年技术工人展现与切磋技艺提供了舞台，向世界展现了我国青年的精神风貌，是参加国际青奥赛的准备和检阅，促进我国技术工人走向世界，也为我国加入世界技能组织创造了条件。这次竞赛受到了中央政府的高度重视，国家领导人对广大青年工人寄予了殷切的希望，时任国家主席的江泽民同志号召青年工人“参与国际技能竞赛，向全世界展示我国工人阶级的风采”，有利于激励青年人钻研技能工作，也有利于形成尊重技能的社会文化。

1997 年之后，国内国际的职业技能竞赛工作均有了新重点。第一，从对外工作上来看，加强职业技能竞赛的多边交流，建立交流互访机制。例如，加强与日韩等国的双向学习与合作，组织代表团赴日韩观摩考察，邀请日本国际大赛的优秀选手来中国做技术表演，邀请韩国职业技能竞赛主管官员来华指导，组织国内大赛获奖者到有关国家进行技能表演和交流，支持地方独立开展对外交流。第二，从对内工作上来看，规范国内职业技能竞赛的制度建设。例如，借鉴日韩等国的激励优惠机制，建立起我国竞赛表彰和奖励的制度化、规范化机制，各省市也都逐步建立地方性竞赛表彰制度，初步形成了从中央到地方的具有连贯性的竞赛表彰管理网络。

经过多年的准备，2010 年 10 月，我国成为世界技能组织的成员国。2011 年 10 月 4 日，我国首次派出代表团参加第 41 届世界技能大赛，开启了参加世界技能竞赛的历史。2010 年至今，我国在世界技能大赛上取得了全世界瞩目的成绩，并连续两届登顶金牌榜和奖牌榜双榜首（见下表）。在世界技能竞赛这个平台上，我国选手展现了精湛的技能水平以及积极向上、朝气蓬勃的精神面貌。加入世界技能组织意义重大：第一，有利于展现制造大国的综合实力和国际形象，提高国际影响力。第二，有利于借鉴国外优秀经验，在竞赛规则、标准等方面与国际接轨，带动国内各类竞赛的开展，打造技术工人的技能优势，为我国经济建设提供人才支撑。第三，有利于提高工人的地位，增强技术工人的荣誉感和自信心，形成技能报国的社会文化氛围。

我国近年来在世界技能大赛上所取得的成绩

年份和届数	名次	金牌数	银牌数	铜牌数	总数
2019 年第 45 届	1	16	14	5	35
2017 年第 44 届	1	15	7	8	30
2015 年第 43 届	–	5	6	3	14
2013 年第 42 届	–	0	1	3	4

（二）我国职业技能竞赛的现状分析

1. 职业技能竞赛的顶层设计

我国高度重视职业技能竞赛在高技能人才培养、选拔和激励等方面的作用，因而出台了诸多文件、条例指导职业技能大赛，不断夯实技能人才发展基础。2018 年 10 月，人社部出台《技能人才队伍建设工作实施方案（2018—2020 年）》，指出要继续完善职业技能竞赛制度，创新开展技能竞赛，举办“一带一路”国际技能大赛。教育部等部门印发《全国职业院校技能大赛章程》，指出要深化产教融合、校企合作，推进全国职业院校技能大赛科学化、制度化、规范化建设。2014 年 6 月，《国务院关于加快发展现代职业教育的决定》明确提出，开展职业技能竞赛是推进创新人才培养模式的重要途径。2010 年，出台《国家中长期教育改革和发展规划纲要（2010—2020 年）》，明确了建设人才强国的战略部署，对新时期专业技术人才工作提出了新的更高要求，要求开展职业技能竞赛。从以上政策文件和条例可知，党和政府高度重视我国职业技能竞赛的开展，通过完善职业技能竞赛的顶层设计来规范、引导竞赛的发展方向。

2. 职业技能竞赛的组织机构和职责分工

职业技能大赛有明确的组织机构和职责分工，基本建成国家统筹、地方响应、职业院校踊跃参与的竞赛格局。第一，从国家层面来看，人社部负责统筹管理我国参加世界技能大赛的各项工作，成立大赛组织委员会具体实施竞赛事宜，旨在深化职业教育教学改革、提高职业教育的社会影响、创新人才培养方式。第二，从地方层面来看，各地、各部门、各行业协会积极响应国家职业技能竞赛顶层设计，充分发挥各自优势，承担参赛相关工作，结合各地实际情况制定竞赛管理制度，建立竞赛管理机构，鼓励职业院校、企业积极参与竞赛，深化校企合作，通过培养一大批优秀的高素质技能人才，为当时经济发展奠定人才基础。例如，浙江省教育厅成立专门机构负责各类竞赛活动的统筹。第三，院校的职业技能竞赛由所属教育部门和工会以及该校职能部门共同规划、举办。参赛院校组织并培训学生参加技能大赛，促进校际交流，不仅有利于锻炼选手的团队协作能力和技能水平、提高院校的知名度，也有利于促进校企合作，探索职业教育的改革。

3. 职业技能竞赛的模式

我国职业技能竞赛经过多年的实践，在竞赛格局、竞赛方式等方面有如下特征：第一，逐步形成了“校校有比赛，层层有选拔，全国有大赛”的职业技能竞赛格局，地域、行业和公众的覆盖面以及参赛规模逐年扩大。第二，在竞赛方式上，形成了“参赛选手 + 指导教师”的团队模式，通过指导教师的现场指导以及团队成员间的探讨，改变了传统竞争模式的“单打独斗”，更贴近现实社会，能够有效培养选手的团队合作能力。第三，注重构建实际性竞赛内容，强调技能竞赛全过程的开放性。强调竞赛内容与岗位、工种的具体实际相吻合，即参赛选手的参赛任务都是实际工作岗位上的真实操作，因而需要投入大量人力物力构建真实的操作环境。同时，从竞赛的开幕、展示到闭幕都免费向社会公众、媒体开放，通过多方面的宣传，增强社会对职业技能竞赛的认识，有利于提高技术工人的社会地位，营造崇尚劳动、尊重技能的社会氛围。第四，鼓励校企合作的竞赛模式。行业、企业为职业技能竞赛提供资金、设备、技术保障、命题、裁判和专家等帮助，职业院校为企业提高经济效益输送高技能人才，职业技能竞赛为院校间进行校企合作搭建了一个平台。

4. 职业技能竞赛的宣传

我国中央政府和地方政府向来重视职业技能竞赛的宣传工作，当前宣传工作主要有以下几个方面：第一，重视宣传对参赛选手的表彰和奖励工作，针对在不同层次、不同行业的竞赛中取得优异成绩的参赛选手，设立“全国技术能手”“大国工匠”等荣誉称号，并有机会设立以个人命名的创新工作室。一般而言，在省一级比赛中获奖的团体以及个人，统一发放省级别的奖状、奖杯。同时，获奖者所在单位会根据获奖级别给予一定的物质奖励，并在职务岗位提升、待遇提升、职称评选等方面享有优先权。[①] 第二，塑造先进模范人物，树立典型。依托网络、电视等载体，宣传在职业技能竞赛中脱颖而出的技能人才的事迹，引导广大青年走技能成才、技能报国之路，激励广大劳动者摒弃浮躁的心态、潜心钻研技术。

延伸阅读 5–4 ：职业技能竞赛的宣传措施

在党的十九大召开前夕，人社部副部长汤涛指出我国加强职业技能竞赛宣传的具体行动包括：第一，组织声势浩大的评选表彰活动，例如，表彰“中华技能大奖获得者”“全国技术能手”“大国工匠”等。第二，组织各级各类职业技能竞赛活动。第三，组织技能中国行专题活动，提升高技能人才的社会知晓度。第四，组织形式多样的主题宣传活动。例如，开展世界青年技能日、职业教育活动周等宣传活动，创建“技能中国”“走基层、技校行”

① 高丽洁 . 高职院校职业技能竞赛现状与发展趋势分析［J］. 当代职业教育，2015（9）：10–12.

等宣传品牌，与央视合作开办“中国大能手”栏目，开设“技能中国”“世赛中国”等微信公众号，在《劳动保障报》开设职业能力建设专版等。以上政策理念和宣传措施，有利于社会公众转变观念，提高职业教育的吸引力和认可度。

三、我国职业技能竞赛存在的问题

我国职业技能竞赛经过多年的努力探索，建立了初步的竞赛格局和框架，但仍然存在较多问题，比如，竞赛承办院校具有主场优势、竞赛各方功利心较强、尚未树立正确的竞赛观念，在组织管理方面也存在竞赛经费不足、激励机制与赛前培训机制不完善等问题。以上这些问题不利于我国职业技能竞赛的可持续发展，具体而言包括以下几个方面。

（一）竞赛观念问题

职业技能竞赛的各方主体对竞赛的认识不足，功利化倾向严重，欠缺正确的竞赛观念，主要体现在以下方面。

1. 倾向精英教育而忽视全员教育

一些职业院校只关注省赛、国赛的比赛结果，重视参赛学生的选拔和集训，精准培养比赛型选手，不仅掷重金设置训练场地和课程，而且邀请技能专家和专业教师联手设计培养方案，旨在取得优异成绩，提高职业院校的形象和知名度，吸引优质生源。因而，职业院校更注重竞赛的选拔性，将资源集中提供给少数参赛选手却忽视了竞赛的普及性，非参赛选手得不到针对性的培养。

2. 为赛而赛倾向盛行

为赛而赛、以赛代学倾向严重，日常教学与实训割裂。众多职业院校给予参赛者特殊权利，允许选手利用课程时间去练习比赛项目，训练成绩可以弥补专业课的学分，目的是强化选手训练，确保在职业技能竞赛中拔得头筹，为院校赢得荣誉。这不仅剥夺了参赛学生学习文化理论知识的权利，影响日常教学秩序，更违背了技能竞赛和职业教育的培养目标。

3. 重视学生培训而忽视教师培养

职业技能竞赛对指导教师提出了较高的要求，一方面要有完备的专业知识和较强的实际操作能力，同时要熟悉各类各级大赛的流程、方案、文件等知识，才能给予参赛选手全面的专业培训。甚至，选手之间的竞争在很大程度上是指导教师之间的较量。然而，当前职业院校更加注重对参赛选手的培训而忽视指导教师队伍建设，导致指导教师的综合素质欠缺，难以在培训中给予选手具有建设性的合理建议。

4. 竞赛功利心强

从参赛选手的角度来看，竞赛本应成为选手之间切磋与交流技能的平台，但在实践中，众多参赛将参加职业技能大赛当成就业的敲门砖和筹码，选手功利心较重，只想在竞赛中取得荣誉与表彰，尚未树立正确的竞赛观。究其原因，一是社会氛围的功利性；二是职业院校在赛前培训环节只强调传授技能、强调取得竞赛名次，忽视了培养选手的职业精神。[①]

（二）竞赛组织与管理问题

职业技能竞赛的组织与管理不完善，比如，经费不足、基础设施难以满足需求、激励机制不完善、各职能部门协调不畅、赛前培训机制不完善、竞赛公平性不足等，重点分析以下四点。

1. 经费不足

经费不足严重制约了技能竞赛的组织与开展。职业院校由于缺乏充足的经费，导致实训设备、场地等基础设施较差，在技能竞赛项目设计、内容设

① 万捷．我国职业技能竞赛热点问题研究［J］．教育教学论坛，2016（3）：185-186.

置等方面难以与省赛、国赛项目保持高度一致；难以聘请或培养优秀的指导教师，因而难以打造专业理论知识与实践能力兼备的指导教师队伍；同时，由于办学经费紧张，存在参赛教师、选手的交通食宿费用难以全额报销的现象；竞赛经费的拨付存在地区性的差异，经济欠发达地区和偏远地区的经费紧张，缺乏发展职业技能竞赛的经济基础。

2. 竞赛公平性不足

所谓职业技能竞赛存在公平性问题主要是指职业技能大赛承办院校具有主场优势，有数据显示，承办院校连续多年蝉联一等奖的比例要远高于非承办院校，因而竞赛的公平性受到了社会的质疑，主要体现在以下方面：第一，承办院校的参赛师生可提前熟悉比赛场地和设备，利用资源优势进行模拟训练，不仅全面了解竞赛的物理场所，更增强心理安全感和自信感。第二，承办院校通常具备竞赛命题权，由承办方委托大赛赞助商进行命题，因而承办院校能够针对命题方向进行强化训练。第三，承办院校通常具有裁判员的选聘权，受到本位思想的驱使，承办方的教师以及利益相关方人员在裁判组中占据较大比例，裁判员主观意识和倾向性较强。第四，承办方参赛人员可提前了解评委名单、出场顺序，存在“托关系”“打招呼”的可能性，无形中增加了不公平性。综上所述，由于承办院校在信息、场地、设备、命题和裁判方面存在资源优势，因而该校在竞赛中获得了天然的优先权，这不仅挫伤了其他选手的参赛积极性，更有损职业技能大赛的公平性和权威性。①

3. 激励机制不完善

职业技能竞赛的激励机制尚不完善，这主要体现在：第一，院校更看中对省赛、国赛获奖选手进行表彰和奖励，忽视对校内竞赛选手的奖励，因而不利于在校园内形成崇尚技能的学习风气。第二，由于技能竞赛是否获奖与职称评审挂钩，因而参赛教师会投入大量精力与时间备战竞赛，导致无力投入

① 万捷．我国职业技能竞赛热点问题研究［J］．教育教学论坛，2016（3）：185-186.

竞赛之外的教学秩序；这种激励制度对未参赛教师不公平，挫伤工作积极性。

4. 赛前培训机制不完善

从职业院校层面来看，部分院校对赛前培训计划设计、培训实施、培训结果反馈等没有形成合理的工作分配和管理机制，主要体现在：第一，赛前培训缺乏计划性和针对性，指导教师不能根据选手个人特长和兴趣制订训练计划，笼统的教学计划无法做到因材施教，导致选手训练动力不足，无法发挥技能优势。第二，赛前培训忽视心理健康教育，导致参赛选手无法疏解焦虑、紧张、倦怠等不良情绪，心理素质差，抗压能力低，无法在竞赛中发挥出真实技能水平。第三，赛前培训过分强调技能提升和获奖荣誉，忽视职业精神教育，在错误职业竞赛观的引导下，选手功利心较强。①

（三）竞赛商业化趋势严重

随着“校企合作”理念的落地，企业参与职业技能竞赛的程度日益加深，导致竞赛商业化趋势严重，一方面有利于扩大并发挥技能竞赛的社会效应，为竞赛注入新的活力，另一方面也带来诸多制约竞赛良性发展的负面因素。主要体现在：第一，加剧职业教育的功利化倾向。企业通过资金、设备的赞助介入技能竞赛科目的设计与结果评定，影响竞赛的科学性和公平性；参赛选手和指导教师以获得奖金和荣誉为参赛目的，仅钻研竞赛项目，放弃正常教学秩序，有悖于技能竞赛引领职教改革的初衷。第二，企业赞助产品的质量和费用问题。企业赞助技能竞赛的指定产品在连续多年供应后，往往会出现质量不足问题，同时还伴随着高费用问题，例如，一些企业迎合市场需求开发竞赛软件以规避裁判员主观打分因素，产品一旦中标后，出现了“以赛促销”的现象，系统软件价格攀升。第三，竞赛缺乏反馈与总结。技能竞赛商业化往往导致参赛者过于重视赛前准备以及比赛结果，缺乏赛后的总结反

① 徐敬东，陈德航．职业技能竞赛赛前培训中存在的问题与对策［J］．延安职业技术学院学报，2016，30（2）：45-48.

馈，无法推动竞赛与学生培养的良性互动，不利于竞赛的完善和长远发展。第四，一些贫困院校无力参赛。一些院校或因地处较偏僻难以及时获得竞赛的相关信息，或因竞赛经费不足难以购买指定产品，造成竞赛机会不均，影响竞赛公平性。[①]

四、我国职业技能竞赛的发展方向

针对我国职业技能竞赛存在的诸多问题，应对症下药，提出相应的对策，首先，从理念层面来看，应树立正确的竞赛观；其次，从实践层面来看，应完善竞赛机制，正确处理竞赛商业化问题，加大宣传力度，树立先进模范人物的示范作用，重视竞赛的国际经验交流。

（一）树立正确的竞赛观

职业技能竞赛的初衷是通过技能比拼以培养高技能人才，如果一味“为赛而赛”，将助长竞赛的功利性，甚至沦为职业院校获取利益、提升知名度的工具，难以实现竞赛的价值，违背职业教育的“育人”精神。因此，必须树立正确的竞赛观。竞赛各主体应朝着竞赛目标前进，树立正确的竞赛观。

1. 树立产教融合理念

所谓“产教融合”，是指产业与教育的深度合作，有利于职业院校的学生学以致用，在实践中学习和创新。促进产教融合理念落地，创新职业技能竞赛目标。一方面，竞赛过程真实还原企业生产过程、岗位实际以及行业标准，增强竞赛的职业导向性；另一方面，职业技能竞赛是我国职业教育的重要延伸，通过开展职业技能竞赛，发现当前职业教育在课程或专业设置等方面的不足之处，推动职业教育的改革和创新，培养学生的卓越技能和创新精神。[②]

---

① 王云，张旭涛．职业技能大赛非商业化运作模式的探索［J］．科技与企业，2013（10）：295.

② 刘其晴．产教融合视角下芬兰职业技能竞赛的经验及启示［J］．教育与职业，2017（21）：36–40.

2. 树立以赛促教理念

树立“以赛促教”的理念，以职业技能竞赛为契机，一方面，促进指导教师队伍建设；另一方面，摒弃“精英化教育”，要使每个学生都有机会参与职业技能竞赛，实现“普通教育有高考、职业教育有技能大赛”，防止局部性选拔技能尖子生而忽视大部分学生的现象。同时，技能竞赛应与日常教学相结合，促进理论课程与实践的结合，进行实验性教学和培训性教学，规避职业教育与行业发展实际脱节的现象，注重培养学生的实际操作经验，推动教学内容、方式、体系的改革与创新，而教学改革也为技能竞赛提供理论支持，有利于形成良性互动；更加侧重对学生实践操作能力和动手能力的考核，严格限制理论性考试的占比，引导职业院校改革实践教学环节，促进理论与实践一体化教学的发展。

3. 破除功利化观念

职业技能竞赛本质上是提供一个技能交流的平台，目的是提高参赛选手的技能水平，提高人才培养的质量，而不是获取更多的奖牌和荣誉。因而，参赛选手应不忘初心，树立正确的职业观，摒弃将竞赛作为求职敲门砖的观念，既钻研新技术、新方法，同时加强理论学习；指导教师应提高自身的专业能力，既能专心带竞赛项目，又能平衡日常教学任务；职业院校不应将竞赛作为提高知名度和增加政绩的手段，而应将其作为了解企业最新用工需求的窗口和学习先进技术的平台。

延伸阅读 5–5 ：大国工匠徐海：不忘初心 方成技能人才

徐海是一个平凡而伟大的焊工，1998 年从部队退役分配到星辰照明公司工作，数十年如一日扎根在路灯维护工作的第一线，先后被授予全国“住房城乡建设系统劳动模范”、江苏省“五一劳动奖章”以及市级“技术能手”“五一劳动奖章”“首席员工”“劳动模范”“十大最美职工”等荣誉称号，以他名字命名的“徐海劳模创新工作室”入选全市劳模创新工作室行列。

徐海始终秉持着“一份工作，只要热爱就一定能做好”的信念，成为公司最优秀的焊工，而这份优秀也夹杂着挫折与坚持。2003 年，徐海同志第一次参加技术比赛，由于经验不足出现失误，这让他认清了自己的技术水平和不足之处，从此下定决心，苦练焊接技能。徐海同志说，他白天在单位学习技术，晚上在家学习理论知识，一本 25 万字的技术书被他反复学习，最终达到熟练的程度。就连休息日，他也一个人在单位练习焊接。这段埋头苦练的岁月里，上百副磨破了的防护手套是徐海同志的陪伴者，他为了获得最佳焊接位置而落满的伤疤是他奋斗的见证。

付出总会有收获。2007 年，徐海在“山东省首届劳动之星技能大赛”中获得第一名，被外界誉为“焊工状元”。随后，他参加山东省高技能人才研讨会，并作典型发言。2009 年代表华能集团参加了由中国、美国、捷克、韩国、德国组织的“嘉克杯”国际焊接比赛。

一路走来，徐海同志一心提高焊接技术，为公司节省成本，为我国制造业腾飞作出了卓越的贡献，他在工作岗位上甘于奉献，不求功名利禄，但求不忘初心。徐海说，这是一个奋斗者最好的时代，每个人都是时代见证者和建设者，他一定会遵照总书记的嘱托，不忘初心，努力争做一个知识型、技能型、创新型的新时代产业工人。

（二）正确处理竞赛商业化

职业技能竞赛的商业化有利有弊，需要辩证思考竞赛商业化的负面因素，探索非商业化运作模式。职业教育肩负着与普通教育不同的任务和目标，侧重培养学生的技能水平和解决实际工作问题的能力，因而需要与行业、企业的紧密结合、深度合作，共同培养社会所需的人才。促进“校企合作”是现代职业教育发展的必由之路，能够实现优势互补、资源共享。针对竞赛商业化的弊端，可采取以下措施：第一，减少竞赛赞助商与院校的经济联系，可由政府统一采购竞赛的实训设备并配送至各职业院校，或采用租赁等方式使用设备，避免竞赛赞助商与职业院校的直接联系，促进竞赛的公平性。第二，推进制度的公开透明化，针对赞助商的资格确认、投标、选拔等环节事前制定统一标准，鼓励社会公众的参与和监督，避免暗箱操作。[①]

（三）完善竞赛机制

提升职业技能竞赛质量要求，完善现行职业技能竞赛机制，各地方、行业部门和职业院校应根据中央的顶层设计，因事因地制宜，制定职业技能竞赛举办规则，部署相关细节活动，同时做好以下三个方面的工作，保障职业技能竞赛的开展。

第一，多渠道开拓竞赛经费来源。针对全国性竞赛活动，一方面加强国家财政支持；另一方面适当引入市场运作机制，保证竞赛活动有足够的经费支持。针对省赛和校赛，原则上采取当地政府补贴、举办单位出资、多方筹集和适当收取参赛费等方式。同时，加强竞赛的基础设施建设。一方面，构建良好的硬件竞赛环境，包括建设实训基地、实训室以及引入先进的技术和设备；另一方面，构建良好的软件竞赛环境，打造崇尚技能、尊重劳动的校园文化，形成良好的技能学习风气。

第二，完善激励机制。针对在各级竞赛中获奖的人员，给予多重表彰和鼓励，比如，给予参赛选手物质性补助、发放荣誉证书以及优先推荐就业；对优秀指导教师可给予优先评优、奖励年终奖、职称晋升等方面的政策倾斜；建立竞赛交流机制，组织在世赛、国赛中取得优异名次的选手进行竞赛作品的经验分享，帮助青年参赛选手提高职业能力、建立职业自信。[②]

第三，推动开展职业培训。职业技能竞赛通过相关部门、行业专家、企

① 范宁.高职学生职业技能大赛现存主要问题与对策研究［J］.南方农机，2019，50（21）：218+232.

② 李玉珍，肖怀秋.高等职业院校职业技能竞赛存在的问题及优化策略［J］.化工高等教育，2017，34（3）：103-105+109.

业与院校的参与，构建职业标准化、规范化平台，形成了完善的竞赛实施方案、技术技能理论和实际操作规程等制度，因此，参赛选手通过参加职业培训能够掌握职业技能竞赛理论与实操考核的重点以及其他注意点，使备赛过程更具有针对性。同时，注重对竞赛指导老师的培训，打造一支技能与专业理论兼备的优秀指导教师队伍。

（四）加强宣传力度、塑造先进典型

我国政府一向重视对技能大赛和技能型人才的宣传，然而“学而优则仕”“重理论、轻技能”等传统社会观念没有从根本上得到扭转。先进模范人物是有形的正能量榜样、先锋形象、时代标杆和典型示范，反映时代精神所高度抽象概括的结果，实现时代精神的人格化和直观化。因此，必须继续加强竞赛的宣传工作，发挥先进模范人物的榜样引领作用，具体路径有：第一，通过视频直播、电视网络转播的形式传播先进模范人物在人民大会堂接受国家领导人的表彰，使广大劳动者、普通群众感受到高技能人才的荣誉感、自豪感和获得感，撬动各方的重视和社会的关注。第二，对劳动模范、大国工匠等先进典型进行全方位、立体式的宣传，弘扬劳模精神、工匠精神，掀起“比学赶帮超”的热潮。依托多形式的劳模创新工作室，以“创新”为核心，以“劳动精神”为动力，利用“传帮带”模式，发挥劳模在开展劳动竞赛、助力企业创新中的示范作用。

（五）重视竞赛的国际经验借鉴与交流

我国加入世界技能组织至今仅 10 年，而且也仅参加过 5 届世界技能竞赛，虽然连续两年取得了金牌榜和奖牌榜双第一的成绩，但在职业技能竞赛的观念认识、实践操作以及制度建设上仍然存在问题，应当结合我国国情，以包容学习的心态借鉴国际经验，扩大对外开放，重视世界技能大赛。第一，切实抓住“一带一路”建设的机遇，主办国际技能大赛，加强“一带一路”

国家的技能交流与合作，针对职业技能竞赛“校企合作、校校合作、集训基地共建”等方面交换意见，搭建开放包容、技能融通、增进友谊的平台。第二，树立开放包容的心态，积极学习借鉴先进的国际经验，积极申办世界技能竞赛。2021年9月，第46届世界技能大赛将在我国上海举行，这是我国第一次筹办和举办世界技能大赛，对弘扬工匠精神、促进技能交流国际化具有重要意义，同时，也是展示我国改革开放成果的重要窗口，有利于宣传我国的高技能人才，提高我国国际形象。因此，要抓住这次宝贵的契机，借鉴历届大赛成功举办的宝贵经验，精益求精做好各项筹办工作。

延伸阅读5–6：我国举办首届职业技能大赛

为深入贯彻落实习近平总书记对技能人才工作的重要指示精神，经国务院批准，从2020年起，我国每两年将举办一届中华人民共和国职业技能大赛。为此，人社部印发《关于举办中华人民共和国第一届职业技能大赛的通知》（以下简称《通知》）。

《通知》指出，中华人民共和国第一届职业技能大赛由人社部主办，广东省人民政府承办，广东省人社厅、广州市人民政府协办。本届大赛共设86个竞赛项目。其中，世赛选拔项目设63个竞赛项目（含第四十六届世界技能大赛9个拟新增项目），国赛精选项目设23个竞赛项目。本届大赛分全国总决赛和省级（行业）及以下选拔赛。全国总决赛以省（区、市）及新疆生产建设兵团为单位组队参赛，相关行业可组队参加部分世赛选拔项目比赛。

中华人民共和国第一届职业技能大赛全国总决赛于2020年12月在广东省广州市举办。对全国总决赛各竞赛项目获得前3名的选手，相应颁发金、银、铜牌。对各竞赛项目前5名获奖选手（团队双人赛项前3名、三人赛项前2名），授予“全国技术能手”称号。获优胜奖以上选手可直接晋升技师（二级）职业资格或职业技能等级，已具有技师（二级）职业资格或职业技能等级的可晋升高级技师（一级）。

五、韩国职业技能竞赛的经验

1947年至今，世界技能大赛已经开展45届，拥有70余年的历史。经济发达国家尤其重视职业技能竞赛，例如，欧洲地区以两年为周期举办欧洲技能大赛，举办时间是当年的9月至12月，持续时间为3天至4天，比赛项目划分为六大领域。美洲、大洋洲每年举办技能大赛。再如，德国、瑞士、韩国、日本等国家也都是技能强国、工业强国，在探索职业技能大赛模式上具有丰富的经验。以下主要介绍韩国的竞赛经验。

20世纪60年代中期，韩国加入国际奥林匹克职业技能竞赛组织并积极参加、开展职业技能竞赛工作，经过多年的发展完善，建立了地方、国家、国际三级职业技能竞赛制度，三种形式循序渐进、相互促进，共同促进技术工人技能的提高。同时，在选手资格、竞赛日程、报名选拔、竞赛工种、命题、赛场选定、评判员、评判规则及标准、表彰奖励等方面也形成了一套科学规范的运行程序，并通过建立法律与组织体系、加强经费支持与宣传力度、出台优惠激励政策等措施，在全社会营造了积极参加竞赛、崇尚技能的良好氛围。

（一）建立法律和组织保障体系

从法律保障上来看，1963年，韩国出台《产业教育法》，1967年，出台《职业培训法》，之后接连出台《大韩民国职业培训法》《国家技术资格法》《技能奖励法》《职业培训促进法》和《职业技能竞赛促进法》等一系列职业技能鉴定与培训法案，以上这些法案对职业培训、技能考核做出了明确的规定，构成了韩国职业技能的法律基础。其中，1989年，韩国政府颁布的《技能奖励法》明确了韩国职业技能竞赛的发展方向，为韩国开展国内外职业技能竞赛提供了法律依据：第一，该法对国内外职业技能竞赛做出规定，国赛和地方赛每年举办一次，在国赛中名列前茅的选手，有资格参加国际奥林匹克技能大会；第二，建立奖励能工巧匠制度，确定了技能型人才的表彰制度。此外，韩国的职业技能竞赛机构分工明确、各司其职，为职业技能竞赛的稳定开展提供了有利的组织保障。韩国国家劳动部起到宏观指导和监督的作用，负责有关法律法规的制定、技能竞赛计划的审批以及经费预算。同时，韩国的地方职业技能竞赛也建立了相应的地方委员会，形成了从中央到地方连贯的组织体系保障。

（二）建立经费支持系统

韩国职业技能竞赛的经费依靠两个主体。第一，政府财政拨付。这主要有两种形式，一是雇佣保险基金，二是就业促进基金。例如，1998 年，全国第 33 届技能大会共有 48 个工种，1700 人参加，政府拨给经费 8 亿韩元；至于地方大会，中央政府和地方政府按比例共同支付。第二，企业捐赠。例如，三星电子公司、大同工业、国际综合企业、亚洲农业机械、BIF 家具公司、SEC、LG 电子、GS 建设、IBK 企业银行等企业都提供了资金与设备支持，为各类职业技能竞赛的顺利举办奠定了物质基础，调动了各类技能人才参与竞赛的热情和积极性，不仅有利于提高企业的形象和知名度、为企业招募和培养更多优秀的技能型人才，更有利于促进职业教育的发展。[①] 从我国的情况来看，我国职业技能竞赛的“校企合作”也是职业教育的重要形式，通过企业对职业技能竞赛的赞助，有力推动了竞赛的开展，但是，由此导致职业技能竞赛的商业化程度过高，产生了新的弊端。因此，如何发挥“校企合作”的优势，同时降低技能竞赛的商业化程度，是完善我国职业技能竞赛的重要方向。

---

① 周鹏飞，王燕，罗尧成．韩国职业技能竞赛的创新机制及启示［J］．职业教育（下旬刊），2014（1）：21–24.

（三）建立奖励机制

除了建立完善的经费支持系统，韩国政府还建立了完善的奖励政策，激励在国赛和世赛中取得优异成绩的参赛选手。比如，设立了“铜塔产业奖”“铁塔产业奖”“石塔产业奖”“产业大奖”来表彰在世赛和特定产业部门中的优异者，还有“总统杯”“总理杯”“劳动部杯”“大会组织者杯”是用以推动地方赛的开展，那些虽然没有取得名次但是表现突出的选手可以获得鼓励奖。除了获得荣誉称号，韩国政府还给予物质性激励，国家政策提供高额奖金、住房、资助读书、组织旅游等多元化政策，有效激发选手的参赛热情，有利于提高劳动者的社会地位并增强职业荣誉感、责任感和自豪感。[①] 从我国的情况来看，对于在职业技能竞赛中取得突出成绩的选手，我国的政策导向更多倾向于给予荣誉性的表彰，物质性激励不足。而当前，在市场经济的洪流下，青年人和普通群众非常看重经济收益，而从事技能型工作相较于金融、投行、计算机等行业收入更少，这也是青年人不愿意从事技能工作的原因之一。

（四）广泛的宣传活动

韩国采取了一系列职业技能竞赛的宣传措施。第一，在理念层面，韩国国家领导人在多种场合均表达了对职业技能竞赛的重视；在实践层面，国家领导人也会亲自出席各种大会，出席开幕式并参加颁奖仪式，促使新闻媒介争相报道，成为新闻热点，有利于增强人民群众对职业技能竞赛的认识。第二，舆论环境的作用。国内群众自发性地夹道欢迎在国际奥林匹克职业技能竞赛中的获奖选手，获奖选手甚至得到总统的接见，舆论环境对参赛选手及其家属“为国争光”的肯定，国家政策提供住房、资助读书、组织旅游等奖

① 周鹏飞，王燕，罗尧成．韩国职业技能竞赛的创新机制及启示［J］．职业教育（下旬刊），2014（1）：21-24.

励政策，均起到良好的导向作用，促使社会更多关注和参与职业技能竞赛。就我国的情况而言，职业技能竞赛优秀的参赛选手，甚至其中的“大国工匠”“全国技术能手”，并没有成为全民偶像，并没有受到像娱乐圈明星一样的追捧，也比不上体育明星的地位。因而，未来应进一步加强对舆论的引导，使这些“大国工匠”也能成为全社会热爱和追捧的偶像。

第六章

职工创新工作室和产业工人技能发展

随着市场经济发展、企业改革以及技术更新步伐的不断加快，人们的工作方式、生活方式和思维方式日益焕发新活力，企业的管理体制、运行模式等发生巨大变革，职工群众的思想观念、价值实现也随之产生复杂而深刻的变化。这些变化的到来促使着企业在发展的道路上不断提升自主创新能力、增强市场竞争力，用发展成果来不断满足职工和企业发展过程中的各种需求，从而形成市场经济体制下的一种良性循环。

为促进和鼓励职工开展自主学习、素质提升活动，职工创新工作室在工会组织的领导下，以具有技师以上技能等级的首席技师、劳动模范、技术能手等领军人物为代表，组建成具有较强影响力和创作力的精锐团队，配套建有办公室、培训室等设备设施，制定一套集教育培训、技术攻关、成果推广等于一体的管理体系及制度规范①。工作室领军人物发挥技术专长，开展团队学习和团队创新工作，指导职工立足生产一线，开展技术咨询、技术诊断、人员培训等素质提升和创新实践活动。基于此，通过以点带面的做法，逐步打造一支学习型、知识型、技能型、创新型、专家型的职工队伍，提升职工整体业务技能，提高企业自主创新能力，促进职工创新成果向现实生产力的转化。

2017 年，中共中央、国务院印发了《新时期产业工人队伍建设改革方案》，其中明确提出，要加大对产业工人创新创效扶持力度，深化群众性技术创新活动，开展先进操作法总结、命名和推广，推动具备条件的行业企业建立职工创新工作室、劳模创新工作室和技能大师工作室。近年来，各级工会组织大力开展职工创新工作室创建工作，并以此作为推动职工经济技术创新

① 陈士云 . 职工创新工作室功能与作用发挥的分析思考［J］. 北京市工会干部学院学报，2013，28（3）：60–63.

进一步深化的有效平台和抓手，为服务经济发展和推动创新型国家建设实践探索、积累经验。在职工创新工作室由建成到建好、由粗放向精细、由影响向促实效的深化进程中，暴露出工作理念、人才配备、制度建设以及成果转化方面的诸多问题，如何确保其创新攻关、职教培训等作用与功能得到更大的发挥、拓展和延伸，是迫切需要深入研究、探索和综合协调的问题。

一、职工创新工作室的意义

习近平总书记指出："劳动是一切成功的必经之路，实现我们确立的奋斗目标，归根到底要靠辛勤劳动、诚实劳动、创造性劳动。"职工创新工作室旨在弘扬劳模精神、劳动精神、工匠精神，通过创造性劳动破解发展中的难题来实现企业目标及个人价值，从而使"劳动最光荣、劳动最崇高、劳动最伟大、劳动最美丽"理念深入人心，让"劳动光荣、创造伟大"成为企业的最强音，汇聚推动企业科学发展的正能量[①]。

随着国家创新战略的推进和"大众创业、万众创新"理念的普及，企业通过技术引进与合作，持续强化人才队伍建设，广大职工积极投身于企业创新。职工创新工作室的创建，是贯彻国家战略的具体体现，是实现企业发展的内在动力，更是促进技能发展，打造高素质产业工人队伍的重要平台。

（一）职工创新工作室是贯彻国家战略的具体表现

1. 是实施创新驱动发展战略的重要载体

创新是引领发展的第一动力，是建设现代化经济体系的战略支撑。我国要实现从"中国制造"到"中国创造"的转变，需要把广大企业职工的创新潜能充分挖掘出来、调动起来，发挥工人阶级的主力军作用，发动自下而上

① 王文桃．把握时代要求 推动创新发展 全面推进职工（劳模）创新工作室建设［J］．中国职工教育，2015（11）：14–17.

的技术创新，推进产业转型升级，真正实现从量变到质变、从速度到效益的转化。中国工会第十七次全国代表大会报告中指出“在深化供给侧结构性改革、振兴实体经济、推动经济高质量发展中展现作为，在实施创新驱动发展战略中勇立潮头”，对企业创新工作的地位给予了充分肯定。党的十九大以来，全社会对促进实体经济发展的方法进行了讨论，而掌握和应用好核心技术、落实好创新驱动发展战略是众多专家学者形成的共识。

职工创新工作室是企业开展创新工作的重要载体，是企业发展进步的重要推动力。近年来，随着国家创新战略的实施，企业通过技术引进与合作，持续强化人才队伍建设，对制约企业发展的项目集中力量进行重点突破等多项措施的落实，为企业发展奠定了扎实的基础。随着“大众创业，万众创新”理念的提出及普及，广大职工逐渐接受创新这一重要理念，并积极投身于企业创新。作为企业创新的重要阵地——职工创新工作室，也迎来了发展的黄金期，打破了创新工作只有研发人员才能参与的思想误区，在企业中鼓励更多职工参与到创新工作中来，真正实现了集体创新、大众创新的理念。

延伸阅读 6-1 ：创新驱动发展战略[①]

2016 年，中共中央、国务院印发的《国家创新驱动发展战略纲要》提出，实现创新驱动是一个系统性的变革，要按照“坚持双轮驱动、构建一个体系、推动六大转变”进行布局，构建新的发展动力系统。

双轮驱动就是科技创新和体制机制创新两个轮子相互协调、持续发力。

• 科技创新：要明确支撑发展的方向和重点，加强科学探索和技术攻关，形成持续创新的系统能力；

• 体制机制创新：要调整一切不适应创新驱动发展的生产关系，统筹推进科技、经济和政府治理等三方面体制机制改革，最大程度释放创新活力。

---

① 中共中央国务院印发《国家创新驱动发展战略纲要》，中国政府网：http://www.gov.cn/gongbao/content/2016/content_5076961.htm。

一个体系即建设国家创新体系。建设各类创新主体协同互动和创新要素顺畅流动、高效配置的生态系统，形成创新驱动发展的实践载体、制度安排和环境保障。明确企业、科研院所、高校、社会组织等各类创新主体功能定位，构建开放高效的创新网络，建设军民融合的国防科技协同创新平台；改进创新治理，进一步明确政府和市场分工，构建统筹配置创新资源的机制；完善激励创新的政策体系，保护创新的法律制度，构建鼓励创新的社会环境，激发全社会创新活力。

六大转变：

• 发展方式从以规模扩张为主导的粗放式增长向以质量效益为主导的可持续发展转变；

• 发展要素从传统要素主导发展向创新要素主导发展转变；

• 产业分工从价值链中低端向价值链中高端转变；

• 创新能力从“跟踪、并行、领跑”并存、“跟踪”为主向“并行”“领跑”为主转变；

• 资源配置从以研发环节为主向产业链、创新链、资金链统筹配置转变；

• 创新群体从以科技人员的小众为主向小众与大众创新创业互动转变。

2. 是工会组织建设职能充分发挥的有力保障

动员组织职工广泛开展经济技术创新是工会发挥建设职能、服从服务于企业工作大局、推动社会经济实现跨跃发展的重要手段，是调动职工积极性和创造性的有效方法，也是正确处理两个维护关系，切实保障职工利益的重要内容[①]。职工创新工作室作为职工经济技术工作的新平台，是工会组织联合相关部门和单位在生产一线组建的群众团体。工会组织推动职工创新工作室建设，是在党的领导下履行工会职责的重要内容之一，是工会围绕党政中心

① 陈士云 . 职工创新工作室功能与作用发挥的分析思考［J］. 北京市工会干部学院学报 , 2013, 28（3）: 60–63.

工作、促进企业发展的重要途径。作为当前工会组织的一种全新的工作形式，职工创新工作室是工会组织在探索企业高素质技能型人才培养方面的一种创新模式。

近年来，各级工会组织大力开展职工创新工作室创建工作，并以此作为推动职工经济技术创新进一步深化的有效平台和重要抓手，为服务经济发展和推动创新型国家建设勇于实践探索、积累经验。与此同时，各级工会组织利用职工创新工作室这一平台，引导广大职工积极投身岗位技术创新活动，进一步掀起了广大职工学习技术、苦练本领、争创一流的热潮。职工创新工作室已经成为工会组织服务发展、展示作为、彰显价值的重要渠道[①]。

（二）职工创新工作室是实现企业发展的内在动力之一

1. 是企业提升核心竞争力的重要保障之一

职工创新工作室以首席技师、劳动模范、技术能手等各专业的领军人物为代表，是一个富有创造力的精锐团队。职工创新工作室以人才培养和推进创新为出发点，通过劳模和工匠人才开展师带徒、技术培训和业务交流等活动，提升企业技能人才的业务水平和创新能力。同时，针对本地区、本行业、本单位生产经营活动中的重点难点问题和工艺技术难题，积极开展包括技术、服务、管理、制度在内的各项创新活动，促进先进技术、经验、方法和成果转化为助推企业加快发展的现实生产力，增强企业核心竞争力。

职工创新工作室将创新与生产、市场紧密对接，打破了从研发、实验、生产再到市场的传统长链条，加快了产品从创新成果向现实生产力的转化过程，一方面，提高了企业将技术优势向市场竞争优势的转化效率，从而达到更高的生产效率和市场竞争力；另一方面，在效率提升的基础上，通过创新成果与市场需求和定位的无缝对接，大大缩短从研发到市场的过程，降低了

---

① 王文桃．把握时代要求 推动创新发展 全面推进职工（劳模）创新工作室建设［J］．中国职工教育，2015（11）：14-17.

企业的开发成本与创新风险[①]。

此外，在产品创新的同时，职工创新工作室从日常实际工作和基层实际困难出发，围绕企业安全生产、经营管理、优质服务等方面的重点难点问题开展管理创新与制度创新，解决职工实际问题的同时，有效提升了职工的工作效率和创新意识，促进了技术能力升级。职工创新工作室已经成为推动全员创新、持续创新、实用创新，提升企业核心竞争力和可持续发展水平的重要阵地[②]，不仅为企业发展注入了活力，而且为社会创造了更大的价值。

2. 是人才强企、提升队伍素质的客观需要

人才资源是企业的第一资源。纵观世界知名企业的发展历史，谁掌握了人才这个关键，谁就能在激烈的竞争中脱颖而出、发展壮大。当前，科学技术发展日新月异，科技创新已成为生产力快速发展的主导力量，一支知识型、技术型、创新型的高素质员工队伍，是企业拥有核心竞争力和可持续发展能力的根本保障。充分发挥好职工创新工作室的人才集聚和技术辐射效应，为广大职工学习知识技术和练就技能本领创造良好条件。通过职工创新工作室这个平台，引导职工围绕企业生产经营中的难点、难题，广泛开展技术攻关、发明创造、技术革新活动，让创新理念、创新精神内化于职工思想意识、外化于工作行动，在创新实践中培养技术专家、技术能手和创新人才，形成人人皆可成才的良好氛围和人才辈出的良好局面[③]。

3. 是创新精神和企业文化的推广站

职工创新工作室是劳模、工匠人才以及一线工人优秀代表的聚集地，工人阶级的优良品质、企业精神在这些优秀人才身上得到了充分体现。其主要成员多为企业精神和企业品牌的基层形象代言人，工作中勤奋好学、纯朴厚

---

① 王文婧．创新工作室——职工自主创新平台［J］．冶金企业文化，2015（3）：11-12.

② 王文桃．把握时代要求 推动创新发展 全面推进职工（劳模）创新工作室建设［J］．中国职工教育，2015（11）：14-17.

③ 同上。

道、甘于吃苦、乐于奉献，不遗余力地将自己的本领传授给他人、奉献给企业，是职工群众钦佩和崇敬的学习楷模。在他们的带动下，一线广大职工群众自觉践行企业精神风采，主动加强学习、苦练技能，争当建企、兴企的先锋，以良好的心态、饱满的热情和十足的信心，为推动经济发展作贡献，企业呈现出职工队伍精神状态和工作实绩持续提升的良性局面。

与此同时，职工创新工作室所展现出的创新精神、协作意识、自主行为本身就是一种积极上进的企业文化。在工作室这个平台中，广大职工目标一致，互帮互助，相互促进，共同提高，形成强大的企业凝聚力和向心力，是企业核心价值观的直接体现。创新工作室已经成为企业文化创新的重要组成部分。

（三）职工创新工作室是建设高素质产业工人队伍的重要平台

1. 是全面提升产业工人素质的大课堂

产业工人是工人阶级中发挥支撑作用的主体力量，是创造社会财富的中坚力量，是创新驱动发展的骨干力量，是实施制造强国战略的有生力量。产业工人素质的全面提升，亟需创新产业工人队伍培养机制，搭建职工队伍成长平台。职工创新工作室是广大职工学习掌握新技术、提高劳动创新能力、技术交流、发明创造的“职工之家”。作为企业内的职工技能学习和培训的重要平台，职工创新工作室通过优秀团队发挥辐射作用，引导广大产业工人锤炼素质，提升能力，在产业工人队伍中掀起比、学、赶、帮、超的热潮，加快了广大基层劳动者工作创新和技术进步的进程，在推动产业工人队伍建设和技术发展中具有独特作用和现实意义。

2. 是高技能人才队伍的孵化器

创建职工创新工作室是深化高技能人才队伍建设中的一项重要举措和有效抓手。职工创新工作室是企业高技能人才相互学习、切磋、交流和提升的成长平台，同时也是高技能人才输出知识技能、引领职工创新提升的教育平台。一方面，通过挖掘和利用创新工作室的人才资源优势，拓宽高技能人才的培养途径，促进高技能人才自身不断增加劳动本领和创新能力；另一方面，组织高技能人才为广大员工开展技能培训和创新引导，利用流动课堂、送教上门、实地辅导等手段有针对性地推进岗位练兵活动，不断完善师徒结对子管理机制，激发广大职工学习热情的同时，引导广大职工不断追求一流技术水平、创造一流工作效率，使技能人才队伍不断朝结构优化、素质优良、技能达标的更高标准推进，努力为实现企业发展新跨越提供强有力的人才支撑。

职工创新工作室着眼于一线创新创效的最前沿，充分利用创新工作室的资料、信息、设施等条件，有组织、有定位、有定向地根据创新项目、技改项目、攻克难题等组织团队学习，引导工作室主要成员积极研究、论证、推广、应用创新成果，促进了创新成果加速孵化出壳、迅速转化应用，切实为一线生产所需创造出一批价值大、成效好、有分量的群众性技能技术新成果，对整体的创新行动激发动力、增加推力、提升拉力，从而为培养新的高技能人才队伍注入活力。

3. 是激发劳动热情、弘扬劳模精神、劳动精神、工匠精神的主阵地

通过建设职工创新工作室，积极宣传职工身边的劳动模范和先进人物，在企业中形成崇尚劳模、学习劳模、争当劳模、创先争优的良好氛围，劳动最光荣、劳动最崇高、劳动最伟大、劳动最美丽的理念深入人心。广大职工以劳模和先进为榜样，学习他们的劳动创造和奉献精神，培养主人翁意识和责任感，积极投身于经济建设主战场。“爱岗敬业、争创一流，艰苦奋斗、勇于创新，淡泊名利、甘于奉献”的伟大劳模精神，成为激发广大职工劳动热情和创造活力、立足岗位创效创优的强大精神动力。职工创新工作室已经成为感召职工、启迪职工、鼓舞职工，大力弘扬劳模精神、劳动精神、工匠精神的重要平台①。

---

① 王文桃 . 把握时代要求 推动创新发展 全面推进职工（劳模）创新工作室建设［J］. 中国职工教育，2015（11）：14–17.

延伸阅读 6-2 ：高凤林技能大师工作室：带好徒弟，搞好技术攻关[①]

高凤林技能大师工作室系国家人力资源和社会保障部 2011 年 10 个首批成立的国家级技能大师工作室之一，隶属中国航天科技集团公司中国运载火箭技术研究院首都航天机械公司。2017 年中华全国总工会授予高凤林班组为全国示范性劳模和工匠人才创新工作室。工作室主攻焊接加工专业，依托公司火箭发动机综合装配、焊接生产加工区开展研制工作。工作室会聚了以技能大师高凤林为代表的一批优秀人才，组成工艺专家组、技术研究组和科研生产组。工作室为重点型号研制生产、技术攻关、人才培养作出了突出贡献，工作室成员曾获得中国高技能人才十大楷模、全国十大能工巧匠、全国五一劳动奖章、国家科技进步奖、中华技能大奖、全国技术能手、国防科技工业劳动模范、航天劳动模范、航天技能大奖、航天技术能手等荣誉称号。

二、职工创新工作室的现状和问题

职工创新工作室主要有劳模创新工作室、技能大师创新工作室、工匠创新工作室、专家创新工作室等形式。全国总工会每三年会在全国范围内命名 100 个示范性劳模和工匠人才创新工作室，以扩大创新工作室的影响力和示范引领作用。以劳模创新工作室为例，目前我国劳模创新工作室的发展已初具规模，且呈现出向纵深方向发展的良好势头。自 2004 年在江苏成立我国第一家劳模创新工作室后，截至 2018 年底，我国已有国家级、省级、市级工作室超过 10 万家，其中，国家级劳模创新工作室共完成创新成果 5159 项，并有 3896 项成果得到转化，直接产生经济效益 75 亿元[②]。

---

① 走进“高凤林技能大师工作室”金手天焊是这样炼成的，http://www.workerbj.cn/jgw/html/zhuanti/guanzhu/2015/0623/13399.html。

② 李超超 . 我国劳模创新工作室发展历程、现实困境及路径选择［J］. 企业经济，2019（8）.

（一）职工创新工作室的现状

1. 职工创新工作室创建的基本做法

一是明确创建活动的思路与定位。职工创新工作室是企业研发机构的延伸和补充，以劳模或工匠人才的技术引领和精神传播为工作重点，主要工作包括整合企业内外部的技术资源和人才资源，培育和打造具有技术优势的人才骨干团队，并发挥该团队的创新引领和带头作用，着力解决企业的发展难题和技术瓶颈，从而带动广大职工参与和投入创新活动，推进企业成果转化和技术进步。

二是做好创建工作的推进规划。职工创新工作室基本包括三种创建模式：一是由一名或若干名劳模组成的劳模创新工作室，二是由高技能人才领衔成立的高技能人才创新工作室，三是由项目部或班组成立的团队创新工作室。要做好科学规划活动，按照“培养一批、储备一批”的要求梯次推进。

三是落实创建工作的各方责任和时间节点。为了保证创建效果，企业工会需与创新工作室签订《三方管理目标责任书》，明确创建目标和各方责任。各工作室需制订自己的工作计划并明确具体的时间节点和进度目标，企业工会根据以上计划履行监督、评估等职能。

四是与地方产业工会联创联办，共同推动。与地方产业工会开展联合命名和联合成果评价工作，对外树立行业典范，增强活动引领力，有助于活动开展的效益和效果的预测与评估。

五是规范创建活动。创建活动需要满足以下标准：一是硬件设施完善，创新工作室要在醒目位置悬挂以劳模或工匠人才命名的牌匾，具有功能明确的固定场地、必要经费、办公设施和硬件设备；二是工作制度健全，有明确的创建目标和符合实际的创建制度以及比较完善有效的活动内容、形式和方式，与单位生产经营、科研技术、培育人才等工作紧密衔接；三是团队人员结构合理，负责人具备专业职称或技术专长，注重“传帮带”，组织职工参加，推动职工创新，以劳模先进为带头人，培养技术骨干，不断扩大创新团队；四是活动开展有计划有记录，创新活动开展要有准确、翔实的档案资料记录，能够全面反映工作流程和工作状况，全面记载工作班子、工作计划、创新项目和成果、各项活动等，有效展示组织机构、总体目标、工作职责等；五是创新成果丰富，要围绕生产实践开展技术攻关，推广应用“创新工作室”的创新成果；六是注重创建实效。各级工会和创新工作室要把创建工作与倡导正确的劳动观相结合，与群众性的技术创新相结合，与创建“工人先锋号”相结合，与创建“红旗班组”相结合，与深化职工素质工程相结合，与创建和谐企业相结合。注重传承劳模精神、劳动精神、工匠精神、破解技术难题、培养技能人才等方面的实际效果。形成创建活动与劳动竞赛等工会经济技术工作相互融合、相互促进的格局，使创新活动的开展真正促进职工队伍整体素质的提升，特别是促进创新人才的培养、创新机制的形成和创新氛围的营造。①

2. 职工创新工作室的主要任务

一是搭建平台、培养人才。培养人才是职工创新工作的主要目标之一。现在企业的工作很少可以通过一个人的努力来完成，而更多需要依靠团队的力量。职工创新工作室建立的主要目的之一就是培养后备人才，从而实现从个人创新向团队创新的转化，实现资源共享、优势互补的跨岗位、跨区域、跨专业的协同创新。

二是创新驱动。创新工作室是劳模和工匠人才开展创新工作的平台，是推动职工创新的载体，工作室的首要之义和核心内容就在于“创新”。

理念创新是核心，纲举才能目张，其实质就是正确理解劳模创新工作室的意义和价值，合理运用各种手段、方式和载体，并建立起有效的运行和管理机制，最大化地利用劳模的示范和带动作用，激发起广大职工的创新参与

① 关于开展劳模创新工作室的一些做法，http://www.hngh.org/index.php?m=content&c=index&a=show&catid=94&id=7538。

意识，从而在创新工作的开展过程中获取成果、人才和良好的发展氛围。

机制创新就是找寻高效的方法和途径，建立起良性指向性的运作通道，通过相对固化的制度、程序和方法，形成管理有序、务实高效的良性循环，在人才选拔、课题计划、目标奖惩、成果推广、宣传包装等方面建立起切实可行且成效明显的运作机制。

功能创新是指劳模创新工作室应利用自身人才和专业方面的优势，通过在功能上的积极拓展，充分发挥引导和带动作用，使劳模精神在更多的工作领域得到弘扬，工作室在更多方面发挥作用，而不是仅仅作为劳模开展工作和进行成果展示的场所。创新成果包含且不限于产品创新、服务创新、技术创新、管理创新、制度创新等，管理者应该致力于创新要素的优化、配置和调整，通过设计最有利的方式、提供最有利的条件、营造最有利的环境，并尽最大的努力来促进和激发创新活力，加速创新思维的转化，并实现工作室的创建成效和职工创新成果互为表里、相互促进的良性循环。

三是协调谋划。加强劳模创新工作室的建设，需要统筹协调好各方面关系，确保各项工作都始终处于健康、可持续发展的良性状态。在实践中，需要处理好“三个关系”。第一，开展群众性创新活动与创新工作室的关系。第二，行政和工会组织的关系。工会应与有关行政部门及时沟通，共同研究创新工作室的技术创新和创建管理等各项工作，以获取行政对工会在人员、场地、资金、课题、推广、宣传等方方面面的大力支持，工会组织要厘清职责和定位，既不是替代单位开展科技攻关创新，也不是另起“炉灶”另搞一套。第三，核心人员与团队的关系。工作室的运作中，劳模先进的核心作用至关重要，围绕其搭建的团队作用亦不可忽视。要协调处理好劳模先进个人与团队的关系，务求相得益彰、相互促进。

四是绿色引领。劳模创新工作室以其职工创新平台的定位，在引领绿色发展的征程中应率先作为、责无旁贷。因此，管理者必须积极响应号召，牢固树立生态绿色、持续和谐的理念，在思维方式、手段载体和价值取向上进行积极转化和落实，同时，从课题选定、攻关组织到成果应用再到宣传推广等环节把握方向、加强引导和组织，大力倡导职工科技创新，大力扶持新技术新方法的运用，大力推广节能降耗、生态环保的创新产品，通过创新工作室这个载体，培养和提升职工绿色发展的意识，加强环境保护型、资源节约型和节能增效型建设，以效率更高、风险更低、资源更省的创新成果来引领和推动单位的创新发展、绿色发展和转型发展。

五是开放共赢、共享成果。职工创新工作室的创建工作，需要坚持“引进来、走出去”，走开放之路。首先，要以开放理念指导创建工作；其次，创建工作要体现开放性；最后，创建工作要坚持内外开放。积极开展行业内外工作室之间的交流与合作，相互借鉴、兼收并蓄，以开放的姿态促进创建水平的提升。职工创新工作室创建的宗旨就是通过创新成果的丰富和推广，实现科学规范生产、降本增效、降低劳动强度、减小劳动风险的目的，创新成果的运用使职工受益，同时，创新驱动了单位的发展，职工又从单位发展中受益，充分体现了创新为了群众、创新依靠群众、创新成果由群众共享的原则。劳模创新工作室应适应时代要求，通过有效方式和载体实现创新成果的公开和应用推广，来充分担负起公平正义、共享发展的社会责任①。

延伸阅读 6–3 ：我国示范性劳模和工匠人才创新工作室的条件、任务与管理办法②

全国总工会每3年命名100个示范性创新工作室。示范性创新工作室命名工作应自下而上进行，由所在单位工会提出申请，经地市级总工会或省（区、市）产业工会考核后，由省（区、市）总工会或全国产业工会择优向全

---

① 张云峰 . 以“五大发展理念”推动劳模创新工作室建设［J］. 中国水运 , 2016（9）: 68–69.

② 中华全国总工会办公厅关于印发《全国示范性劳模和工匠人才创新工作室命名管理工作暂行办法》的通知（总工办发〔2017〕19号），http://acftu.workercn.cn/33356/201905/16/190516151831811.shtml。

国总工会推荐。全国总工会组织审核、评审、公示，择优命名。已命名的示范性创新工作室申请更换领衔人，按上述程序进行。示范性创新工作室须建立工作台账，其日常活动经费原则上由所在单位承担，各级工会结合实际情况予以一定资金支持，全国总工会设立的职工创新补助资金将重点用于扶持示范性创新工作室的优秀项目。各省（区、市）总工会和各全国产业工会每年要对示范性创新工作室进行考核，考核情况于年底前报全国总工会备案，对考核不达标的要求其制定整改方案，并督促落实。全国总工会每3年对示范性创新工作室进行考核，考核不达标的予以摘牌。

示范性创新工作室必须工作有计划、活动有开展、创新有成果。同时，还应具备以下条件：

1. 原则上以一名在技术、业务方面有专长，且具有较高技能水平、管理经验和创新能力的省部级（含）以上劳模、全国五一劳动奖章获得者或有精湛技艺的工匠人才为领衔人，组成创新团队。

2. 已有效运行3年以上，以相对固定的团队协作模式开展创新工作。

3. 具有相对固定的活动场所、基本的设备设施、明确的技术攻关课题和创新目标、必要的工作经费、完善的管理制度，能定期开展技术攻关或创新活动，运作规范有序。

4. 具有较强的创新和攻关能力，能积极开展创新创造活动，承担本地区、本行业、本单位的创新课题或技术攻关项目，取得创新成果，产生显著经济效益和社会效益。

5. 能充分发挥示范引领、集智创新、协同攻关、传承技能、培育精神等功能，带动本地区、本行业、本单位的群众性技术创新活动和职工技能素质提升。

6. 应在省（区、市）总工会命名的劳模和工匠人才创新工作室、职工创新工作室等职工创新先进团体中产生。

企事业单位原有建制的研发机构和班组等不在命名之列。

示范性创新工作室的主要任务是：弘扬劳模精神、劳动精神、工匠精神，发挥劳模和工匠人才在技术、业务等方面的专长，围绕本地区、本行业、本单位生产经营活动中的重点难点问题和工艺技术难题，积极开展技术创新、服务创新、管理创新、制度创新，增强企业核心竞争力；积极发挥劳模和工匠人才“传帮带”作用，开展技术培训、业务交流、师徒帮教等活动，推进新时期产业工人队伍建设，为实施创新驱动发展战略、制造强国战略提供人才保证和技能支撑。

（二）职工创新工作室存在的问题

1. 工作理念尚需创新

创新工作室是一项涉及企业管理、生产技术、队伍建设乃至基建投入等方面的系统工程，需要企业各部门共同关注、协力培育、齐抓共管。个别单位认识不够、重视不足，仍以传统的管理思维抓推动，将工作室创建简单地认为是建阵地、搞活动的新潮做法，没有长期抓、抓到底、出成效的思想认识和规划定位，主要工作交由牵头的少数部门和单位策划和落实，与之相关的各职能部门缺乏充分沟通、联系、协作和配合，致使工作室偶有活动推动慢、人员保障弱、工作效率低、作用发挥轻及成果转化阻碍多等问题出现①。

2. 人员配备存在短板

目前大多数工作室均是非正式职能机构，“工作室成员”大多为企业一线骨干的“兼职身份”，例如，某高技能劳模作为核心成员，搭配其他部门的科研人员组成团队，但是其在工作室的具体建设活动几乎都靠业余时间完成。有的工作室由于缺乏动态管理，没有切实发挥工作室职能，难以持续建设，

① 陈士云 . 职工创新工作室功能与作用发挥的分析思考［J］. 北京市工会干部学院学报，2013，28（3）：60–63.

未能发挥其积极作用，对相关的政策也落实得不够[①]。创新工作室相关人员都为兼职，在履行职工创新工作室各项职责的同时，主要承担着安全生产、经营管理等本职工作，从而造成学习精力不足、创新项目可投入时间较少等诸多弊端。因此，培育创新人才的常态教学培训计划较难开展，导致人才梯队无法形成。

3. 制度建设亟需完善

职工创新工作室由工会组织主导推动组建，由于缺乏专门的政策制度支撑，在各个方面的管理刚性约束相对不强。创新工作室需要投入较大人力、物力，其运转需要企业内多个部门协调配合，决定创新项目成果产出的影响因素也较多、不确定性较大。具体体现在以下几个方面：首先，职工创新工作室成员多为各单位（车间、班组）技术骨干，并无专职人员，其本职工作较为繁忙，能够参与创新工作室活动时间较少且零散。制定管理制度中对培训学习、研发交流、会议组织等活动要求过细、过于刚性，与工作室成员时间零散的特性冲突，不利于激发工作室成员的积极性，不利于推进创新项目。其次，创新工作室项目立项研究无专项研发经费，主要以列支生产成本为主，导致部分成本稍高的项目无法立项，制约企业创新发展。再次，考核机制较为单一，考核过程中往往以创新成果为导向，忽略对工作室成员是否发挥作用的考核，不利于职工创新工作室长效发展。最后，激励方式主要是物质激励，缺乏企业文化、内在精神激励机制。除了短暂的效能之外，不容易满足员工尊重、成就、自我价值实现等高层次的精神需要，不能充分调动员工的积极性[②]。

4. 成果转化有待提升

创新成果转化应用力度不够。目前创新工作室研发工作的组织还较多地

① 李超超．我国劳模创新工作室发展历程、现实困境及路径选择［J］．企业经济，2019（8）．

② 马鸿源，等．关于新时代发挥好职工创新工作室作用的几点思考［J］．现代企业文化，2019（30）：106-107.

停留在班组甚至是劳模个人的层面，仅仅满足企业自身的发展需求，研究的成果只在本单位或部门使用。造成这种局面主要有以下四方面原因：一是目前职工创新工作室研发工作的组织站位较低，大部分停留在企业生产一线的具体问题甚至是员工个人专业知识的层面，仅仅满足于企业一般生产，成果产出后，不能进一步钻研向更高的技术领域迈进。二是成果产出后没有相应的机制约束去完成诸如品牌打造、实用化论证、成果推广、市场调研、持续改进等市场化的一系列工作，致使许多成果仍然停留在某一工艺流程甚至某一班组生产的阶段①。三是项目知识产权认证工作进展缓慢，创新项目研发成功，实际应用效果良好，但专利申请工作滞后，有的项目甚至未进行专利申请。四是推广力度不够，行业内的成果交流活动较少，对专利保护、项目推广等方面的意识较为薄弱②。

三、职工创新工作室的发展方向

职工创新工作室致力于推动一线技术创新和高技能人才队伍建设，是发挥工会大学校作用、建设知识型、技能型、创新型职工队伍的有效途径。目前，创新工作室已经逐步形成了拥有一定数量、实现初步规模化并自成一套管理网络的良性发展格局，进一步促使其作用充分发挥和功能拓展延伸，需要各级党政部门、工会、企业立足于系统整体规划的视角，拓展工作思维，统筹协调各方面力量，切实把工作室建设推上规范化工作轨道。

（一）创新工作理念，形成组织合力

要把职工创新工作室建设融入企业中心工作，置于促进企业管理提升和

---

① 盛劲辉．发挥劳模创新工作室效应 推动企业科学健康发展［J］．中国职工教育，2015，000（6）：44–46.

② 马鸿源，等．关于新时代发挥好职工创新工作室作用的几点思考［J］．现代企业文化，2019（30）：106–107.

科技进步的大局中统筹考虑，形成党政支持、工会服务、部门指导、劳模挂帅、职工积极参与的工作格局，形成党政工团齐抓共管的良好局面。要强化制度层面顶层设计，统一规划、统一标准、统一部署，完善职工（劳模）创新工作室推进机制、评估机制和保障机制建设，促进创新工作室规范化、制度化、科学化发展。要发挥部门专业优势，加强对创新工作室的支持指导，不断提升建设质量和水平。要从资料设施、技术规范、展品制作、宣传策划等方面，强化统筹协调，落实各方责任，形成各部门职责清晰、齐抓共管、协同推进的建设合力。

要把创新工作室建设与劳动观倡导、群众性技术创新、“工人先锋号”、“红旗班组”创建、深化职工素质工程、和谐企业创建等活动相结合，以弘扬劳模精神、劳动精神、工匠精神、创新精神和奉献精神为重要遵循，拓展职工创新工作室的组织功能，实现资源统筹，形成组织合力。要加强创新工作室团队建设，对创新工作室实行动态管理，把创新工作室建设情况纳入工会工作对标，充分调动各单位敢于争先、力争上游、勇创一流的积极性①。工会应本着“搭建平台、服务职工、服务企业”的思路，积极与企业相关部门制订规划，明确创建目标，出台管理办法，建立奖罚机制，明确工作室经费渠道，推进工作室制度化、规范化和科学化运行②。

（二）加强队伍建设，培育创新意识

积极与上级工会及人力资源部门联系，采取“走出去”“引进来”的方式培养人才，进一步提高职工创新工作室队伍的综合素质。定期对本行业创新工作开展交流对标，同时，发挥国有企业的优势，积极与高等院校、科研院所合作，发挥各自特长，实现优势互补。开展联合创新工作，必要时探索引

① 王文桃．把握时代要求 推动创新发展 全面推进职工（劳模）创新工作室建设［J］．中国职工教育，2015（11）：14–17.

② 武朝国，等．创建职工技术创新工作室的路径探析［N］．工人日报，2014–6–10.

进高技能人才作为领军人物，定期进行创新指导，同时，可以探索领军人物专责负责机制①。工会应充分调动组织资源，从实际需要出发，通过搭建平台、开展培训等活动，切实提高创新工作室领衔人的管理能力和工作水平，带领创新工作室不断开创新局面。

在创新实践中锻造人才。充分发挥职工创新工作室中劳模和工匠人才在创新实践中的示范引领和骨干带头作用，将创新工作室建设与职工素质提升工作紧密结合，组织开展形式多样的科技攻关、技术交流、技能比武活动，让职工在创新实践中学知识、长技术、练技能，切实把创新工作室建成职工成长成才的“大课堂”和展示才干的“大舞台”。

充分发挥职工创新工作室的精神引领和文化营造功能。通过创新工作室建设，大力弘扬劳模精神、劳动精神、工匠精神，培育职工的主人翁意识和责任感，在平凡的岗位上勇于追求卓越，干出不平凡的业绩。要通过创新工作室建设，大力倡导创新文化，营造浓厚的职工创新氛围，让广大职工的创新思想内化于心、外化于行，在日常工作中用创造性劳动来实现自我突破、自我提升、自我超越，为企业和社会创造更大价值②。

（三）完善制度建设，健全运行机制

1. 管理制度

在职工创新工作室的人力、物力保障方面，赋予工会组织更多的资源，制定创新工作室的活动规范，形成从硬件建设到技术培训、从活动组织到成果转化应用及知识产权保障等一整套完备的制度流程，让工作室建设的合理需求统一纳入生产经营管理范围，实行统一计划、统一预算、统一部署、统筹管理，做到工作室专项资金专款专用，确保工作室实现参与人员、创新内

① 马鸿源，等. 关于新时代发挥好职工创新工作室作用的几点思考［J］. 现代企业文化，2019（30）：106-107.

② 田鹏颖，姜耀东. 劳模文化哲学论纲［M］. 北京：社会科学文献出版社，2018.

容、工作成果、活动资金四到位，使创新工作活动的正常有序推进拥有刚性保障。

实施“对标管理＋全过程管理”，不断加强创新过程控制，规范职工创新工作室创新项目管理，明确项目申报立项、成果评审、推广表彰等工作流程。各级工会要参与并配合专业部门按年度集中统筹项目申报，明确申报的课题、实施目标、主要步骤及效益预测，实现研究课题的科学立项，切实服务企业中心工作和重点任务。要跟踪研究进度，及时协调解决困难，为职工创新工作室工作开展提供充分保障，实现全过程、全周期管理。要尊重和保护创新工作室的智力成果，加强知识产权创造、运用、保护、管理，加强对科技创新活动和科技成果的法律保护，多渠道争取经费支持，促进创新成果的转化、推广和应用。

2. 激励制度

推动职工创新工作室工作成果与职工职级确认、职称评定、技能鉴定、晋职晋级、评先创优挂钩，打通职工成才进步的“第二通道”，积极营造尊重科学、崇尚技能、鼓励创新的良好氛围。建立与企业特点相适应的激励机制，将创新创效作为职工绩效考核、职级晋升、培训深造的重要依据。开展优秀宣讲活动，充分发挥好示范引领作用，形成创新工作“比学赶超”的良好氛围，带动更多职工参与创新活动。畅通职工创新工作室人员的职业晋升渠道，探索与经营管理、安全监督等多岗位的双向交流，激发年轻职工参与创新工作的热情。拓宽职工创新工作室研究成果参与表彰范围，将其纳入企业科技创新工程的大格局中。以创新成果及其转化效益、技能人才培养情况等内容，对“职工创新工作室”和负责人进行考核。择优评选出若干个优秀“职工创新工作室”，选树典型，发挥以点带面作用。积极建立起推动创新成果应用转化、定期表彰激励及实施有偿服务等配套政策，使创新工作室的活动成果拥有真正的价值归宿，职工的创新热情得到有效保护和调动。

3. 活动机制

发挥职工创新工作室的载体作用，组织并且开展劳动竞赛、技能比赛、评优评奖等活动，最大限度地发挥工作室的辐射带动效应，调动并激发广大职工群众的创造性和积极性。通过策划组织开展创新赛、带徒赛、优质课程赛等活动，组织职工创新工作室成员全员参赛，引导职工广泛参与，切实调动高技能人才的工作热情。不定期开展岗位练兵活动，组织高技能人才流动课堂到班组、到一线实地辅导，将工作室创新引导紧紧与生产难点相联系，开展群众性技术攻关创新活动，切实解决日常生产难题，促进企业技术不断升级进步。定期举办技术成果展、创新成果评比等活动，开展优秀成果、优秀工作室和优秀组织单位评选，以名师高徒、创新能手、优秀技师等命名，营造浓厚的创新氛围，从精神奖励和物质奖励两方面激发广大职工的创新热情，为企业发展贡献才智。积极推动创新成果由个体向团队、由单一向联合的提升，更好地发挥职工创新工作室的力量。

4. 对外交流

融合内部资源，借助外部资源，探索职工创新工作室间的互通联络机制。要把创新工作室与企业可持续发展、企业技术难点重点、项目攻关新课题研究融合起来；搭建各类创新工作室联络平台，促进工作室的成果展示、共享和交流学习；可借助各类网络展示平台，利用各级各类微信宣传平台，举办成果展示等线上线下活动，积极推动优秀创新工作室之间交流学习活动；对好的工作室管理创新经验进行推广学习，形成一种对标学习的好氛围。积极探索创新工作室与相应的科研机构、高校的合作模式，借用更优质的资源，搭建更高的平台，缩短创新周期，促进创新成果转化[①]。探索建立跨区域、跨行业、跨企业的职工创新工作室联盟。

① 刁湘俊 . 国企职工创新工作室延续性管理机制研究——以中交二航四公司创新工作室为例［J］. 企业改革与管理，2020（10）：10-11.

（四）加快成果转化，打造品牌效应

建立健全创新工作室创新成果转化机制。推进创新成果转化的制度建设，调动企业资源配备专项资金，设立创新成果转化常设机构，组建专家咨询委员会和专业技术委员会，为创新工作室提供政策、技术等方面的专业咨询服务。调动企业内外部资源，提升成果转化效率。充分利用网络平台的宣传和推介功能，及时发布和展示创新成果，加强技术交流，推动创新成果在本产业、本地区乃至更大范围应用。组织开展创新成果鉴定、成果展示、成果评选工作，举办技术推广、经验交流等活动，积极向政府相关部门推荐优秀创新成果，促进创新项目孵化和成果转化。

注重发掘亮点、培育典型，大力宣传职工创新工作室的先进经验和实际成效，把创新工作室打造成为新时期劳模工作和职工创新工作的重要品牌。充分利用互联网技术并结合工会资源，宣传高技能人才和劳模风采，提高职工创新工作室的社会认同度。运用现场会、观摩会、学习交流会等方式，及时总结、推广创建创新工作室的经验和做法，形成推进创新工作室不断深化发展的良好氛围。运用微博、微信、移动客户端等新媒体技术，开展互动式宣传，扩大创新工作室的社会影响力，激励广大职工积极投身经济建设活动，为建设创新型国家贡献才干。

第七章

现代师徒制和产业工人技能的传承与发展

在中国古代工匠的培养中，师徒制一直是主要方式。但进入工业化生产后，传承自家庭作坊的师徒制无法适应现代企业社会化大生产需要，难以做出行之有效的变革，逐步走向式微；但与之相对比的是，西方的“现代师徒制”理论持续发展，并被越来越多的企业所应用，成为技能型人才培养的一种重要方式。因此，探索出一条适合我国国情的现代师徒制道路，就显得尤为重要。①

一、我国古代的师徒制

师徒制，也可以称为学徒制、艺徒制等，是在职业活动中，学徒通过师傅的言传身教，习得职业技能的教育方式。②师徒制在我国的历史悠长，春秋战国期间，孔夫子有教无类，鲁班收徒传艺的故事广为流传；到了封建时期，师徒制更是遍及手工业。③

（一）师徒关系的文化内涵

早期的师徒关系就如父子，长期以来在儒家思想指导下构成的君君臣臣父父子子的纲常伦理，使得封建家长在家族中拥有极大权威。因而学徒在心理上对师傅有着强烈的依赖心理，又敬又怕。④

传统师徒关系的形成要经过择徒及拜师仪式两道程序。拜师除了营造一

① 陈敦波．现代师徒制培养模式在中职学校的运用与发展研究［D］．福建师范大学，2017.

② 李政，苗岩伟．我国职业教育现代师徒制的发展策略——基于现代师徒制百年变革的经验与启示［J］．职教论坛，2016（31）：10-16.

③ 孙章丽．当前我国企业师徒制管理问题研究［D］．首都经济贸易大学，2010.

④ 王巾轩．师徒制下的武术文化传承［D］．北京体育大学，2012.

种郑重感，也是为了正式确立双方在这段关系中应尽的责任和义务。在不同的行业，师徒双方应尽的责任和义务都有各自的行规或社会伦理道德加以规范，例如，不准学徒在拜师学艺过程中另投山门，否则将会受到行业内所有人的唾弃谴责。在行完拜师礼、正式确定师徒关系后，师傅便要对徒弟负责，对弟子进行教导①。

（一）我国师徒制的发展演变

1. 传统师徒制的传承途径

谈及我国的师徒制，必然涉及手工业的传承。西周时期，官府创建手工业制度用于治理工匠群体。商朝的工匠职业同家族捆绑，世代相传，匠人的子嗣还是匠人身份，不能变更。为了防止工匠手艺的丢失，也为了更好地发展制造技术，官府强制要求工匠向学徒教授技艺，并设立考核制度，定期考核。伴随着工匠制度的发展，从秦汉到近代，中国传统手工艺的传承逐渐演变为官家工匠和民间工匠两种路径。

这一时期师徒传承的主要功能是“学徒谋生”和“培养手工艺技术人才”。在封建匠籍制度的社会背景下，无论是官府还是民间师徒传承制都具有封闭性和排他性的特点。

官府工匠的师徒制依照于匠籍制度，具备严厉的培训流程、监管惩罚制度，并且官籍工匠只能为统治阶层服务。而民间工匠的师徒传承则与浓厚的血缘、地缘、业缘等强大的社会关系网络联系在一起，带有浓厚的封建家长制色彩，古人常说的“一日为师终身为父”就透露出了这个道理。

民间手工艺传承的主要形式是家族血缘关系，师徒父子的道德伦理纲常要高于经济利益。一方面，学徒在某种意义上充当了师傅的廉价劳动力，学艺期间没有报酬，除了需要遵守师傅的规矩学习技能外，还要承担各种杂务；

① 传统师徒制都长什么样？该如何迭代和变迁？澎湃新闻，2016-9-7.

另一方面，师傅只有在认可学徒的品行后，才会传授学徒真正的技艺，并承担伦理道德教育教学。[①]

2. 雇佣性学徒的兴起

明末清初，匠籍制度被逐步废弃，资本主义萌芽产生，工匠获得人身自由权。随着商品经济的发展，官府手工业也开始通过雇佣民间工匠获取技能支持，在一定程度上推动了当时官府与民间工匠的师徒制度走向融合，民间手工业、技能人才队伍不断发展壮大。

这一时期，传统手工艺家庭作坊孕育了大量的“雇佣性学徒”。这些家庭作坊通过雇佣学徒获得一定的劳动力支持，提高作坊的生产率，而被雇佣的学徒可以从这些作坊中通过简单的技能培训后获得一定的谋生技能及少量劳动报酬。这种雇佣模式打破了以往工匠技能传承中的血缘关系和封闭性，“为业主谋利”“学徒劳动商业化”取代以往师徒传承中的“学徒谋生”和“培养手工艺技术人才”功能。相关的商业行会组织应运而生，开始对雇佣学徒这个新兴群体进行规范管理，同时，还对技艺的传承等做出了明文规定，一定程度上平衡了当时手工业师徒制与社会劳动力商品化之间的冲突，维持了师徒制发展的相对稳定性。

3.“校企一体化”的师徒培养模式

清末民初，民营手工业的兴起伴随着官营手工业的衰落。鸦片战争过后，当时先进的西方资本主义与工业技术涌入中国，一大批传统手工艺作坊宣告破产，大批手工业者沦为流民。晚清政府为求自救，发起洋务运动，建立了以工艺局为主体的洋务企业“校企一体化”师徒培养模式。这种模式初步建立了技能等级晋升制度，鼓励师徒间技能的传承与发展，进一步打破传统师徒制的封闭性与排外性。这时的师徒制开始向工业化发展，开始向社会招募工匠，进行技能的传授，帮扶济贫大批落难手工业者。[②]

---

① 彭南生. 行会制度的近代命运［M］. 北京：人民出版社，2003.

② 同上。

这一时期大批手工业雇佣学徒群体作为廉价劳动力涌入市场，但因其技能水平的低下无法满足手工业市场对高技艺的要求，导致手工业产品质量的滑落，进而导致手工业的衰败。当时的师徒制度已不能适应社会经济的发展状况，再加上盛行的逐利资本主义，迫使政府在1930年对师徒制度进行现代化改革。《工商同业工会法》和《工厂法》的颁布，保护了大批工匠师傅和学徒，在一定程度上避免了资本主义市场竞争对师徒制度的腐蚀。然而，当前形势的动荡迫使转型过程中断，转型效果大大降低[①]。

4.“产、学、研”一体的师徒制培养机制

新中国成立后，中国手工业集体所有制企业的建立使劳动力市场不复存在。终身雇佣和职级匹配雇佣为具有“国家工人”身份的职工师徒群体提供了劳动保障制度，平等的同事关系取代了传统师徒制度中的宗族伦理依附关系。在国家政策的引导和支持下，师徒之间的技能传承呈现出前所未有的多元化形式，“产、学、研”一体的师徒制培养机制为国家培养大批技能型人才提供了有力保障。[②]

（三）师徒制包含的思想内涵

1.“父子相传，师徒相授”的技艺传承方式

中国古代工匠技能教育采取了“父子相传，师徒相授”的传承模式，传授徒弟技能，指导徒弟实践，培养了一大批技艺精湛的工匠，为社会经济的发展作出了巨大贡献。

尽管古代工匠的技艺教育并没有相应的教学机构和完备的教育制度，师徒制的技艺传承模式也远远不及正统儒学的教育地位。但以生产实践为主的工匠技艺教育产生的许多优秀教育思想和方法仍然贯穿了整条历史长河，为

① 王星.技能形成的社会构建——中国现代师徒制变迁历程的社会学分析［M］.北京：社会科学文献出版社，2014.

② 杨红英，潘俊.论传统手工艺用人单位师徒传承［J］.经济与管理，2020，34（1）：77-85.

现今的师徒制发展道路留下了许多宝贵的经验。

2.“信而好古”的职业道德教育传统

“信而好古”出自《论语·述而》：“述而不作，信而好古。”“信而好古”教育思想在先秦工匠技艺教育中主要体现在崇尚经典、循规蹈矩方面。“所有器物包括形状、图案、颜色、材质等，都有详细的样式规定。”

工匠技艺教育崇尚经典、以经典为法则的思想贯穿整个古代工匠技艺发展史，笃信只有“古”的，才是最好的，才是值得借鉴和学习的。人的成长进步，人的涵养修炼，都必须遵守传统、学习经典，这是不容置喙的社会法则。几千年来，“信而好古”作为一种传统思维影响了一代又一代的工匠，为封建社会孕育出大批人才。

从辩证的角度看，以学习古人之迹或名人之迹作为工匠快速入门的有效学习路径，在工匠技艺学习的初期产生了极大的作用，出现过吴家样、曹家样等师承名家风采的佳话。但同时也产生了很大弊端，这样一味模仿先人的作品和方法也容易使学徒的思想僵化，从而打击学徒的工艺创新能力。①

3. 尊师重道的道德伦理

古代工匠技艺教育过程中，对于礼仪典章的遵循还表现为对教育者态度的认识，即对“师道尊严”的维护。

《荀子·修身》曰：“礼者，所以正身也。师者，所以正礼也。无礼，何以正身？无师，吾安知礼之为是也？”《荀子·大略》云：“国将兴，必贵师而重傅。贵师而重傅，则法度存。国将衰，必贱师而轻傅。贱师而轻傅，则人有快。人有快，则法度坏。”

中国漫长的传统教育历史形成了一整套完整的“师道尊严”法度，无论哪行哪业，教育的基本前提都是维护“师道尊严”。在工匠师徒制技艺教育中，师傅对学徒拥有绝对的支配地位，由于“师道尊严”的思想束缚，学徒

---

① 李永林. 中国古代美术教育史纲［M］. 广西：广西美术出版社，2002.

只能在师傅划定的范围内进行技艺的学习，不能违背师傅的意愿，否则便是离经叛道。[①]

二、师徒制对产业工人职业技能提升的意义

为贯彻落实党的十九大精神，加快建设知识型、技能型、创新型劳动者大军，我国在系统总结试点经验、充分吸收国内外先进经验的基础上，正式做出在全国范围内实施新型学徒制的重大决策。

2018 年 10 月，人力资源和社会保障部、财政部共同印发了《关于全面推行用人单位新型学徒制的意见》（人社部发〔2018〕66 号，以下简称《意见》）。全面实施新型学徒制的核心是调动用人单位培养技能型人才的积极性，让用人单位真正成为技能人才培养的主体，意见的出台也重新确立了师徒制模式在培养技能人才方面的重要地位。

无论是在封建社会还是在现代社会，师徒制度蓬勃生机的根源在于高水平技能的专业性和稀缺性，以及技能学习和传承的难度。

（一）传承师傅的隐性知识

除了培养专业技能外，师徒关系的重要意义更在于共享和传递师傅的隐性知识。徒弟真正需要学习的是师傅多年经验积累的那部分知识，即根植于人的主观感受、工作体验或日常活动中，难以用文字、语言或数学公式准确表达的部分知识。[②]经过研究表明，在实际师徒制中，师傅主要通过口手相传的方式教导学徒在工作实践中学习技能，传授一些师傅本人的工作诀窍以及工作经验等。

在知识转移过程中，现代师徒制知识共享能够提升学徒的综合素质，帮

① 谢祝清 . 古代工匠技艺教育特色评析［J］. 四川民族学院学报，2013，22（1）：96-100.

② 顾勤 . 师徒制下的隐性知识共享［D］. 中国科学技术大学，2008.

助师傅进行专业知识的重新整理，进而提升自身的能力，促进自我价值的实现；从群体和组织层面看，师徒制可以为组织带来合作创新，促进产业工人形成集体认知，融入用人单位之中①，知识共享能够有效整合零散的经验知识，促进产业工人群体专业技能知识的创新，提升产业工人的工作绩效，传播用人单位的组织文化等。

（二）对学徒的职业生涯产生正向影响

佩恩和霍夫曼（Payne & Huffman）、菲尼和波兹曼（Feeney & Bozeman）、易贝（Eby）等的研究指出，通过与师傅的互动，学徒可以在相关工作中获得建议和帮助，从而获得更多的工作信息和专业资源，丰富自身的工作经验，并养成良好的专业思维模式，以便在将来的工作和学习中能够独立思考，解决遇到的难题。

恩塞尔（Ensher）等学者认为，现代师徒制中的信息传递过程包括了工作与非工作的内容。师傅对徒弟的积极影响主要体现在以下几个方面：徒弟通过师徒制度建立个人信息获取渠道，获得优质的信息资源和薪酬，以提高其专业素质和能力，从而实现自身工作上的成功。

（三）有利于促进师傅进取

基于社会交换理论中的“互惠”原则，师徒制不仅有利于学徒职业生涯的发展，也是促进师傅进步的双赢干预措施。

师徒制中，学徒向师傅输送新的价值观念和信息，督促师傅提高技能，增强合作能力；合作过程中的信息沟通可以使师傅受到启发，克服工作瓶颈，尤其是获得教导出一名优秀的学徒所带来的成就感、荣誉感和组织认同感。可以看出，师徒之间的交流和互惠是显而易见的，知识、信息、资源、

---

① 孙玺，李南，付信夺 . 现代师徒制知识共享与转移的有效性评价［J］. 情报理论与实践，2013（7）：76-80.

关系和情感的交流共同促进了师徒的双赢。[①]

延伸阅读 7–1 ：师徒大会打造现代师徒制品牌

“今以巍巍鼓山为证，我们要争当知识型、技能型、创新型劳动者，致力创新创业创造，彰显新时代福州工匠新风采……”在福州市总工会近日举办的 2019 年师徒大会上，千名工人师徒集体诵读拜师帖、行拜师礼，庄严的拜师词在福州工人文化宫广场久久回荡。

近年来，福州市总工会坚持以举办师徒大会为示范，每年推动千名职工集体拜师；坚持以制造业、高新技术产业为重点，辐射带动基层工会开展集体拜师活动。2015 年以来，市总以“名师带高徒”活动为载体，在纺织化纤、电子信息、海洋工程装备等助推福州高质量发展的新兴产业进行试点，不预设固定模式，不限制单一形式，不要求统一标准，推动“现代师徒制”走进基层，全市各级工会累计推动 6 万名职工结成师徒，形成可复制、可推广的示范性品牌。

现代师徒制助推产业工人技能水平提升，激发企业创新发展活力。在大北农生物技术有限公司，师徒结对时间为 3 年，师徒关系确定后必须签订协议，师徒制的考核结果与职工收入及职务晋升挂钩……企业工会主席黄建风表示，实施师徒制以来，职工的技能提升有了坚实的制度保障，企业创造了每年近 5000 万元的销售纪录。

现代师徒制下，先进模范典型的示范引领作用更加凸显。在闽清县上莲乡后佳卫生院，以林丽钦名字命名的劳模工作室迎来了新成员。“乡村医生的工作确实很艰苦，师傅在深山坚守了 26 年，用行动教会我劳模精神的含义。”徒弟陈家镠说。

福州市委常委、市总工会主席陈晔表示：我们要续写有福之州、幸福之

---

① 张宗辉 . 全面推行新型学徒制 让用人单位真正成为技能人才培养主体［J］. 中国培训，2019（1）：10–11.

城血脉相传的光荣和梦想，不断丰富现代师徒制的内涵，将劳模精神、劳动精神和工匠精神传承下去，激励引导更多的职工师徒和劳动者，共同为推动创新、创业、创造辛勤工作，为高质量发展落实赶超奋斗打拼。[①]（记者：于灵歌　通讯员：李润钊）

三、现代师徒制的现状

现代师徒制可界定为以市场需求和技术发展为导向的，拥有知识、经验的用人单位方和校方作为职业教育的资深者对资浅者即学徒的双元培育，学徒以双重身份加入传道授业过程中的人才培养制度。[②]在实践过程中主要以口传手授作为职业技能的教授方法，最大的特点是在工作中进行工作经验的知识共享，在干中学，在学中干。

2015 年以来，全国 22 个省（区、市）开展了新型学徒制试点工作，给予承担带徒任务的师傅发放带徒津贴。学徒在师徒制的学习培训期间，用人单位必须根据学徒的实际工作贡献，支付不低于当地最低工资的学徒基本工资。目前，全国有近百家用人单位开展了用人单位新型学徒制培训，惠及近万名职工。

（一）现代师徒制的诞生及发展

现代师徒制的雏形是欧洲一些国家提出的“现代师徒制”计划，最初的目的是帮助毕业生能够更加顺利地从学生身份过渡到社会工作当中。计划随着工业和贸易行会的出现而逐步发展壮大，也随着行会的没落而瓦解。第二次世界大战后，世界各国百废待兴，经济的恢复与发展离不开大量的技能人

① 福州：师徒大会打造现代师徒制品牌，工人日报，2019-5-4。

② 陈敦波．现代师徒制培养模式在中职学校的运用与发展研究［D］．福建师范大学，2017.

才，师徒制再一次被各国所重新启用。

迄今为止，德国、瑞士、澳大利亚等国家已经形成了符合其本国国情且成熟完善的现代师徒制。其中，以德国师徒制模式最为典型，也是我们国内学者最提倡引入的模式。德国的现代师徒制被称为“双元制”，指用人单位与学校两个主体，该制度结合了理论和实践，并辅以专门的职业培训制度。其特点主要是在学校和用人单位两个场所实施教育，用人单位在教育中占据主导地位，且学徒在这两个场所的侧重点有所不同。①

目前西方各大用人单位都已将师徒制用于自身产业工人技能的培训与开发，并且取得了显著的成效。② 根据美国迈阿密大学管理学教授的调查显示：71% 的世界 500 强公司都拥有用人单位导师计划。③

我国的企业，如华为、国美电器、智联招聘、中国华西企业有限公司和移动通信公司等一些大型企业，除了运用这种制度之外，还结合自身企业特征创新出多种实施形式。④

我国高等职业院校以多元合作为重点，大力推进现代学徒制试点，成效显著，为社会培养了一大批优秀的技术人才。成功入选为教育部第二批现代师徒制试点单位的咸阳职业技术学院，以“学徒对接岗位、学校对接企业、教育对接产业”为核心，试行校企共建共享实习培训场所和实习岗位，逐步形成以政府、学校和企业为三大主体，优势互补、创新共赢的现代师徒制，为促进地方经济发展提供强有力的技术人才支撑。⑤

---

① 佟连发，王志权．现代师徒制与中国法学教育改革［J］．社会科学家，2014（1）．

② 张正堂．现代师徒制研究探析［J］．外国经济与管理，2008，5（30）：35-41.

③ Scandura，T.A. Mentoring and Career Mobility: An Empirical Investigation［J］. Journal of Organizational Behavior，1992，13: 169-174.

④ 孙章丽．当前我国企业师徒制管理问题研究［D］．首都经济贸易大学，2010.

⑤ 李锁牢，边宝丽，等．依托行业产业，深耕校企合作，创新现代师徒制培养——咸阳职业技术学院现代学徒制探索与实践［J］．教育现代化，2019，6（71）：17-21，32.

（二）现代师徒制中的角色定位和相互关系

1. 师徒制是用人单位的一种技能人才培训方式

师徒关系可以是一对一、一对多，甚至是多对多，师徒进行组合的形式被称作指导组或师徒对（Group Mentoring）。在师徒制中，师傅的专业知识和社会阅历比较成熟，而学徒一般为新入职或者刚刚接触新岗位的产业工人，在这些方面有所欠缺，需要师傅在实际工作当中为学徒传授专业知识与实际操作经验。师徒制下的知识共享与转移也会随着师徒互动群体规模的扩大而不断地扩散，群体层面的师徒制知识共享与转移更加强调师徒之间的协作。①

2. 师傅在师徒制中起引导者的作用

为阐明企业师徒制的有效性，我们借用社会认同理论中角色模范（role modeling）功能维度研究视角来进行论述。角色模范在师徒制中是指师傅作为学徒的引路人，其对待工作的态度、日常的工作行为与人际关系的处理方式都会深刻影响到学徒未来的发展。②

克拉姆（1983）将师傅在师徒关系中的角色划分成九种定位。③而这九种定位划分大致可以概括成以任务为导向和以关系为导向两类。在这两个分类中，任务导向型导师注重引导学徒更好地完成工作任务，提升自己的工作能力；而关系导向型导师更注重帮助学徒融入工作环境，增强学徒对组织的向心力、凝聚力，从而提高组织的绩效。④第一，师傅可以帮助学徒理解和适应组织的工作环境和等级制度，特别是在一些非正式组织中，师傅可以帮助

---

① 张喜征，单汨源，傅荣．基于“师—徒”结对工作模式的虚拟项目团队知识整合研究［J］．科技管理研究，2006（2）：138–139.

② Scandura，T.A. Mentoring and Career Mobility: An Empirical Investigation［J］. Journal of Organizational Behavior，1992，13: 169–174.

③ Kramke. Phases of The Mentor Relationship［J］. Academy of Management Journal，1983，26（4）：608–625.

④ 杨英，龙立荣．西方指导关系的理论概述［J］．心理科学进展，2006（3）：450–455.

学徒融入非正式群体，提高新学徒的忠诚度，降低离职率，[①] 进而更好达成个人职业上的成功；第二，在用人单位经历重大变革后，师徒制可以帮助学徒进行角色调整，减轻学徒的工作压力，应对冲突和变化。

现代师徒制中师傅的角色定位

分类	角色定位
以任务为导向	赞助（sponsorship）
	展露和体现（exposure&visibility）
	教导（coaching）
	保护（protection）
	挑战性工作（challenging assignments）
以关系为导向	角色榜样（role model）
	接纳和认可（acceptance&confirmation）
	咨询（counseling）
	友谊（friendship）

延伸阅读 7-2 ：师徒制传承的核心：技艺与职业道德

徒弟跟着师傅能学到什么？记者采访了各行各业的许多对师徒，他们的表述各自不同，但最核心的内容却是相通的：师徒之间最浅层的是技艺的传授，而最根本的在于职业道德、人品的教导。

出师 10 多年，第十人民医院的护士长李宏最难忘的就是师傅对病人的善。那时候，呼吸科里“老慢支”的病人多，许多病人属于反复住院的老病号，但李宏的师傅总是周到地照顾每位病人，吸痰喂药，再脏再累的活都不厌其烦。“我的师傅从来没有什么豪言壮语，但那种以身作则的教导更让人记忆深刻。”自己开始安排进修生跟师傅后，李宏也一直和他们强调：“要学到师傅工作的‘魂’。”

① 张正堂．现代师徒制研究探析［J］．外国经济与管理，2008（5）：35-41.

在李宏看来，个别民营医院爆出的负面新闻，缺失了对价值观的坚守是最大原因。李宏提到现在大规模的入职培训、职业教育模式中，泛泛而谈或是一带而过的职业道德往往并不能像师徒制那样触及一个人的灵魂。

拜师学艺，对许多人而言最直接的目的就是学到一门手艺。1982 年出生的颜少华曾经是徒弟现在也成了老师，体验过两种身份的转换，谈起师徒的问题，颜少华自然更有感触。“小年轻刚进单位的时候，之前学校里学的只能说是打基础，要有针对性的提高，有师傅带着就好比坐上快车。”颜少华目前主攻小口径管路的焊接，这项技能对精度的要求较高。

而职业教育模式下培养出来的年轻人，在这样高技能的要求下，局限性显露无遗。颜少华有 4 个徒弟，有刚进厂不久的年轻人，也有转岗过来的前辈。“焊接的基本知识 4 位徒弟都掌握，有的技术还相当熟练，但是到具体领域，技巧和知识储备就不够了。”颜少华打了个比方，就好比是刚毕业的大学生，知识面广而不精，要在专业领域做出成绩成为专家，有了师傅的指点往往事半功倍。

（三）现代师徒制与传统师徒制的异同

1. 关系模式

无论是传统师徒制还是现代师徒制，都是将专业技能水平较高的人与专业技能水平较低甚至没有专业技能的人员相互匹配。

但是传统师徒制局限于个人层面，其社会关系的重要性被默认为仅次于直系亲属关系。师傅具有绝对的权威，对学徒具有较大的支配权，且师徒关系具有专一性，无特殊情况，每个学徒只接受一个师傅的教诲。

现代师徒制属于组织层面的人才培养制度，是师徒双向选择的结果，存在一对一、一对多甚至是多对多的配对形式。此外，师徒之间存在着平等的契约关系，师徒之间的权利与义务都有明确的规定。[①]

2. **学习方式**

传统师徒制与现代师徒制在学习形式上主要是师傅的“传帮带”和学徒的“干中学”，教学干相长。但是前者的教学技能内容单一，缺乏理论知识的探讨，师傅在整个技能传授过程中更多的是起着示范、引导的作用，俗话说的“师傅领进门，修行靠个人”就是传统师徒制的真实写照。

而现代师徒制由组织制度加以规范，除了保留传统师徒制的一些特点，还借鉴了现代高等教育的教学培养思路。师傅除了要传播隐性知识，教授学徒相关书本知识、技能经验以及工作准则，还需辅以显性知识，宣传用人单位的组织文化和价值观。另外，现代师徒制多以团队学习的形式存在，强调的是师徒之间的协同合作。

3. **时间周期**

传统师徒制的学习时间一般比较长，学徒需要跟随师傅从零开始学习技艺，直至最终得到师傅的认可才能出师；而现代师徒制的学习时长较短，一般为六个月到一年。[②]

4. **实施目标**

传统师徒制与现代师徒制最终都需要学徒熟练掌握技能经验，传统师徒制以技艺的传承为主，辅之以发扬光大该门技艺；而现代师徒制的最终目标直接是用于支持用人单位的组织战略目标。主要包括宣传用人单位的组织文化、降低用人单位离职率、培养和选拔后备管理人才、提高用人单位的核心竞争力、扩大用人单位人力资源储备、提高产业工人的技能创新能力、实现专业知识价值的有效应用、促进隐性知识和显性知识的转化等目标。[③]

---

① 王少娟 . MACH 公司销售系统新员工师傅制培训模式研究［D］. 华东理工大学，2011.

② 张正堂 . 现代师徒制研究探析［J］. 外国经济与管理，2008，5（30）：35-41.

③ 孙玺 . 现代师徒制知识共享与转移的有效性评价［D］. 南京航空航天大学，2013.

（四）现代师徒制出现的问题

虽然现代师徒制的实施无论是给个人还是给用人单位都能带来很大的利益，但是在中国用人单位中还面临很多困境，主要有以下几点：

1. 师傅的能力有限

首先，除了主观能动性之外，如果师傅客观能力不足也会影响师徒制的实施效果，如师傅自身的专业技能和工作经验没有达到较高水平，或者在一些知识更新迭代速度较快的行业，师傅所拥有的知识体系时效性较短，容易跟不上技术发展的步伐，从而无法为学徒提供行业最前沿的指导。其次，即使师傅拥有较好的专业技能和工作经验，但是由于自身不善于沟通交流，指导水平较低，从而影响学徒吸收知识。最后，师傅如果缺乏与学徒建立良好人际关系的能力，也会影响师徒制的施行效果。

2. 易形成非正式组织

由于在用人单位中师傅与学徒共处一个部门，在工作和日常生活中互动频繁，容易形成非正式组织，给组织的管理增加负担，处理不当还会对组织造成一定的负面影响等。同时，亲近的师徒关系也会将师徒双方捆绑在一起，造成师徒双方共进退的现象，或直接或间接导致用人单位流失人才。

3. 师徒双方易产生依赖思想

学徒对师傅的依赖性体现在遇到问题时先向师傅求助，这种行为会限制学徒的独立性，不利于学徒的职业发展；而师傅对学徒的依赖性在于当学徒获得师傅的认可后，师傅会打着教学的名义将本该属于自己的工作交给学徒协助完成，减轻自己的工作量。这两种依赖行为严重地损害了用人单位整体工作效率，长此以往将在一定程度上限制用人单位的发展。

4. 用人单位对师徒制缺乏重视

师徒制顺利实施离不开用人单位高层领导者的重视及组织文化的支持。但目前我国用人单位中高层管理者仍对师徒制缺乏一个系统全面的认识，并没有意识到师徒制在培养技能人才方面的重要性。

有的用人单位在实施师徒制之前，既没有针对自身组织实际情况进行全面的调研分析，也没有按师徒双方的知识结构、特长和职业生涯规划等进行配对，所造成的后果就是师徒指导关系紧张甚至破裂，负向影响组织的生产发展。

在师徒制的实施过程中，用人单位也缺乏配套的完善制度。教导学徒会占用师傅的个人时间，且如果自己并没有在参与中获得满意的酬劳或相应的能力方面的提升，为了防止“教出徒弟饿死师傅”的现象发生，许多师傅会在教学徒时不尽力，出现“留一手”或“知识共享敌意”的现象。

但这也从另一个方面说明了应用现代师徒制的出色作用，因此，应充分发挥积极效应，克服消极影响。

5. 用人单位评价机制不够完善

师徒制的实施效果如何，可以通过评价机制来判断。但根据调查发现，一些用人单位并没有针对师徒制建立一个完整的追踪反馈评估机制。即使有一定的评估，也只是反馈给高层管理者看，而没有反馈给师徒群体。①

延伸阅读 7–3 ：师徒制遇冷，年轻人还要拜师吗？

《百鸟朝凤》中，徒弟游天鸣第一次接到演出，买来烟叶、白酒孝敬师傅焦三爷，师傅喝得满脸通红，兴奋地吹唢呐吹到一头醉倒。如今，现实情况远没有电影里的好。

从业 20 年，收过的徒弟不下 10 人，如今还在营业员岗位上坚持的只剩下一个人。市劳模庞丽影谈起自己收徒的经历，难免有些唏嘘：“当初我从转正开始，自己摸索积累才渐渐有所领悟，现在的学生一毕业就能有人带着手把手教，很多人还是坚持不下来。”当初自己最中意的徒弟要走，庞丽影也曾经试过挽留：“别的单位职业发展更好，工作也没那么辛苦，人自然就走了，

---

① 孙玺 . 企业师徒制知识共享与转移的有效性评价［D］. 南京航空航天大学，2013.

留不住的。”

一边是徒弟难留，另一边却是师傅难寻。在商业银行里负责贷款业务的王雯回忆起自己有师傅带教的日子，还不到一个月。“入职培训之后我就被指派了带教的师傅，当时她已经在办调动手续，教我的东西也是遇到什么教什么，收获很少很少。”王雯说看着别的支行的同事有师傅带着，她心里其实很羡慕，“业务不熟练，轻则被投诉，重则被辞退。好的师傅不仅可以用自己的实际经验告诉你最优化的步骤节约时间，还可以在你犯错之后力挽狂澜，对我来说，师傅是定心丸，有她在特别踏实”。

生产型企业本该是坚守师徒制最后的“堡垒”，如今“堡垒”也摇摇欲坠。徐满红是上海华迅汽车配件有限公司的技术主管，他从业 13 年，从小工升到了技术主管，民企的运营管理方式他可以说是“门儿清”，但师徒带教对他来说却有点陌生。“加工型企业最重视的是产量和次品率，对于技术传承不怎么上心。”徐满红说自己当初也是靠自学和各种技能培训打下的基础，拜师学艺这种事情并没有经历过，“现在企业遇到了技术瓶颈，要么是开高价挖人要不就是交给技术团队解决，对于一线工人的要求就是能熟练操作机器”。

四、现代师徒制的发展建议

现代师徒制度的每一次发展和变化都离不开师傅、学徒、企业、政府、行业等利益相关者，也涉及第三方监督主体、成本分担机制、技能传承模式、工作学习场所和任务、监督、评价与反馈体系建设等方面。这些方面的共同目标在于寻求构建现代师徒制的制度基础和运行规范，最终通过内部机制运行和制度匹配，实现现代师徒制度在各个时期的应用和发展。[①]

---

① 李政，苗岩伟. 我国职业教育现代师徒制的发展策略——基于工厂师徒制百年变革的经验与启示［J］. 职教论坛，2016（31）：10–16.

（一）建立企业、师傅与学徒间的可信承诺

市场经济的属性决定了其为资本服务的本质，不能很好地建立企业、师傅与学徒三者之间的信用协作，维护师徒群体的合理利益。所以，我们提倡通过国家政策明确各方主体的权利与义务，维护各方主体利益，调动师徒群体的技能传承积极性，提高学徒制的实施效果。

据此，政府要以提升师徒之间技能传授质量为目的，并为现代师徒制的长效运行提供动力支持。例如，根据学校和企业所实行师徒制的质量，对教师和企业给予一定的奖励，同时鼓励学徒自觉提高自身技能水平，丰富自身技能储量，避免模板化培养，建构企业内部工资等级制度等。

（二）加强现代师徒制制度体系建设

现代师徒制是由一系列制度组成的制度群，这个制度群里应该包含相应的人事制度、财政制度、管理制度等，最终形成一个完整的师徒制行动框架制度体系。这个制度体系的关键在于建立起科学有效的激励机制，激励师傅群体将他们投入时间、经济成本而积累的隐性知识主动分享给学徒。①

制度体系的构建需要注意以下几个要点：

一是学徒管理制度。学徒管理制度要明晰学徒在师徒制当中的权利与义务，明确学徒的身份定位、门槛要求等，防止学徒被用人单位当作廉价劳动力使用的现象出现。

二是师徒评价制度。师徒评价制度的核心是衡量师徒制实施效果的评价标准。关键在于评价标准的制定与实施过程中的监督机制，以确保师徒制的各方主体得到实时监控。

三是资金管理制度。管理制度的完善与否，直接决定着现代师徒制度的

---

① 张力国．师徒制下的隐性知识转移激励机制研究［D］．山东大学，2009.

实施效果。如何科学、有效地管理师徒制实施过程中所涉及的资金，严格防止资金的不合理配置甚至非法使用，是一个经久不衰的课题。

四是师傅技能传承激励制度。也就是上文所提到的如何激励师傅与学徒共享自己的隐性知识，现代师徒制的实施效果直接与激励评价制度相联系。

（三）注重师徒制层次的提升与工作场所学习的价值

改革开放后师徒制衰落的一个重要原因在于师徒制的教学水平和学徒的职业素质不能满足现代产业发展的需要。只有让产业工人的技术水平与现代生产技术的发展水平相适应，现代师徒制度才能成为培养现代产业工人、积累技术技能的主要途径。

目前，中国已经建成了世界上最大的职业教育体系，但仍不能满足产业结构转型升级在高技能人才需求方面的缺口。现代师徒制度应从制度设计层面入手，提高技能型人才的培养质量和专业针对性。既要培养基础生产领域的人才，也要培养高端技能人才，探索职场学习的特点和规律，充分发挥用人单位在技能传承和共享方面的独特作用。

（四）建立以工会为主体的第三方监督机制

第三方监督是对法律法规的补充。在探索和实施现代师徒制的初始阶段，制度建设存在的诸多缺陷和不足为第三方监督机制提供了市场和舞台。在中国，工会可以成为一个理想的第三方监督者。

但在 2018 年 10 月 12 日发布的《关于全面推行用人单位新型学徒制的意见》中，工会却未能在其中体现出作用。一方面，工会组织作为学徒制劳动权益的集中代表，若作用不足则不利于系统内各方利益的协调；另一方面，也无法利用工会组织在争取社会资源方面的特殊优势为制度的实施提供帮助。①

---

① 喻术红，赵乾．用人单位新型学徒制实施中的工会定位问题［J］．社会科学家，2019（4）：36–45.

（五）建立政府为主、校企学徒多元化的成本分担机制

现代师徒制涉及多方主体，而主体的多元化则意味着各方共同承担师徒制中隐含的风险因素，为了能够调动各主体参与师徒制应用的积极性，最大限度地合理分配各方应有的基本权益，亟需建立一种基于现实的利润分配和风险分担的协调机制。

从宏观角度来看，政府是现代师徒制成果的最大受益方，同时也应该是最大风险的承担者。“产业工人技能人才队伍建设”的发展与完善也决定了政府需要承担这个风险。现代师徒制是西方发展的理论，要想在中国发挥其应有的作用，就应该借鉴中国传统师徒制的宝贵经验，并设计符合中国特色的现代师徒制，由此来培养出属于我国的高技能人才。

第八章

产业工人技能形成体系的激励制度

当下受到社会人力资源环境、传统思想观念的影响，人们普遍对产业工人带有偏见，认为产业工人社会地位不高，工作环境不体面，收入水平偏低，各项待遇保障较弱，职业荣誉感不强。导致越来越多的年轻人远离工人岗位，这也是造成我国技能型工人短缺的主要因素之一。

一、职业技能激励制度的意义

（一）职业技能激励制度的内涵

职业技能激励制度是我国新时期为维护工人阶级的权益，完善产业工人队伍建设，促进产业工人的发展，按照“政治上保证、制度上落实、素质上提高、权益上维护”总体思路，针对影响产业工人队伍发展的“技能工资制度”“技能补贴制度”“技能奖励制度”三大部分出台的相应激励制度及各类政策措施、法律法规等。

（二）职业技能激励制度的意义

党中央、国务院高度重视产业工人队伍建设工作，相继出台一系列的政策措施。鼓励产业工人们不断充实自己的专业技能库，自觉发挥积极性、主动性、创造性，辛勤劳动，诚实劳动，在全社会建设一支知识型、技能型、创新型劳动者大军，营造劳动光荣的社会风尚和精益求精的就业风气。

1. 提高产业工人的经济待遇

同其他社会群体乃至企业中其他岗位相比较而言，产业工人的收入并不算高，工作环境也存在较大差异，工人们付出的劳动与得到的回报不成比例。

如今，党中央、国务院鼓励企业制定与产业工人有关的激励制度，包括制定职业发展规划和年资（年功）工资制度，试行年薪制、股权期权激励、技术创新成果入股、岗位分红等，从而促进技术工人收入水平的长期稳定提高，大大提高产业工人的经济待遇。在这方面，已有一些企业在工作中积累了经验，如山东豪迈集团职工、第十二届中华技能大奖获得者王钦峰，凭着精湛娴熟的技能水平和相关发明专利，帮助企业解决生产难题，凭技能入股，成为公司十大股东之一。

2. 提高产业工人的政治待遇

改革开放以前，人们都以成为一名工人为荣，全国人大代表中工农身份所占的比重也较高。但从第五届全国人大以来，工农身份的代表比例有所下降，干部身份的代表比例有上升，这在一定程度上影响了产业工人的政治待遇。[①]

党的十八大以来，以习近平总书记为核心的党中央实施制造强国战略，积极探索技能人才兼任各群众组织内部职务的可能性，鼓励各地企业吸纳产业技术人员参与企业决策。这些激励措施对提高我国产业工人队伍的政治待遇具有重要意义。

3. 提高产业工人的社会待遇

在计划经济时期，产业工人不仅享有较高的政治经济待遇，还享有其他社会阶层无法享有的特殊待遇。随着经济体制改革，劳动合同制度打破了产业工人的“铁饭碗”，工人们的福利分房制度也被取消，社会保险由单位保障转为社会保障，产业工人不再像以前那样享受较高的社会待遇，工人岗位也不再像以前那样受人追捧[②]。2018 年，党中央鼓励各地根据实际情况，提升产业工人的社会待遇，研究探索对技能人才在购买（租）住房、安家补贴、子

---

① 王奎．产业工人队伍人才供给不足的因素分析［J］．科技视界，2019（11）：79-82.

② 王祎，郭子涵．技术工人升级是新时期产业工人队伍建设的难点及突破点——基于广西南宁市企业的调研［J］．天津市工会管理干部学院学报，2020，37（2）：52-57.

女接受义务教育等方面的支持政策。

延伸阅读 8-1 ：凭技能入股，成为公司股东的技术工人[①]

仅有初中学历，被评为全国劳模，又荣获第十二届中华技能大奖。一名技术工人是如何做到的？

1992 年，初中毕业的王钦峰在豪迈机械公司的前身——高密市呼家庄镇纺织配件厂当了一名学徒工，3 年后，王钦峰已经能够熟练操作工厂的机床。

为了提高自己的专业水平，王钦峰跑到书店买来了《机械制图》《机械制造工艺学》等专业书籍和一大本机械习题集，自学了将近一年。在学习理论知识的同时，王钦峰也不忘抓住每一次动手实践的机会提升自己。在一次机床的电气安装调试中，王钦峰主动请缨跟班工作学习。刻苦的学习让王钦峰系统地掌握了机械、电气、数控等技术知识，为他在机床设计研发上施展拳脚奠定了基础。

1997 年 6 月，豪迈公司与客户签订了轮胎模具专用电火花加工机床生产协议，但当时的豪迈公司缺乏专业的机械设计师和零件图纸进行生产指导。最后，公司委派王钦峰外出学习，钻研技术。

为了完成任务，王钦峰压榨自己的休息时间，每天 6 点钟起床，工作到半夜两三点才休息。1997 年 12 月，豪迈公司成功研制第一台轮胎模具专用电火花机床并获得国家专利，从此，豪迈公司拥有了自主产权的产品。

正是带着这样的敬业精神，王钦峰带领团队先后完成了 40 多项工艺革新，设计了十几种专用设备和量具，研发出了全国领先水平的第一代电气柜，获得国家专利的活络模具等，为公司创造了巨大效益，他本人连续多年获得公司的认购股份奖励，现在已成为企业的十大股东之一。

（记者：孙忠法）

---

① 《中国组织人事报》，2015 年 2 月 11 日。

二、技能工资制

知识经济的到来和技术的进步促使用人单位对产业工人所具备的知识量和技能库要求越来越高，提倡产业工人加强自我管理，提高自身的综合素质，并不断扩展技术岗位的职责，强调技术工人的薪酬与能力成正比。因此，基于知识和技能的新的薪酬管理制度——技能工资制，逐渐被许多国家的用人单位所采用。①

（一）技能工资制的基本内容

技能工资制是依据产业工人自身综合素质以及技能水平进行动态管理的薪酬方案。

技能工资是用人单位激励在岗职工进行智力投资、提高自身综合素质的一种措施。具体可以表现为产业工人工资随技能的提升进行动态管理，体现出按技能分配薪酬的准则，有利于发挥工资的效益职能，促进产业工人不断学习，并有利于稳定产业工人队伍建设。②

（二）对产业工人技能提升的意义

1. 激励产业工人增强技能投入

技能工资制是一种基于员工技能评价的人力资源工资制，基本工资是由职工掌握的工作核心技能数量和技能水平直接决定的。因而，它被视为能激发产业工人学习动机和学习行为、积聚自身技术底蕴并促进其发挥的重要薪

---

① 刘小禹，孙健敏. 技能工资在我国制造业企业中实施的可行性［J］. 中国人力资源开发，2006（9）：25–28.

② 叶霞. 论中小高科技企业科研人员薪酬激励［J］. 怀化学院学报（自然科学），2008（2）：123–125.

酬激励制度。[1]

2. 为产业工人职业发展做出规划

实行技能工资制能激发产业工人不断学习，鼓励产业工人发展多样化的技能。技能上的多样性使产业工人能够胜任多种岗位的职责要求，更容易站在整体的角度上理解他人及自身岗位的职责与联系，有助于用人单位为产业工人的职业发展做出更合理的规划，提供多种职业发展渠道。这样既提升了工人自身的价值，又提高了用人单位在人力资源配置方面的灵活性。

通过实证分析证实，实施技能工资制用人单位的劳动力成本相对职位工资制来说下降了16%，且技术工人自身技能深度与广度的扩展可以直接影响到组织的生产和产出，如更高的生产率和生产品质。

3. 增强用人单位对产业工人的吸引力

判断薪酬制度有效性的另一个重要标准是产业工人的满意度，国外大量实证研究证明：产业工人对技能工资制度公平性的感知与产业工人的工资满意度之间存在正相关关系。

公平不仅体现在薪酬分配结果的公平上，也体现在薪酬分配过程的公平上。产业工人参与技能工资计划的实施过程，可以促进产业工人接受技能工资制度，从而进一步增强他们对技能工资制度的理解，这将有利于用人单位增强对产业工人的吸引力，降低高技术人才的流失率。

（三）技能工资制的实施现状

1. 技能工资的起源与发展

现代技能工资制源于20世纪60年代的宝洁公司。当时的宝洁公司为了鼓励工人学习管理团队需要的技能，甚至学习他们所管理的所有工作，设计了一项技能薪酬计划。在20世纪80年代和90年代初，这种薪酬制度成为当

---

① 常荔．技能工资：理论依据及实施条件［J］．经济管理，2005（11）：56-57.

时美国发展最快的创新之一，在许多工厂都得到了推广和普及，如今，技能工资已经在全世界众多用人单位中得到广泛应用。①

2. 技能工资在我国的发展与应用

1956 年，在以工业建设为基本任务的大背景下，为了消除分工制度的弊端，国家将工人的技术水平与工资挂钩，按行业划分为八级工资制，事业单位实行国家机关等级工资制。八级工资制的设立对调动工人的劳动积极性，促进生产发展和改善人民生活起到了一定的作用。但因为八级工制的不成熟，在 1985 年又一次全国性的工资改革兴起时，逐渐被浮动工资制、结构工资制、岗位工资制等工资制度所取代，退出历史舞台。②

1993 年，国务院关于机关和事业单位工作人员工资制度改革问题的通知规定，政府工作人员分为技术工人和普通工人两类。技术工人实行由岗位工资、技术等级（职务）工资和奖金组成的技术等级（职务）工资制度；普通工人实行由岗位工资和奖金组成的岗位工资制度，岗位工资分为十三级。

2019 年 3 月 19 日，国务院发布《关于改革公务员工资制度的通知》，机关工人仍实行岗位技术等级工资制，基本工资结构调整为岗位工资和技术等级（职务）工资两项；普通工人仍实行岗位工资制，基本工资构成由现行岗位工资和奖金两项调整为岗位工资一项。

近些年随着我国经济的快速发展，越来越多的用人单位重新应用技能工资等级制度，不仅在大型国有用人单位如此，一些新兴的信息技术用人单位也是如此。

用人单位率先将技能工资制应用在蓝领工人阶层，后来才逐渐被延伸应用到白领阶层，甚至有些用人单位也对管理阶层使用技能工资制。理论上这一薪酬制度适用于富含技术水平的工作领域，或者是在能为用人单位产出带来高附加值的工作岗位；在实践应用中，技能工资能够涵盖大约 30% 的熟练

① 刘昕 . 薪酬管理（第三版）[M] . 北京：中国人民大学出版社，2011.

② 赵东宛 .1985 年起的工资制度改革（上）[J] . 中国人力资源社会保障，2013（1）: 61–62.

的技术工人，主要应用在对专业技术人员和生产性产业工资的制定，例如宝洁公司、微软公司，对其他产业工人则是将技能工资作为工资结构中占比例较小的一个部分。

大量研究表明，技能工资适用于制造业，如以下几类产业：第一类是在生产中使用流程型生产的行业，如服装制造业；第二类是在生产中使用大规模生产技术的产业，如汽车及其零部件制造业、电子信息业等；第三类是在生产中采用单位生产技术或小批量生产技术的行业，如加工业。在这些行业中，拥有 400 到 500 名产业工人，并已经成立一段时期的中等规模的用人单位是最适合使用技能工资制的。[①]

（四）技能工资制实施过程中存在的问题

1. 技能等级评价标准复杂，导致认证困难

不同岗位的劳动强度、工作环境和条件不一样，有的甚至相差很大。即使是技能水平相同的产业工人，在不同的岗位上承受的劳动强度和心理负荷也是不相同的。例如，根据电工的工作性质可分为安装电工、维修电工、值班电工；根据工作地点可分为井下电工、地面电工和架空电线电工；根据电力强度也可分为强电工、弱电工。但在大多数现有的技能工资薪酬体系中，因为技能等级评价标准复杂，导致认证困难，所以并没有综合考虑到岗位诸多因素而只是着重强调单一的技能因素。[②]

2. 强调技能水平而忽略经验，导致技能传承积极性受挫

技能效能的发挥不仅需要职工本身的身体素质，还需要职工拥有实践经验。通常情况下，男性在 50 岁以后由于身体素质逐渐衰弱，有相当一部分产业工人对实际操作表现得力不从心，有的甚至因为常年积累的职业病，导

① 刘小禹，孙健敏 . 技能工资在我国制造业企业中实施的可行性［J］. 中国人力资源开发，2006（9）：25-28.

② 许尝君 . 技能工资的先天缺陷及解决办法——与董克用、叶向锋同志商榷［J］. 中国人力资源开发，2003（8）：48-50.

致失去实际操作能力。但随着职工工龄的增长，职工的实践经验则不断丰富，在处理生产事故时的重要性越发凸显，设置技术指导岗位的目的就是基于此。①

面对我国经济的快速发展，若想跟上经济发展的脚步，完善的岗位规划必不可少。但当今我国用人单位的一大问题就是技术岗位的岗位规划不够完善，大部分只看重用人单位核心技能的应用，技术实操岗位比重大，缺乏技术指导岗位，容易挫伤组织中年龄偏大但经验丰富的产业工人的生产积极性和创造性，或直接或间接导致许多师傅会在教学徒时不尽力，出现“留一手”、发生生产安全事故、产品质量下滑等现象。

3. 技术技能等级与管理等级之间缺乏匹配，导致实施效果不佳

基层产业工人大致可以分为管理人员和技术人员两类。通常来说，随着管理人员工作经验不断丰富，管理水平日趋提高，可以沿着已有的垂直管理通道依次晋升；技术人员也可以通过职业技能不断加强，职业技能等级的上升沿着技术岗位通道晋升职位。但我国用人单位目前实施的岗位技能工资制的一个问题就在于，用人单位内部的技术技能等级晋升通道与管理等级晋升通道不相匹配，相对来说，管理岗位晋升通道普遍要比技能岗位晋升通道完善，从而导致岗位技能工资制实施效果不佳。

技术技能等级晋升通道初期等级的晋升看重产业工人技能的提升，但随着职级的上升，在达到某一技术等级后，后续的晋升通道就断了，只能转向管理等级晋升通道，借此向上晋升。所以，目前实施岗位技能工资制的用人单位的产业工人普遍认为，只有通过管理岗位的途径才能达到实现自身价值的目标。②

① 许尝君．技能工资的先天缺陷及解决办法——与董克用、叶向锋同志商榷［J］．中国人力资源开发，2003（8）：48-50.

② 梁淑红．TJRQ 公司员工职业生涯规划研究［D］．内蒙古大学，2013.

（五）实施技能工资制的必备要素

许多西方企业鼓励产业工人学习新知识和新技能，通过实施技能工资制度来提高他们组织的竞争力。但相比起岗位工资制度，技能工资制度可能是一个更为复杂的人力资源系统。为了成功实施技能工资制度，原采用岗位工资制度的用人单位在制度转型过程中必须注意以下几个关键条件。

1. 建立健全职业技能等级认定机制

在技能工资体系中，产业工人掌握的专业核心技能的广度和深度在很大程度上决定了他们的基本工资，而技能的分类则由技能鉴定和评价体系来决定。因此，技能鉴定和评估是实施技能工资制度面临的首要任务，用人单位和社会培训评估机构应建立科学、公正的职业技能水平鉴定体系。

（1）职业技能等级认定

我国的技能人员职业资格可以分为准入类职业资格和水平评价类技能人员职业资格。准入类职业资格需要劳动者跨过相对应的职业门槛或取得相应职业资格证书才能就职相应岗位，如医师资格证等；水平评价类职业资格涉及的专业岗位对技术技能要求较高，且按照职业等级认定划分劳动者的专业技能等级。

2020 年，水平评价类技能人员职业资格将逐步退出国家职业资格目录，转化为职业技能等级鉴定，建立职业技能等级制度，由社会培训评估机构和用人单位进行评估，而技能人员准入类职业资格继续实行职业资格目录管理。①

（2）发挥用人单位和社会组织的作用

用人单位是用人主体，用人单位需要什么人，如何评价使用，用人单位是最明确的。所以，要将权力下放给用人单位，以用人单位为主阵地，大力

① 童天 . 分步取消水平评价类技能人员职业资格 深入贯彻分类分层的技能人才评价体制机制改革［N］. 中国劳动保障报，2020-6-24.

推进用人单位职业技能水平认定试点工作。

2018 年底，首批实施职业技能水平认证试点的 18 家中央企业名单公布。2019 年 4 月，人力资源和社会保障部发文明确，地方政府可以根据实际情况选择用人单位开展试点工作。注册的用人单位可以根据实际生产实践独立确定评价职业（工种）和评价标准、规范，也可以根据国家职业标准、行业内用人单位规范或者生产实践中的实际生产环节进行评价。在评价方法上，用人单位可以自主选择过程评价、结果评价、绩效评价、技能竞赛、校企合作等方法进行评价。截止到 2020 年 1 月，18 家中央级用人单位、900 多家省级用人单位和新疆生产建设兵团进行了试点工作，发放职业技能证书 4 万多份。

除用人单位外，社会培训评价组织也是重要的评价主体。2019 年 12 月 10 日，人力资源和社会保障部发布第一批具有职业技能水平鉴定资格的第三方评估机构名单，拟将健康按摩治疗师、家政人员、老年护理人员、护士、理发师等职业转移至 11 家第三方评估机构备案，开展职业技能水平鉴定试点。

（3）发挥好政府部门“裁判员”的职能

监管是将技能人员的职业资格转化为职业技能水平鉴定的关键。可以公开选择具有一定社会影响力和社会公信力的社会培训评估机构与用人单位开展评估或鉴定试点项目，但政府应做好相关机构的备案工作，加强事后监管，做好对评估主体的监管服务。①

2. 完备的职业技能培训机制

技能工资制度的成功实施，要求用人单位在技能工资制度下不断加大培训投入，加强对产业工人的多技能培训，注重培训制度的公平性和透明度，确保所有产业工人都有同等的机会接受所需的更高水平的技术培训。此外，用人单位还必须给予产业工人不同的培训选项，以及培训对于增加其工资和

---

① 蔡彬 . 今年我国将分步改职业资格为职业技能等级认定［N］. 工人日报，2020-1-3.

其在组织内提升机会的作用，这也有助于促进产业工人对技能工资制度设计的整体理解，用人单位的发展和实施职业技能培训计划的能力对技能工资计划的成功实施具有重要作用。

3. 高度的产业工人参与

产业工人的参与对完善技能工资制是至关重要的。从产业工人那里获得充分的调研数据是设计和实施技能工资制的前提条件。原因在于一线产业工人清楚了解他们自身的技能库以及需要对哪些技能进行提高训练，用人单位需要鼓励产业工人参与工作再设计过程，并创造良好的工作环境，鼓励他们将所学的技能应用到实际工作中，从而真正达到技能工资制度的效果。

4. 与组织战略情境密切配合

只有当薪酬战略与公司的竞争战略相一致时，薪酬方案的设计和实施才有助于提高组织的竞争优势。技能工资制度的成功实施需要与组织的整体战略相配合，该制度更适合在采用最低成本战略、差异化竞争战略或高参与度的组织环境中实施。[①]

5. 薪酬制度管理和改革应该"以人为本"

技能工资制度的实施需要用人单位秉持"以人为本"的思想，以产业工人为中心，只有这样，设计出来的技能工资制度才会是符合自身组织实际情况的薪酬激励制度。随着西方用人单位管理实践活动的深入发展，"人本管理"思想已经全面渗透到用人单位管理实践的各个领域。在我国现阶段，用人单位对于"人本管理"往往只抓住外在形式，而未触及内涵，"以人为本"更具体地表现在宣传口号上，而很少贯彻落实到用人单位的具体实践活动当中。

---

① 常荔．技能工资：理论依据及实施条件［J］．经济管理，2005（11）：56-57.

三、职业技能补贴

职业技能补贴是在我国为提高产业工人队伍的整体技能水平、增强我国顶尖技术人才的核心竞争力、缓解就业结构性矛盾、提高我国社会的就业率的国情需要下采取的一种激励政策。加快职业技能补贴政策的实施，对提高我国的人才综合竞争力具有重要意义。

（一）职业技能补贴的资金来源

1. 失业保险金

2019 年《政府工作报告》明确提出实施职业技能提升行动，从失业保险金结余中拨付 1000 亿元，用于 1500 万人次以上的职工技能提升和转岗转业培训。培训重点人群是企业职工，特别是困难企业职工，以及作为劳动力市场主体的农民工、新生代农民工、“两后生”、退役军人、贫困劳动力群体，并且兼顾其他各类劳动者。

2. 职工教育费

2019 年，财政部公布了《关于加强企业职工教育经费管理的通知》，要求 60% 以上的职工教育经费用于一线职工培训、企业“师徒制”补贴、探索及完善相关培训机制等用途。有条件的地区可以充分利用富余资金支持与职业技能培训相关的基础工作，并完善相关激励措施。

（二）职业技能补贴的形式

1. 职业培训补贴

由财政部以及劳动和社会保障部制定具体措施，对参加职业培训的失业人员和符合条件的农民工给予职业培训补贴。各级政府应当根据实施培训的实际成本来合理制定补贴标准，对初步通过职业技能鉴定并获得职业资格证书的就业困难人员和农民工（限于国家规定的有就业准入制度的特殊工种），给予一次性职业技能鉴定补贴。

2019 年人力资源和社会保障部组织进行保障性职业技能培训，其中，企业职工 646.9 万人，农民工 741.4 万人，贫困职工 259.7 万人，城镇登记失业人员 135.5 万人，应届大学毕业生 99 万人。① 有效地缓解了我国劳动者的失业压力，提高了劳动者的素质和技能水平，促进了社会稳定。

2. 职业技能鉴定补贴

职业资格制度是我国用于科学评价人才的重要制度。2010 年国务院关于加强职业培训促进就业的意见规定，首次通过职业技能鉴定，并取得相关证书的劳动者可以前往各级职业技能鉴定机构申请一次性职业技能鉴定津贴。

截至 2019 年底，我国共有 9152 个职业技能鉴定机构，21.7 万名职业技能鉴定审查员。2019 年全年共有 1075.9 万人参加职业技能鉴定，最后共有 861.9 万人取得职业资格证书，其中，取得技师和高级技师职业资格证书的人数为 28.4 万人。②

从这些数字中可以看出，我国职业技能鉴定机构数量稍显不足，与之相对应的是庞大的职业技能鉴定参与者群体，在这方面我国还有相当长的路要走。

3. 参保职工技能提升补贴

《关于失业保险支持参保职工提升职业技能有关问题的通知》规定，企业在职职工缴纳 3 年以上的失业保险、并在当年取得职业资格证书（职业技能等级证书）可申请一份技能提升补贴。③

技能提升补贴政策的出台一方面有利于鼓励产业工人长期缴纳失业保险、

① 人社部：2019 年共组织补贴性职业技能培训 1877 万人次，人民网，2020-6-8。

② 同上。

③《关于失业保险支持参保职工提升职业技能有关问题的通知》，人力资源和社会保障部，财政部，2017 年 5 月 15 日。

履行义务，另一方面在一定程度上调动了产业工人学习职业技能的主动性，有利于稳定就业、预防失业。①

（三）职业技能补贴现状

近年来，中央财政、各地方财政都在财政预算中安排了大量的职业培训补贴资金，旨在提高我国劳动者的职业素质和技能水平，降低社会失业率，维护社会稳定与和谐。

1. 中央层面的职业培训补贴政策

《就业补助资金管理办法》规定，享受职业培训补贴的人员包括以下几个范围：一是经政府认定的贫困家庭子女；二是应届毕业生，包括高校毕业生（仅限毕业年度内）和初高中毕业生（未继续升学）；三是农村办理劳动者就业证的劳动者；四是在城镇登记在册的失业人员；五是符合条件的企业职工。

以上五类人员可以在参加就业技能培训或创业培训并取得证书后领取一份职业培训补贴；另外，尚未进行过职业技能鉴定的劳动者，也可以通过初次职业技能鉴定并取得证书领取一份职业技能鉴定补贴；参加劳动预备制培训的贫困家庭成员，也会获得一定标准的生活费补贴。

除此之外，参加企业新型学徒制培训与技能培训并取得证书的企业在职职工，以及培训企业都可以获得一定标准的职业培训补贴。②

2. 省市职业培训补贴政策

各省、市、自治区开展的职业培训补贴政策差别较大，补贴对象、标准、内容、程序等方面均各有特点。③

（1）补贴对象和补贴内容

多数省份规定的职业技能补贴对象以及补贴内容均是在《就业补助资金

① 宋龙艳．北京市技能提升补贴申领上线［J］．投资北京，2018（2）：36-38.

②《就业补助资金管理办法》，财政部，人力资源和社会保障部，2017 年 10 月 13 日。

③ 陈玉杰．完善职业培训补贴制度，加快技能人才培养［J］．职业，2018: 9-12.

管理办法》规定的范围内做出调整。

补贴内容除了职业鉴定补贴、培训津贴、生活费补贴之外，还扩充了教资培训补贴，以及企业新型学徒制补贴、继续教育培训和学历职称提升补贴等补贴内容。

（2）各地培训补贴目录简述

由于各地实际情况不一，职业培训补贴目录也不尽相同。例如上海市，职业培训补贴目录非常详细，补贴标准、培训费用和培训项目也是根据当地实际情况进行划分的。但有些省市还出台当地的职业培训补贴目录，或是培训补贴目录发表的年代较久远，不符合当下的实际情况；在一些地区，只有职业类别，没有划分具体的职业和技能水平等级，补贴标准“一刀切”，没有考虑不同的职业，市场需求和培训成本不同。

（3）职业培训补贴程序

通过对各地区职业培训补贴流程的综合分析发现，广东省职业培训信息化程度较高，大大提升了工作效率。然而，大部分省份仍实行线下申请职业培训，未建立培训补贴信息系统，培训补贴流程复杂烦琐。

延伸阅读 8-2：关于发布就业补贴类政策清单及首批地方线上申领平台的通知

各省、自治区、直辖市及新疆生产建设兵团人力资源和社会保障厅（局）、财政厅（局）：

为深入贯彻习近平总书记关于统筹推进新冠肺炎疫情防控和经济社会发展工作的重要指示精神，全面强化稳就业举措落实，人力资源和社会保障部、财政部梳理形成了现行鼓励企业（单位）吸纳就业和支持劳动者就业创业的就业补贴类政策清单，并汇总了各地线上申领平台。现予公布，并就有关事项通知如下：

一、各地要对照就业补贴类政策清单，在确保中央政策落实落地的基础上，结合本地实际，进一步细化完善本地政策清单，明确补贴对象、补贴标准、申领流程、受理机构、办理时限、政策依据，并主动向社会公布。

二、已实现就业补贴类政策线上申领的地方，要切实保障线上申领渠道畅通，逐步推动所有补贴事项实现线上办理。要加大宣传力度，通过主动推送、媒体宣传、经办服务等各种渠道广泛宣传线上申领平台，使用人单位和劳动者了解并运用线上申领平台，推动线上办理成为政策申领主渠道。

三、尚未实现线上申领的地区，要加快进度，抓紧建立完善经办信息系统，力争今年6月底前实现线上办理。对仍需现场办理的，要及时公布受理机构、联系方式和地址，大力推广电话申请、邮寄办理、代办服务等方式，尽可能实行各类补贴政策不见面申领、一次性办理。要切实精简材料，优化流程，缩短办理时间，切实提升用人单位和劳动者获得感、满意度。①

（四）职业技能补贴管理中出现的问题

以某省为例，近年来，随着职业技能鉴定补贴资金逐年增多，某省在补贴资金管理方面存在的问题也逐渐暴露出来。职业技能鉴定补贴资金是地方政府用于提升广大职工的技能水平，改善各地就业结构，缓解各地就业压力的宝贵资金。只有真正落实职业技能鉴定补贴资金，才能让广大劳动者享受到国家政策带来的优惠。②

1. 补贴资金申报重复

由于某省是按隶属关系分块管理补贴资金，所以，一旦不同层级鉴定机构之间的信息交流出现偏差，就会导致补贴资金在使用的方向、范围和内容上出现重复，给予一些人投机取巧的机会。例如，某些基层鉴定机构经常出

① 人力资源社会保障部办公厅 财政部办公厅关于发布就业补贴类政策清单及首批地方线上申领平台的通知，人社厅发〔2020〕44号，2020年4月23日。

② 马勇，任虎奎．职业技能鉴定补贴资金的风险控制与管理［J］．产业与科技论坛，2014，13（4）：242-244.

现同一人多次领取补贴资金或同一人在不同鉴定机构申报补贴资金的现象。

2. 补贴资金拨付程序烦琐

某省职业技能鉴定补贴资金的拨付要经过 6 个环节层层审批才能到达申请人手中。繁杂的申请流程不仅效率低下，资金管理难度大，也挫伤了产业工人申请技能补贴的积极性。

3. 补贴资金使用监督不到位

鉴定数量逐年大幅增加，但补贴资金的监督管理体系一直处于缺位状态，导致部分职业技能鉴定资金频繁被截留、挤占、挪用和占用，滋生腐败。

（五）职业技能补贴的发展建议

未来十年，我国对产业工人需求将继续保持不断增长的趋势，加强技能人才队伍建设，全面提升劳动者就业创业能力，建设人才强国任重道远。为此，需要从以下几个方面加强我国关于产业工人职业技能补贴的建设体系。[①]

1. 健全相关法律法规，明确各方主体权利义务

推进职业技能补贴工作的法制化，构建完善的法律体系是保证人才培养体系高效良性运转的首要因素。我国迄今没有一部单独法律对职业技能补贴相关主体的权利、义务及行为准则做出更具体、充分和科学的界定。

2. 推进补贴资源分配的便利化、合理化

加强对各地职业技能补贴标准的前期指导，制定职业技能补贴实施条例，对职业技能补贴项目选择、过程监控和质量评价做出统一规定；完善相关政策，通过政策激励、资金支持、不同地区对口支援、推动互联网 + 职业技能补贴申请等方式促进职业技能补贴资源分配的便利化、合理化。

3. 鼓励产业工人积极主动参与职业能力开发

近年来，劳动力市场的流动性增加，特别是新经济、新业态的发展，使

① 陈玉杰 . 日本职业技能开发体系发展历程、现状及经验借鉴［J］. 中国劳动，2020（2）：44-55.

得劳动者从寻找“工作单位”转向寻找“工作岗位”，劳动力流动和职业转换的需求增加。因此，通过发放职业技能补贴鼓励劳动者基于个人职业生涯发展需求，积极主动参加职业培训，提高技能水平至关重要。

4. 优化职业技能补贴管理服务体系

一是建立健全职业技能补贴公共服务平台，及时发布职业培训补贴、职业技能鉴定补贴、职业技能提升补贴、企业技能人才需求、职业技能培训机构等相关信息；二是健全职业技能补贴监督评价体系，重点是健全补贴资格审核制度、补贴发放过程监控机制及补贴效果回访验收机制。

5. 营造崇尚技能的社会氛围

不断弘扬工匠精神，加强职业技能补贴政策的宣传力度，促使企业意识到高技能人才的重要性，积极培育技能人才，提高技能岗位在全社会的影响力和吸引力，营造出“追求更高技能水平，争当优秀技能人才”的社会风气，鼓舞技能人才队伍，逐渐提高技能人才在人们心目中的地位。

四、职业技能奖励

（一）职业技能奖励的基本内容

为引导和激励更多劳动者走技能成才之路，营造良好社会氛围，党中央、国务院先后出台相关政策支持评选表彰工作，建立健全以国家为导向、以用人单位为主、社会奖励为辅的技能人才表彰奖励制度；同时，各省（自治区、直辖市）也建立了相应的高技能人才表彰、奖励和补贴制度。通过以上措施，让优秀的技能型人才可以享受到应有的待遇，让全社会都认识到：职业有分工，地位无高下，技能型人才也是人才。

职业技能奖励主要包括两个方面：精神奖励和物质奖励。

精神奖励：包括国家级、部门和地方级荣誉称号、职业资格晋级证书。

物质奖励：包括各类职业技能竞赛的奖金、政府给予高技能人才的特殊津贴，以及政府按职业资格证书等级给予技能人才的补贴等。

（二）职业技能奖励现状

1. 国家级人才表彰制度体系

国家对高技能人才主要有两类表彰奖励：

（1）授予荣誉称号

1995 年，原劳动部会同 46 个行业主管部门和各省（自治区、直辖市）建立了“中华技能大奖”和“全国技术能手”评选表彰制度。截至 2018 年，共举办过 14 次，评选出了 260 名“中华技能大奖”获得者和 3028 名“全国技术能手”。除了以上两个奖项之外，还有 2002 年政府设立的“国家技能人才培育突出贡献奖单位奖”、2010 年增设的“国家技能人才培育突出贡献奖个人奖”两个奖项。

这些奖项就是一个个荣誉称号，时刻激励着我国的产业工人队伍激流勇进、奋勇向前，不断突破自己的技能水平，向着世界顶尖水平努力前行。

（2）政府特殊津贴制度

为进一步加强高层次专业技术人才队伍建设，扩充我国的顶尖人才力量储备，自 1990 年起，对国家有突出贡献的杰出人才每两年都会获得一次由政府发放的特殊津贴。2008 年，国家将高技能人才纳入特殊津贴的补贴范围，到目前为止，共有 2249 名高技能人才获得国务院政府特殊津贴。

2. 地方级人才表彰制度体系

地方层面的政府奖励主要有以下类型：授予高技能人才荣誉称号和配套奖励。各地基本上都出台了高技能人才评选制度，都为高技能人才设立了荣誉称号，只是在荣誉称号、表彰人数和奖金数量上有一定差异。[①]

① 张东 . 我国高技能人才表彰奖励制度现状透析 . 中国人才，2019（10）：6-9.

（1）职业技能大赛奖励

主要包括对获奖选手、指导教师、组织参赛方的奖励。各地奖励的主要形式有物质奖励、直接获取高级职业资格证书、面试“专升本”、优先推荐申报“技术能手”“五一劳动奖章”“劳动模范”评选等。

（2）企业引进高技能人才奖励

地方政府通过对当地企业引进高技能人才给予经费补助或奖励的方式激励有关单位重视技能人才的评价和使用。

（3）技能人才特殊津贴

通过政府津贴、职业资格证书补贴等方式给予技能人才奖励。例如，2008 年 8 月，北京市建立了技术人员津贴制度。每两年在全市范围内选出 100 名政府技能补助对象，一次性给予 2 万元政府专项补助。

（4）技能大师奖励

通过评选表彰不同等级的技能专家工作室，地方政府和用人单位分别给予配套补助或者直接表彰有突出贡献的技能专家的方式进行奖励。

延伸阅读 8-3 ：柳州 900 万元奖励技能大师工作室

近日，柳州市完成 2019 年国家和自治区级技能大师工作室奖励公示环节，将于近期对本市 22 个国家级、自治区级技能大师工作室发放一次性奖励共 900 万元，用于工作室建设以及项目产出。

此次奖励的自治区级技能大师工作室包括广西汽车集团有限公司郑志明工作室、广西柳州钢铁（集团）公司陈毅杰工作室等 12 个国家级大师工作室，以及广西机电技师学院乔永荣工作室、柳州职业技术学院甘达淅工作室等 10 个自治区级技能大师工作室。

据了解，柳州出台《大力培育“龙城金蓝领”认定和奖励补贴实施细则（试行）》，明确对获得国家级、自治区级、市级大师工作室的单位和个人，分别给予一次性申报成功奖 50 万元、30 万元、20 万元，次年起每年给予工作补助经费20万元、10万元、5万元。2018年11月，柳州创新出台“人才新政19条”，并将“龙城金蓝领培训计划”作为重要内容之一，持续加大对技能大师工作室项目的建设力度。截至目前，柳州已建成国家级技能大师工作室15个、自治区级技能大师工作室17个。该市正式启动了市级技能大师工作室评审工作，成为全区唯一建立市级、自治区级、国家级三级技能大师工作室评定体系的城市。（谢永辉 肖淇源）

（三）职业技能奖励实施中存在的问题

1. 制度体系有待完善

我国在技能人才表彰的力度方面尚显不足，也缺乏一个完整的技术成果评价表彰体系，技能人才在社会上的地位有待提高，人民群众对职业教育还存在着偏见。虽然部分地区出台了有关技术技能人才的激励措施，但总体来讲存在政策力度较小、技能奖励体系尚不健全、不同地区奖励力度差异较大几个问题。

2. 高技能人才激励措施有待扩充

目前我国对于技能人才的国家级表彰存在空缺，部门及地方级奖励也仅有荣誉称号和政府特殊津贴两种，很少涉及第三产业，且不太兼顾文化艺术方面的高技能人才，奖励的力度尚显欠缺。国家应加强表彰奖励的顶层设计、扩充奖项、提高奖励比例、增加奖金数量等，尤其要注重对传统工艺的传承、新兴技术的引领发展等。

3. 技术技能成果的专项奖励尚需完善

目前我国只侧重于对高技能人才的奖励，大部分都是对高技能人才本人的奖励，缺乏对产业技能成果的专项奖励。政府应明确科研项目与产业技能成果之间的异同，划清两者之间的界限，完善这方面的奖项。

（四）职业技能奖励的发展方向

1. 完善技能人才激励机制

通过政府主导、用人单位奖励为主、社会力量奖励为辅的人才激励机制来看，还需出台政策完善。政府需要重点出台政策措施，完善和改革技能型人才评价体系，建立职业技能等级制度等政策，研究制定提升高技能人才待遇的机制，实行终身职业技能培训制度，以及将重大人才工程体系与表彰奖励制度相结合。[①]

开展技能人才多元化评估，建立职业技能水平体系。以用人单位、社会组织、行业机构、高职院校等为评估主体，按照专业或行业标准对人才技能进行评估，提高对高技能人才的选拔和认可。将自我推荐、基层选拔、专家评审与直接根据技术成果确定的选拔方式相结合，将高技能人才纳入各类专家和顶尖人才的选拔与管理。

2. 强调高技能人才培养

提高“中华技能大奖”“全国技术能手”的奖章层级，积极营造劳动光荣和精益求精的社会风气，进一步扩大两个奖项的社会影响力。

创新高技能人才薪酬模式。采取协议工资、年薪制、技能水平工资、专家津贴等多种工资方式，从整体上提高高技能人才的工资水平，使其不低于甚至高于本单位中层干部的工资水平，增强产业工人岗位的吸引力。

3. 加大技能大赛表彰奖励

目前我国每年有 60 余项国家级竞赛，有 1000 多万名企业职工和院校学生参赛。职业技能大赛是选拔高技能人才，引领职业教育、培训和技能发展的重要手段，也是向社会展示技能发展进步的最佳平台。重奖世界技能大赛获奖者，弘扬大国工匠精神，能够推动更多高水平产业工人脱颖而出，促进

---

① 张东 . 我国高技能人才表彰奖励制度现状透析［J］. 中国人才，2019（10）：6–9.

制造业和工业的升级与发展。

鼓励社会、学校、企业和地方各级政府举办各级职业技能竞赛，探索与世界职业技能竞赛接轨的职业技能竞赛体系，努力提高我国竞赛水平和运动员水平。进一步扩大省级以上职业技能竞赛的种类和规模，扩大奖励和表彰的范围与力度。[①]

① 张东 . 我国高技能人才表彰奖励制度现状透析［J］. 中国人才，2019（10）：6-9.

第九章

“一带一路”和产业工人技能国际化

“一带一路”（The Belt and Road，缩写 B&R）是“丝绸之路经济带”和“21 世纪海上丝绸之路”的简称。2013 年 9 月和 10 月，由中国国家主席习近平分别提出建设“新丝绸之路经济带”和“21 世纪海上丝绸之路”的合作倡议。它将充分依靠中国与有关国家既有的双多边机制，借助既有的、行之有效的区域合作平台，积极发展与沿线国家的经济合作伙伴关系，共同打造政治互信、经济融合、文化包容的利益共同体、命运共同体和责任共同体。

习近平主席提出，构建“丝绸之路经济带”要创新合作模式，加强“五通”，即政策沟通、道路联通、贸易畅通、货币流通和民心相通，以点带面，从线到片，逐步形成区域大合作格局。做好民心相通工作，有助于动员民意、汲取民智、汇集民力，推动项目合作稳步发展并取得务实成果，形成经济效益与社会效益的良性互促，实现共同发展和共享繁荣的合作目标。

近年来，我国致力于组织产业工人积极参与实施走出去战略和“一带一路”建设，加强产业工人技能国际交流与合作，搭建起各国职工交流的良好平台，为深化“一带一路”沿线国家的双多边合作奠定坚实的民意基础，搭建民心相通的友谊桥梁。以鲁班工坊、产教协同联盟、国际职工技能大赛为代表的职业教育合作、职业技能大赛等国际交流合作活动，成为“一带一路”中产业工人队伍建设的重要内容，为各国职工进行技能交流和情谊融通提供了广阔平台。

随着“一带一路”倡议的深入实施，我国产业工人队伍建设在技能人才国际交流与合作、职业教育国际化等方面均有显著强化，但同时也面临复合型专业技术技能人才短缺、国际技术准则和标准不一、职业资格与技能等级难以进行国际认证等挑战。基于此，我国应以技能大赛等活动为载体，促进各国间职工的交流合作与技能融通；以国家资历框架为视角，加强各国间职业资格和技能等级的相互认证；以各国间职业教育合作交流为契机，提升职业教育国际化水平，从而进一步提升产业工人技能，加强职工国际交流，搭建与巩固好民心相通的友谊桥梁。

一、“一带一路”倡仪中的民心相通

共建“一带一路”倡议，以共商共建共享为原则，以和平合作、开放包容、互学互鉴、互利共赢的丝绸之路精神为指引，以政策沟通、设施联通、贸易畅通、资金融通、民心相通为重点。民心相通作为“一带一路”建设中“五通”的重要内容之一，对推进“一带一路”建设、促进沿线国家共同发展、推动构建人类命运共同体具有重要深远意义。产业工人积极参与实施走出去战略和“一带一路”建设，加强产业工人技能国际交流与合作，是“一带一路”倡议中民心相通的重要组成部分。

（一）“一带一路”倡议的提出

2013 年 9 月，习近平总书记在对哈萨克斯坦进行国事访问时，于纳扎尔巴耶夫大学发表演讲，首次提出“丝绸之路经济带”的概念，他强调“为了使各国经济联系更加紧密、相互合作更加深入、发展空间更加广阔，我们可以用创新的合作模式，共同建设‘丝绸之路经济带’，以点带面，从线到片，逐步形成区域大合作”。同年 10 月，习近平总书记在印度尼西亚国会发表演讲时，又进一步提出“中国愿同东盟国家加强海上合作，使用好中国政府设立的中国—东盟海上合作基金，发展好海洋合作伙伴关系，共同建设 21 世纪‘海上丝绸之路’”。由此形成了“一带一路”倡议。

延伸阅读 9–1 ：“一带一路”建设的地域分布

“一带一路”发端于中国，贯通中亚、东南亚、南亚、西亚乃至欧洲部分区域，东牵亚太经济圈，西系欧洲经济圈，是世界上跨度最长的经济大走廊。其中，“丝绸之路经济带”是在陆地上，从中国出发，它主要有三个走向：一是经中亚、俄罗斯到达欧洲；二是经中亚、西亚至波斯湾、地中海；三是经中国到东南亚、南亚、印度洋。“21世纪海上丝绸之路”的重点方向有两条：一是从中国沿海港口过南海到印度洋，延伸至欧洲；二是从中国沿海港口过南海到南太平洋。

根据“一带一路”走向，陆上依托国际大通道，以沿线中心城市为支撑，以重点经贸产业园区为合作平台，共同打造新亚欧大陆桥、中蒙俄、中国—中亚—西亚、中国—中南半岛等国际经济合作走廊；海上以重点港口为节点，共同建设通畅安全高效的运输大通道。中巴、孟中印缅两个经济走廊与推进“一带一路”建设关联紧密，将进一步推动合作，取得更大进展。

“一带一路”建设是在我国构建全方位开放新格局、深度融入世界经济体系背景下提出的重大倡议，旨在积极发展与沿线国家的经济合作伙伴关系，共同打造政治互信、经济融合、文化包容的利益共同体、命运共同体和责任共同体。截至2019年，积极响应“一带一路”倡议的国家和国际组织已有200多个，签署合作协议的国家和国际组织已达150多个。我国与部分国家还签署了共建“一带一路”合作备忘录，与一些毗邻国家签署了地区合作和边境合作的备忘录以及经贸合作中长期发展规划，并着手研究编制与一些毗邻国家的地区合作规划纲要。此外，中国政府还成立了建设“一带一路”领导小组，相关部门也建立了规划和工作机制，形成了一套有效的支撑保障体系。

（二）民心相通

2015年3月28日，国家发展改革委、外交部、商务部联合发布了《推动共建丝绸之路经济带和21世纪海上丝绸之路的愿景与行动》，明确“一带一路”建设的合作重点包括五大支柱——政策沟通、设施联通、贸易畅通、资金融通和民心相通。文件指出，“一带一路”的互联互通项目将推动沿线各国发展战略的对接与耦合，发掘区域内市场的潜力，促进投资和消费，创造需求和就业，增进沿线各国人民的人文交流与文明互鉴，让各国人民相逢相知、互信互敬，共享和谐、安宁、富裕的生活。

“一带一路”倡议提出以来，在国际上产生了广泛吸引力和深远影响力，“一带一路”合作的朋友圈不断扩大，“一带一路”倡议和理念被写入联合国等国际组织多份文件。随着“一带一路”建设不断取得标志性成果和重要早期收获，民心相通工作也在长期中外交流的基础上取得明显成效。民心相通理念的提出与落实，符合经济全球化时代利益交融、文明交汇、人民交流的大潮流，是共建“一带一路”和推动构建人类命运共同体的题中应有之意[①]。

近年来，我国致力于组织产业工人积极参与实施走出去战略和“一带一路”建设，加强产业工人技能国际交流与合作，搭建起各国职工交流的良好平台，为深化“一带一路”沿线国家的双多边合作奠定坚实的民意基础，搭建民心相通的友谊桥梁。例如，走出去的“鲁班工坊”，请进来的“国际职工技能大赛”“民心相通职工交流营”等，搭建起民心相通的交流网络和工作平台，吸引了大量沿线及非沿线国家的职工参与，有力增进了彼此了解和理念认同。与此同时，在走出去和请进来的过程中，我国产业工人的国际视野进一步拓宽，技术水平进一步提高，大大促进了产业工人队伍的技能养成和素质提升。

延伸阅读 9-2 ：民心相通职工交流营[②]

2017 年 4 月 7 日，由中华全国总工会与中国交通运输部共同举办的中国工会“一带一路”人文交流——“21 世纪海上丝绸之路”民心相通交流营研

① 王亚军 . 民心相通为“一带一路”固本强基［J］. 行政管理改革，2019（3）：12-17.

② 中国工会“一带一路”人文交流——“21 世纪海上丝绸之路”民心相通交流营研讨会在京举行，http://acftu.workercn.cn/27/201704/07/170407131109564.shtml。

讨会在北京开幕。本次交流营是首个海上丝绸之路职工交流活动，也是2017年中国工会“一带一路”人文交流的重要活动。交流营邀请了海上丝绸之路沿线亚非拉地区十多个国家的交通部门官员、海事领域部门负责人、世界海事大学教授及海上运输行业职工代表17人，对上海、北京进行了访问。在沪期间，代表团拜会了上海港务集团、上海海事局，参观了上海海事大学、中国航海博物馆；在京期间，代表团参加了“21世纪海上丝绸之路”民心相通研讨会，专门听取了关于海上丝绸之路愿景及国际海运工作、中国工会历史与发展的主旨介绍，参加了“海上安全与民心相通”专家圆桌会，与中国相关部门、产业工会的专家干部进行了互动。本次交流营立足民心相通、民生合作，旨在增进海上丝绸之路沿线国家职工交流，增信释疑，深化合作，增进沿线国家对中国历史文化与社会经济发展状况的了解，以及对“一带一路”倡议和“21世纪海上丝绸之路”的理解与支持。

二、“一带一路”产业工人教育合作与技能交流

党的十八大以来，习近平总书记从党和国家工作全局的战略高度，就产业工人队伍建设作出一系列重要论述，对新时期产业工人队伍建设改革提出总体思路和系统方案，为推进新时期产业工人队伍建设改革提供了基本遵循和行动指南。2017年，中共中央、国务院印发了《新时期产业工人队伍建设改革方案》，其中明确提出，组织产业工人积极参与实施走出去战略和“一带一路”建设，加强产业工人技能国际交流与合作。

2019年，习近平总书记在第二届“一带一路”国际合作高峰论坛开幕式上发表主旨演讲指出，“商品、资金、技术、人员流通，可以为经济增长提供强劲动力和广阔空间”。随着国家“一带一路”倡议的深入实施和“五通”合作重点得到有效推进，高素质技能人才和产业工人队伍的支撑已然成为助力

中国企业“走出去”的关键。职业教育合作、职业技能大赛等国际交流合作活动，成为“一带一路”中产业工人队伍建设的重要内容，为各国职工进行技能交流和融通提供广阔平台。“一带一路”倡仪在为加强产业工人技能国际交流与合作提供机遇的同时，也面临复合型专业技术技能人才短缺、国际技术准则和标准不一、职业资格与技能等级难以进行国际认证等挑战。

（一）机遇：产业工人队伍建设国际交流与合作

1. 产业工人培养与教育——职业教育合作

在众多的教育类型中，职业教育因其输出与经济社会的紧密联系，在“一带一路”倡仪中尤为重要和突出。一方面，“一带一路”倡仪的实施将深刻地影响职业教育的发展，为职业教育提供前所未有的发展空间和政策红利；另一方面，各国职业教育的合作也将为“一带一路”战略输出人力资本，奠定民心基础，从而在沿线国家形成美美与共、互利共赢的良好格局。2015 年，国家发展改革委、外交部、商务部联合发布的《推动共建丝绸之路经济带和 21 世纪海上丝绸之路的愿景与行动》提出广泛开展文化交流、学术往来、人才交流合作等，积极开拓和推进与沿线国家的青年就业、创业培训、职业技能开发方面的合作。此后，教育部印发的《推进共建“一带一路”教育行动》中，对开展教育互联互通合作、人才培养培训合作等做出了明确的要求。在教育部印发的《高等职业教育创新发展行动计划（2015—2018 年）》中，明确将引进境外优质资源、支持优质产能走出去、配合“一带一路”倡议、扩大与“一带一路”沿线国家职业教育合作、扩大职业教育国际影响力作为持续推进的任务。

“一带一路”倡议引导的教育合作，在推动教育走向国家化的过程中，也推动了职业教育走出去。伴随着制造业的发展，中国职业教育也日益成熟，在教育模式和教育成绩上取得了一定的成就。在“一带一路”倡议下，职业教育在沿线国家大有可为，对中国对外企业的发展也大有帮助。以“鲁班工坊”为代表的国际化职教服务项目已经成为“一带一路”民心相通、教育合作的亮点品牌。自战略实施以来，教育部先后与“一带一路”沿线23个国家和地区签订了教育合作交流和学历学位互认协议，为高职院校的发展提供了重要机遇①。

延伸阅读9-3：“一带一路”民心相通的亮点品牌——鲁班工坊②

鲁班工坊是我国首个在海外设立的职业教育领域的“孔子学院”。依托教育部与天津市共建“国家现代职业教育创新改革示范区”的协议，天津市教委提出并打造了鲁班工坊这一创新型国际化职业教育服务项目：以鲁班的“大国工匠”形象为依托，将天津作为国家现代职业教育改革创新示范区的优秀职业技术和职业文化，采取学历教育与职业培训的方式输出国门与世界分享，搭建起天津职业教育同世界对话与交流的桥梁。《天津市人民政府关于加快发展现代职业教育的意见》提出“要鼓励有条件的学校积极拓展海外职业教育市场，到2020年天津要在境外建设10个鲁班工坊”。天津市已将鲁班工坊项目列入天津市教育发展的重点工程，助力天津职业教育“走出去”，服务企业“走出去”。

鲁班工坊的建设体系包括三个部分：建设标准体系、运营管理体系和机制保障体系。总的来说，鲁班工坊是基于输入国的经济社会发展需求，采取学历教育与职业培训方式将天津先进的职业技术教育输出给“一带一路”沿线国家，旨在培养国际化技术技能型人才，助力中资企业“走出去”。

目前，7所鲁班工坊分别开设在泰国、英国、印度、印度尼西亚、巴基斯坦、柬埔寨和非洲，并已经展开了相关的教学工作。其中，泰国鲁班工坊已开展两届；澜湄职业技术培训中心有两届学生进入天津中德应用技术大学的

① 朱有明.为“一带一路”战略提供高素质技能人才［N］.杭州日报，2017-6-20.

② 叶飘.“一带一路”倡议下的“走出去”办学：鲁班工坊的实践与启示［J］.高等职业教育探索，2019（3）：52-57.

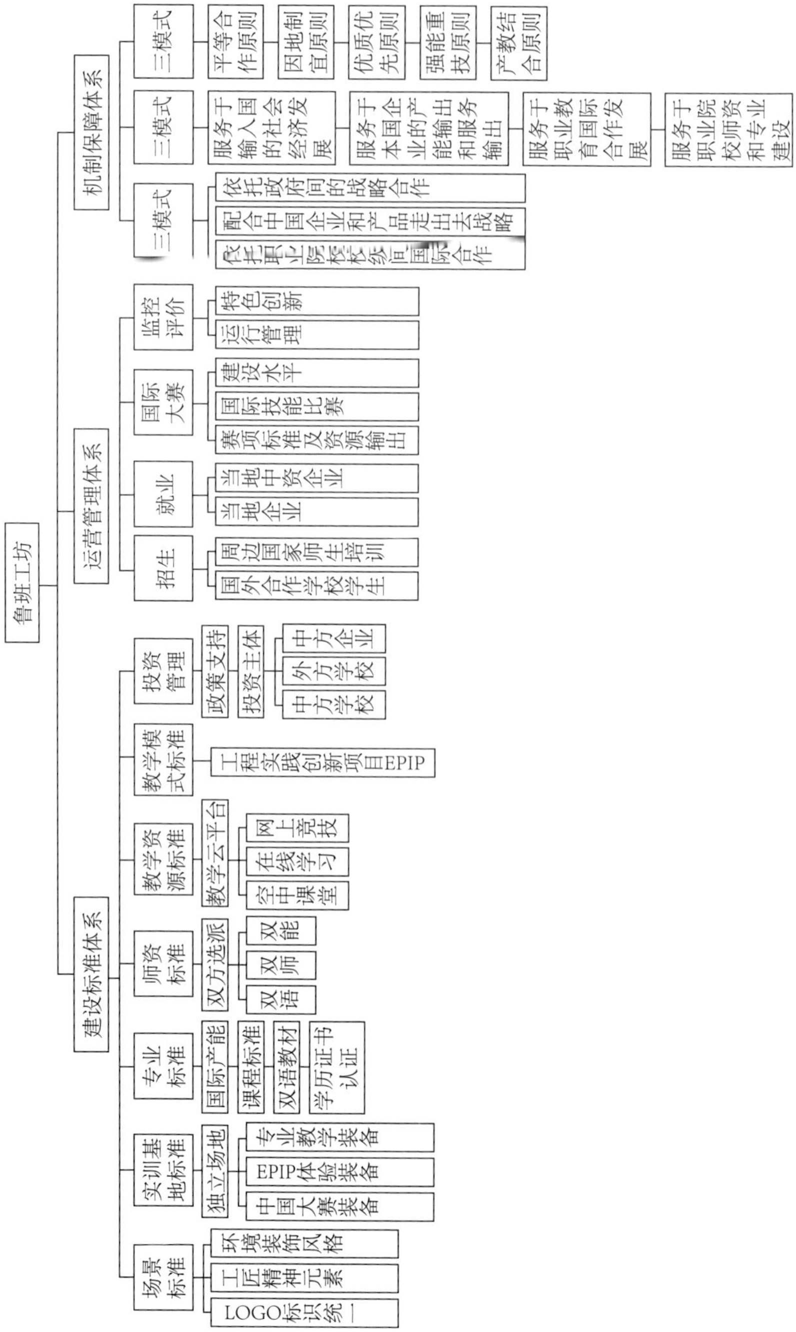
鲁班工坊
机制保障体系
三模式
平等合作原则
因地制宜原则
优质优先原则
强能重技原则
产教结合原则
三模式
服务于输入国的社会经济发展
服务于本国企业的产能输出和服务输出
服务于职业教育国际合作发展
服务于院校师资和专业建设
三模式
依托政府间的战略合作
配合中国企业和产品走出去战略
依托职业院校校际间国际合作
运营管理体系
监控评价
特色创新
运行管理
国际大赛
建设水平
国际技能比赛
赛项标准及资源输出
就业
当地中资企业
当地企业
招生
周边国家师生培训
国外合作学校学生
建设标准体系
投资管理
政策支持
投资主体
中方企业
外方学校
中方学校
教学模式标准
工程实践创新项目EPIP
教学资源标准
教学云平台
网上竞技
在线学习
空中课堂
师资标准
双方选派
双能
双师
双语
专业标准
国际产能
课程标准
双语教材
学历证书认证
实训基地标准
独立场地
专业教学装备
EPIP体验装备
中国大赛装备
场景标准
环境装饰风格
工匠精神元素
LOGO标识统一

鲁班工坊的建设体系

“中高本硕”体系进行学习。吉布提、蒙古、葡萄牙、马来西亚等鲁班工坊也在积极筹建中。具体的实践探索包括：外籍师生到中国进行交流，设有2个月及3年的短期班和长期班；利用实训基地进行实时教学，包括工程实践创新实训区、汽车维修与应用智能实训区、专业汉语培训区等；以“校企合作、工学结合”为导向开展满足市场需求的职业教育，与承揽海外大型工程的企业或国（境）外办厂、收购的企业合作，在国（境）外适宜的职业院校和机构创建鲁班工坊，致力培养本土化的技术技能人才；作为中国职业院校技能大赛的延伸赛场，外籍学生在大赛期间可以同时进行专业技能竞赛；实现了中国职业教育标准的境外输出与国际认证。

在服务项目走出去的基础上，我国致力于从国家、区域和地方等不同层面上为职业教育国际化搭建对话沟通和交流合作的平台。其中，以“一带一路”国际合作高峰论坛、中国—东盟“双百职校强强合作旗舰计划”为代表的高职教育国际合作高层次地推进了“一带一路”沿线国家的人文交流机制和合作平台建构，并取得了实质性的进展。在地方实践层面，作为全国首批国家教育国际合作与交流综合改革试验区之一，浙江省宁波市大力支持发展职业教育与教育国际交流，打造“职业教育走出去基地”[①]。

延伸阅读9-4：宁波市职业教育走出去的探索："一带一路"产教协同联盟

2016年10月，中国教育国际交流协会、宁波市教育局、宁波职业技术学院牵头召开“一带一路”产教协同峰会，来自国内“一带一路”沿线省市的18所高职院校、中航国际成套设备有限公司等10家国内标杆企业和行业协会的代表，以及来自斯里兰卡、缅甸、柬埔寨等21个“一带一路”沿线国家的

① 董洪亮.打造一带一路职业教育共同体［N］.人民日报，2017-6-15.

职教领域代表参加了会议。与会单位联合倡议、发起成立“一带一路”产教协同联盟，以推动中国职业教育和企业“走出去”，服务国家“一带一路”倡议。自发出联盟成立倡议以来，获得了我国教育部、商务部、中国教育国际交流协会、宁波市政府等政府部门和行业企业的鼎力支持，得到了高职院校的积极响应和“一带一路”及广大发展中国家、国际组织的高度关注。

2019年6月，“一带一路”产教协同联盟在“海上丝绸之路”东方始发港——浙江省宁波市正式成立。来自全国的76所高职院校、中航国际等13家不同行业的龙头企业，以及中国教育国际交流协会、有色金属工业协会、国家半导体产业联盟等多个行业组织加入联盟。

作为全国首批国家教育国际合作与交流综合改革试验区之一，宁波市大力支持发展职业教育与教育国际交流，规划将宁波建成“职业教育走出去基地”。宁波职业技术学院不仅是联盟牵头单位之一，还是全国唯一的职业技术教育类援外培训基地。该校自2007年就开始承办中国政府人力资源援外培训项目，为印尼、斯里兰卡、坦桑尼亚、赞比亚、肯尼亚、埃及等“一带一路”沿线国家和地区培训了1618名产业界、教育界官员和院校教师，与诸多“一带一路”沿线国家建立了联系，并已在贝宁建立中非（贝宁）职业技术教育培训学院，开创了浙江高职院校海外办学的先河。

2. 技能人才交流合作机制建设——国际职工技能大赛

近年来，为了搭建“一带一路”国家职工和技能人才的专业交流合作平台，提升职工技能水平，我国借鉴国际技能大赛办赛模式和比赛项目，面向“一带一路”沿线国家多次举办国际性职业技能赛事，如上合组织国家职工技能大赛、“一带一路”国际技能大赛（详见下表）。上合组织国家职工技能大赛是中国工会首次举办国际性的职工技能大赛，是上合组织人文交流的重要项目，充分对接上合组织国家产业调整和经济发展需求，在提升上合组织国家职工技能水平的同时，深化了各国职工之间的交流合作。“一带一路”国际技能大赛是我国首次面向“一带一路”相关国家（地区）举办的较大规模的国际职业技能赛事。大赛以“技能合作，共同发展”为主题，参赛选手地域广泛、代表性强，取得了较大的国际影响力，加强了“一带一路”国家技能交流与合作，搭建技能融通、增进友谊平台，为深化“一带一路”沿线国家的双多边合作奠定了坚实的民意基础。

我国举办的国际性职业技能赛事汇总①

赛事名称	主办单位	举办时间及地点	参赛国家与人员	赛事内容
上合组织国家职工技能大赛	全国总工会	2017 年 11 月，河北廊坊	11 个国家的近 60 名参赛选手	竞技性大赛；互助性培训
“一带一路”国际技能大赛	人力资源和社会保障部、国家发展改革委、国家国际发展合作署、重庆市人民政府	2019 年 5 月，重庆	44 个国家和地区（其中，“一带一路”相关国家 33 个）的 698 名参赛选手	集中开放式办赛，设置电子技术、水处理技术、汽车技术、货运代理、砌筑、电气装置等 18 个比赛项目

（二）挑战：复合型人才紧缺，职业资格与技术等级互认工作进展缓慢

由于“一带一路”倡议的实际覆盖地域广阔，沿线各个国家政治经济文化各异，国际技术准则和标准不一，这就对产业工人的综合知识和能力提出了挑战，同时，也对产业工人的职业教育提出了更高的要求。“本土化与国际化”和“单一化与复合型”成为“一带一路”建设中人才培养的突出矛盾。然而，我国高等职业教育目前的人才培养模式仍以单学科教学为主，专业建设同质化严重，缺乏学校办学特色。碎片化的知识体系不能有效满足复合型

① 本报记者 . 中国工会首次举办国际性职工技能大赛［N］. 工人日报，2017-11-10；蒋云龙 . 一带一路国际技能大赛开幕［N］. 人民日报，2019-5-28.

技能人才的需求，导致生产一线的初级技术人员充足而复合型高级技术人才和技师紧缺，技术技能人才供给出现结构性矛盾[①]。同时，想要“走出去”的职业院校由于经验匮乏、经费有限等问题，在学校建设、设备购置、教师派遣和聘用等方面存在诸多不便。此外，培养主体主要以学校教育为主，而“走出去”的企业由于种种原因限制，在人才培养方面力不从心。

与此同时，随着我国“一带一路”建设在沿线国家的广泛实施、技能人才以及产业工人走出去的规模扩大，职业资格的国际互认问题被摆上了突出位置。除了少数职业（如结构工程师、建筑师等）在部分国家（地区）取得了一定程度的互认资格，众多领域的职业资格国际互认工作目前还处于空白状态。以工程师职业资格为例，调查显示，45.1% 的工程技术人员认为“现行工程师评价含金量不高,缺乏等效性和国际可比性”[②]。职业资格的国际互认不仅是人才国际化的需要，也是我国企业和工程专业服务机构“走出去”的迫切需要。另外，由于我国尚未构建资历框架体系，导致在职业资格互认方面缺少与国际上其他已经建立资历框架的国家进行对标的依据和准则，这也是资格互认工作难以取得实质性进展的主要原因之一。

三、“一带一路”中产业工人技能提升的路径

加快产业工人队伍建设、提升产业工人技能是“一带一路”沿线各国实现共同繁荣与发展的现实要求，是形成经济效益与社会效益互相促进格局的重要措施，对推进“一带一路”建设、促进沿线国家共同发展、推动构建人类命运共同体具有重要深远意义。我国应从职工技能交流、职业资格和技能

① 创新发展职业教育工作，推进实施“一带一路”倡议和深化“供给侧”改革，http://www.qianhuaweb.com/2017/0313/3719142.shtml。

② 谢晶．国际视野下国家资历框架对我国职业资格制度改革的启示借鉴［J］．中国行政管理，2018（8）：150-155.

等级国际认证、职业教育国际化等方面入手，进一步促进产业工人技能养成和素质提升，为职工国际交流、民心相通搭建桥梁，实现共同发展和共享繁荣的目标。

（一）以技能大赛等活动为载体，促进各国间职工的交流合作与技能融通

根据各国产业调整和经济发展需求，在积极举办或承接国际性的职工技能大赛，开展互助性技能培训，搭建各国职工交流的良好平台，提升国家职工技能水平，展示中国产业工人形象的同时，奠定友好合作的民意基础。参照和对接世界技能竞赛标准，优化国内技能竞赛的办赛条件和环境，着力提升国内技能竞赛质量和水平，扩大技能竞赛的社会影响力，从而营造技能人才成长发展的良好氛围。韩国、日本等技能竞赛强国的经验表明[①]：参加世界技能大赛是提升国内竞赛质量和技能人才成长发展的重要契机。一方面，借鉴世界技能竞赛的规则与技术标准，有利于通过国内技能竞赛促进职业技能人才的成长和选拔；另一方面，以世赛的办赛模式为参照，可有效促进国内竞赛制度的建设，并辅以各种形式的宣传活动，大大提升了举办国家级职业技能竞赛的影响力，在全社会营造出重视技能人才、培养技能人才的良好氛围。此外，建立健全职业技能发展相关的政策和法律，促进职业教育与职业培训行业健康有序发展。

（二）以国家资历框架为视角，加强各国间职业资格和技能等级的相互认证

“国家资历框架”是国际上通用的衔接资格证书的基本工具，它不以资格获得的地点和方式为约束，而是通过整理和规范整个国家范围内不同层次和

---

① 刘东菊，王晓辉．世界技能大赛对技能竞赛强国职业教育发展的影响与启示——以韩国日本为例［J］．职教论坛，2014（13）：77–83.

类型的资历（包括学历学位、文凭证书、职业资格证书等），以学习成果的形式明确规定和描述学习者获得某一层次资历所需掌握的知识、技能和能力。在全球化日益深化的时代背景下，构建“国家资历框架”适应并满足了人员流动国际化和教育终身化的现实需求，成为国际上国家资格证书系统改革的重要趋势。许多国家纷纷引进了国家资历框架，构建从局部到综合再到跨国的框架体系，旨在实现各种资历在国际范围的透明可比、可衔接、可携带，提升教育与培训效率，促进资历的国际互认与人才的国际流动。

根据《中共中央关于深化人才发展体制机制改革的意见》精神和《国家教育事业发展“十三五”规划》等政策文件，我国职业资格制度改革应以建立国家资历框架为指引，以学习成果认定和转化体系建立、认证模式创新为重点，构建适应国情、接轨国际、科学有序的国家职业资格制度新体系。加强顶层设计，明确职业资格制度的功能定位，在国家资历框架的视角下，职业资格制度改革需要重点考虑与其他职业资历和学历资历制度间的对应关系与沟通衔接机制。统筹规划职业资格和学历资历的等级设置，将职业资格分为专业技术型和专业辅助型，对应专业技术人员和技能人员；学历资历分为学位型和学历型，对应高等教育和职业教育。突出标准设计的职业化、专业化、社会化和国际化，增强职业资格的国际可比性和等效性，从而为资格的国际互认、人才的国际流动提供基础标准保障。进一步延展职业资格和学历资历的沟通衔接。对认证类职业资格，探索建立“双证书”制度，对许可类职业资格，探索建立考试“成绩互认”制（“学分银行”制）。建立健全国家职业资格证书质量监测评估标准体系和第三方评估机制[①]。《国务院关于印发国家职业教育改革实施方案的通知》（国发〔2019〕4 号）中指出，从 2019 年起，在有条件的地区和高校探索实施试点工作，制定符合国情的国家资

① 谢晶．国际视野下国家资历框架对我国职业资格制度改革的启示借鉴［J］．中国行政管理，2018（8）：150–155.

历框架①。

（三）以各国间职业教育合作交流为契机，提升职业教育国际化水平

《推进共建“一带一路”教育行动》等相关文件中，提出了着力构建支撑产业转型升级和“中国制造 2025”的现代职业教育体系，明确了我国职业教育国际化发展的六个导向：一是形成中国特色、世界水平的现代职业教育标准与体系；二是培养具有国际视野、通晓国际规则的国际化人才；三是协调建立教育合作双边多边机制，搭建国际合作平台；四是政府引导，统筹政府与民间教育资源，实施一体化合作计划；五是对接总体布局，与企业合作走出去，联合开展科技创新与成果转化；六是突出“一带一路”政策的落地性，提升教育行动质量与水平②。截至 2019 年，我国已与 24 个“一带一路”沿线国家签署高等教育学历学位互认协议，共有 60 所高校在 23 个沿线国家开展境外办学，16 所高校与沿线国家高校建立了 17 个教育部国际合作联合实验室③。当下，我国职业教育应以“一带一路”建设为契机，从国际规则的适应者向制定者转变，通过构建多方协同体系和制度保障体系，加强沿线国家职业教育的交流合作，从而逐步提高我国职业教育的国际影响力与认同度。

1. 从适应规则向制定规则转变，提高职业教育国际影响力与认同度

在职业教育国际化的进程中，我国长期处于接受国际标准和规则的地位，尚未能够把握规则制定的话语权力。随着“一带一路”倡议的推动与实施，我国应该在适应和融入的过程逐渐掌握主动权，通过创新与引领形成具有中

---

① 国务院关于印发国家职业教育改革实施方案的通知，中国政府网：http://www.gov.cn/zhengce/content/2019-02/13/content_5365341.htm，2020-11-4。

② 王荣辉．“一带一路”背景下我国职业教育国际化发展战略与路径［J］．职业技术教育，2018（1）：6-11.

③ 全面推进共建“一带一路”教育行动，中华人民共和国教育部网站：http://www.moe.gov.cn/jyb_xwfb/gzdt_gzdt/moe_1485/201902/t20190219_370193.html，2020-11-3。

国特色、国际水平的现代职业教育标准与规则体系。在职业院校层面，一方面，我国职业教育院校应明确国际化发展思路，切实提升各办学要素的国际化水平和国际竞争力，积极参与职业教育国际标准制定，努力成为职业教育国际话语体系的引领者。另一方面，广泛开展同“一带一路”沿线国家职业教育的交流合作，从各层面、各领域搭建“一带一路”职业教育国际化话语平台，通过竞赛、培训、论坛、技术交流等多种形式，构建职业院校负责人、教师与学生、企业负责人之间的互动交流机制与沟通网络，凝聚共识。在企业层面，加强企业与职业院校在标准体系上的对话与衔接，将职业教育的课程标准精准对接我国技术输出企业及沿线国家、合作地区的企业技术标准体系，通过产品出口、对外投资与工程承包等方式推动中国标准成为国际标准，并在“一带一路”沿线国家率先推广与融合。在政府层面，借助国际峰会、高层论坛等双边多边合作机制，广泛开展政府间合作项目，准确把握合作需求与供给能力，通过高层次合作项目推介我国职业教育经验，为职业教育走出去开拓空间，提升我国职业教育品牌影响力与国际认同度。

2. 建立多方协同体系，提高合作交流与服务能力

“一带一路”背景下职业教育国际化发展需要职业教育领域的交流与合作，也需要政府、企业等多部门的政策支持与保障，需要职业院校专业设置与沿线国家产业之间的耦合，需要职业院校人才培养与沿线国家人力资源与社会保障预测的技术技能人才需求之间的耦合，需要我国“一带一路”沿线省市、内陆节点城市与沿线国家之间的耦合，需要我国职业院校课程标准、人才培养标准与沿线国家之间技术标准、企业标准之间的耦合[①]，因此，必然构成一个协同体系。我国与东南亚国家的职业教育合作方式，应着眼于经济合作与贸易往来的特征分析，坚持共同的职业教育理念与价值认同，增加东南亚国家来华留学与奖学金名额，探索职业教育学历认证机制，着力于长期

① 李梦卿，安培 . 职业教育耦合“一带一路”战略发展的机遇、挑战与策略［J］. 职教论坛，2016（7）：46–51.

的职业教育合作模式与人才流动模式[1]；我国与非洲国家的职业教育合作方式，应加大基础性教育资源投入与援助，面向非洲国家的实际产能，着力提供多元化职业教育培训项目，加强对职业教育合作中的本土化人才培养。

3. 完善制度保障体系，提高战略决策与执行能力

提高我国职业教育国际化发展水平，首先，要从顶层设计出发，制定系统科学的职业教育国际化战略发展规划，充分认识职业教育国际化发展的战略意义，厘清职业教育国际化的内涵和发展方向，为职业院校明确其发展定位和思路提供宏观指导。其次，要有完善的体制机制保障。加快完善职业教育国际化相关政策法规体系建设，加大职业教育国际化经费投入，发挥财政投入的杠杆作用，吸引各类社会资本投入职业教育国际化项目，形成多渠道经费保障体系。建立健全项目执行评价与监督机制、项目预测机制与推进机制等。再次，构建职业院校、企业、政府及社会组织参与的协同合作网络，充分利用各方优势进行资源整合优化，形成职业教育国际化的组织合力。最后，探索建立国家层面的职业教育国际化数据征集与信息交流平台，通过大数据与监测机制建立沿线国家人才需求预测数据库、职业院校合作办学动态数据库、国际化合作办学案例库等，为职业教育国际化提供技术支撑[2]。

---

① 张媛远，陈晓曦．我国与“一带一路”沿线国家职业教育合作形式研究［J］．职业教育研究，2016（9）：22-26.

② 石伟平．职业教育国际化水平和国际竞争力提升：战略重点及具体方略［J］．现代教育管理，2018, 334（1）：78-82.

第十章

产业工人技能形成体系的多元治理格局

治理理论是对政府失灵与市场失灵的双重回应，强调公共利益、共同参与、平等、民主等价值理念。产业工人技能形成体系的复杂性及其利益相关者的多元性决定了多元治理的必要性。对多元治理格局的研究需要从治理主体的角色定位以及角色互动关系开始。治理主体构成治理体系内部的第一要素，而治理主体相互之间的权责关系则构成治理体系的基本结构。"有序"是治理体系构建的理想境界，这要求构建起治理主体间合理的权责关系。

一、技能形成体系中多元主体的利益冲突与契合

在我国，产业工人技能形成体系承载了服务经济社会发展的价值目标，这不同于多元治理主体各自所追求的利益，并因此产生冲突。这些冲突可能会导致技能形成体系的协调困难、混乱无序等问题，比如"政出多门"和"无人问津"的现象并存。

（一）技能形成体系面临多元主体利益的冲突困境

我国产业工人技能形成体系的目标应为支持产业工人获得"持续性技能"的就业，即不仅让产业工人掌握一定的技能，而且在未来能持续获得技能提升或者学习新的技能。技能形成体系通过职业教育、职业培训、师徒制、技能竞赛等形式，为产业工人提供了终身学习、获得技能的机会，对改善产业工人群体的生存状态做出回应。另外，产业工人技能形成体系具有明显的经济溢出效应。新时代，能否完成国民经济发展方式的转变、产业结构的调整、实现新旧动能转化在很大程度上取决于能否培养出符合产业要求的技术技能型人才。因此可以说，产业工人技能形成体系承载着社会公共利益。当社会

成员面对着这一全社会的共同事业时，有能力有意愿为技能形成作出贡献的个体、组织或群体都具备潜在治理主体资格，而其相互之间的理想状态是以共同主体的地位协同处理相关事务。

但是，由于多元治理主体所处的地位不同，其利益诉求也不同，导致各自在追求主体利益的过程中与产业技能形成体系所承载的社会公共利益产生冲突。我国产业工人技能形成体系的参与主体包括政府主体、教育和培训主体、市场主体和社会主体。政府主体主要是指与技能提升相关的人力资源和社会保障部门、教育部门等；尽管政府是公共利益的忠实代表，但由于各部门的职责分工不同，就可能会产生各自为政、协调困难等问题，从而导致公共利益退化为部门利益。教育和培训主体是指以职业教育、职业培训为主的教育机构，他们接受国家的委托，承担为社会培养技能型人才的重要使命；但由于各自目标不同而引发委托代理关系中的利益不一致。比如，部分职业院校努力谋求最大化的财政支持以及努力扩招等，而忽略提升教学质量，因为前者能满足其对利润目标的追求，而后者的高成本长周期特征则会损害利润，但后者却是公共利益的实现方式。市场主体主要是指使用技能型人才的各类企事业单位，他们所追求的是自身经济利益的最大化，公共利益往往成为被置于经济目标之后的选择。比如，企业为了追求高效率、低成本和稳定的质量，不断增加对自动化、智能化的投入，由此所带来的劳动者就业问题则不在他们的考虑范围内。社会主体主要是指以群团组织、行业协会等为代表，从事与职业鉴定、职业技能竞赛、先进人物评选等相关的技能提升活动，这些组织通常借助自己的信息资源优势或者协调组织能力等接受国家的委托或者政府部门的购买服务。

正是由于产业工人技能形成体系所承载的公共利益与多元主体利益之间的矛盾冲突，引出了多元主体协同共治的必要性。然而，这种必要性并不会自然引发协同共治从而得到有序的格局，往往需要制度性的安排。

延伸阅读 10-1 ："关灯工厂"

"关灯工厂"，是指在生产线上可以实现关灯状态下全自动化作业的工厂，这是因为生产线上的所有操作由机器人完成而无需人力，从而可以实现关灯作业。富士康工业互联网股份有限公司（以下简称"工业富联"）的深圳龙华工厂就是一家这样的"关灯工厂"。

这家工厂的数字化刀具切削生产线分布在一间三四百平方米的长条形样板车间里。车间未开灯，仅有一排绿色的生产指示灯幽幽地亮着。机器手将粗坯送入机台，机台自动接收后关闭窗口，由机台内的刀具进行自动切削。这条生产线完全隔绝了工人和切削液，避免了事故的发生。而且生产线上的每一把刀具都安装了传感器，实时采集及分析数据，实现对产品质量变化的监控和趋势预测预警，可以及时发现及预防品质异常。有媒体报道，龙华工厂导入 108 台自动化设备，整个项目节省人力 280 人，人力节省 88%，提升效益 2.5 倍。

从劳动密集型制造走向智能制造，"关灯工厂"会越来越多，"无人化"是无法逆转的趋势，这也就意味着很多工人的岗位将会被机器人所取代。

那么未来的工厂还需要工人吗？需要什么样的工人？现在的工人如何才能满足未来工作的需要？这是政府、教育机构、社会、企业、个人都必须要考虑的问题。

（二）技能形成体系多元主体的利益妥协和契合

哈耶克认为，"秩序并非一种从外部强加给社会的压力，而是一种从内部建立起来的平衡"[①]。公共利益与多元主体利益之间的矛盾与冲突是多元协同共治的必要性前提，而不同利益之间的妥协和契合则是治理有效性的前提。

① 冯·哈耶克．邓正来，译．自由秩序原理（上册）[M]．北京：生活·读书·新知三联书店，1997.

多元主体之间的利益妥协和契合需要建设于共同的目标之下。正如切斯特·巴纳德所认为的，一个协作系统需要具备三个要素：共同的目标、协作意愿和信息交流。共同的目标是克服自身利益局限所必备的，而预期从共同的目标实现中可以获得的自身利益补偿则是激发协作意愿所必需的，信息交流则是实现以上可能性的基本手段。在技能形成体系中，共同目标是“公共利益的实现”。在此指引下，多元主体都有“协作”与“不协作”两种策略选择，而其选择建立在经济理性主义的原则基础上。如果“协作”的预期收益大于成本，其结果使得自身利益增加，则各主体会选择“协作”策略，反之则不。因此，要使多元主体自觉选择“协作”策略，就要以“公共利益的实现”为共同目标，整合各主体的合理利益，达到公私利益的契合。

在技能形成体系中，多元主体在实现“公共利益”的共同目标下，通过一定的机制协调各自的努力，从而在完成共同目标的基础上实现自身利益的满足。政府部门能忠实地履行其公共利益维护者的职责，教育机构能实现培养技能型人才的目标，企业能获得其发展所需要的人才，从而实现有序的治理。假设任何一方偏离了“公共利益的实现”，则整个体系会失衡并最终导致混乱无序的格局。

以职业教育为例，近年来，招生难已经成为各级各类职业教育学校共同面临的难题。造成这一局面的原因有很多，包括新增人口下降、社会观念偏差、职业教育投入少、缺乏师资等。招生难导致了部分职业学校之间的无序竞争，生源争夺大战愈演愈烈，出现了“招生回扣”“贩卖学生花名册发广告”“盲目承诺、优惠政策满天飞”等不正当手段。某些地方政府甚至不惜出台保护性政策限制本地生源的择优外流，严重阻碍了职业教育的发展。这些策略也产生了连锁反应：重招生轻培养，毕业生素质与用人单位要求相去甚远等。在这样的情况下，职业学校看重的就是自身的利益，而严重背离了“培养技能人才”的公共利益。

延伸阅读 10-2 ：破解职业教育的“招生乱象”

咸阳某职业院校是在几个中专学校基础上合并而成。建立之初，招生难的问题便迎面而来，该院没有跟风抢生源，而是打出了一套“组合拳”。先是在地区内广泛宣传“职业院校也是大学”，改变人们的偏见；然后根据地区经济发展实际，重新规划专业设计，并下大力气改革教学体系，探索出了以“校企联合、工学结合、理实统合、教练融合”的技能型人才培养模式。该校先后与多家企事业单位开展合作，走出了创新发展之路，破解了“招生难”的困局。2020 年 8 月，该校又举行了“政校企”合作的签约仪式，将政府纳入多元主体合作培养技能人才的格局中。

该校在多元主体协同治理、职业教育模式等方面不断创新，充分发挥职业院校服务社会、行业、企业的特殊功能，走出了一条资源共享、品牌共建、合作共利、多方共赢的共建共治共享的发展道路。

二、产业工人技能形成体系中的多元角色互动

既然存在多元主体，就一定存在主体之间的联系，进而形成一定的互动模式。除了自然而然的业务联系之外，其互动模式还与权责界定有关，而权责界定是一个博弈的过程。“一放就乱、一乱就收、一收就死”表达了现实中很多领域行政管理的乱象，也是权责博弈失败的一个过程。

（一）产业工人技能形成体系中多元主体的权责博弈

权力是各主体利益表达的现实手段和工具。自国家产生以来，权力一词便专指由政府接受公众让渡的国家公权力。政府机关以公权力为依托在社会生活中承担着“公正裁决者”的角色。权力都具有自我膨胀进而异化的倾向，当权力异化为谋取部门利益或个人私利的手段时，公共价值就会被忽视从而

引发无序格局。一直以来，我国的产业工人技能形成体系强调目标的整齐划一，强调社会公共价值对多元利益诉求的无差别化。政府作为国家权力的主体，一直居于一元控制地位。这使得办学主体成为政府行政命令的附庸与执行的工具，以企事业单位为代表的市场主体迫于政策压力而不得不做出一定程度的妥协与让步，积极性和主动性的发挥受到较大限制。

多元共治的技能形成体系的关键是公私利益的契合，其实现的基础则是多元利益诉求的合理表达。而多元利益诉求的合理表达要以掌握相应的权力为保障，权力的掌握与资源的控制有天然的联系。政府经人民同意而获取让渡的公权力，以职业院校为代表的办学主体拥有特定的知识资源，以企业为代表的市场主体拥有经济资源，以行业协会为代表的社会组织拥有市场信息资源，这是让三者具备成为权力主体的资源条件。因此，在产业工人技能形成体系的多元治理格局中，政府不再是权力垄断者，权力从集中的一元制走向分散的多元制。

权力和责任是相伴而生的一对概念。拥有权力就要承担相应的责任，承担责任也要拥有相应的权力。权力是实现责任的手段和工具，而责任的落实是运用权力的目的。在产业工人技能形成体系中，多元治理主体也必然遵循权责对等原则，通过行使权力确保其利益诉求得到合理的表达，同时，也要承担各自的责任以保证社会公共利益的实现。由于多元治理主体的性质和地位不同，其遵循的权责逻辑也就不同。政府的权力来自公民的让渡和认可，只有先履行好服务社会的责任才能使其权力主体地位获得合法性。因此，政府部门必然要履行公共服务的职责。职业院校作为代理方接受国家的委托，具体承担培养技能人才的任务，其权责关系与政府部门的逻辑相似，只有培养出合格的技能人才方能获得其利益的满足。而对于企业或者行业协会而言，其参与职业技能提升活动、履行相关的责任，并不是关于其生存的根本性问题，因此较少主动承担这样的责任。不少企业出于对培养时间、培养成本、人才流失等方面的考虑而不愿意在职工技能提升上做投入。只有当优先保障其利益获取时，才能诱导其承担相应的责任。

延伸阅读 10-3 ："烧钱"的技能人才培养

曾有新闻报道，某地举办职业技能大赛，一家民营企业选送的员工获得了某工种组第一名。但很快这名员工就被别的企业盯上了，纷纷出高薪挖墙脚，老板不得不赶紧加薪留人。后来再有此类大赛，该企业说什么也不愿意派人参加了。企业之所以这样做，无非是因为技能型人才的培养期长且培养成本高。

那位企业老板介绍，他所在的印刷行业，领机岗位的技术含量较高，培养需要较长的时间。一名新工人要成长为领机，至少得跟着师傅学三四年时间，10 个人中能成长为领机的也就 5 人，要想成为一名优秀领机，则需要至少 10 年历练。[①] 在这个漫长的过程中，一些年轻人因为耐不住寂寞或出于其他原因而离开。

除了培养期长，高额的培养成本也是抑制培养热情的主要因素。培养技能人才不仅需要成百上千万的机械设备，耗材成本也巨大。以数控模具的制造为例，刀片是最重要的耗材。在培训工人的过程中几乎每天都要更换刀片，而一套刀具的价格高达 3 万元。

简单来说，培养技能人才就是一个"烧钱"的过程。如果好不容易培养出来的技术工却被别人挖墙脚，对企业的打击可想而知。正因如此，很多企业宁可花钱花力气挖人，也不愿意自己培养。

从这个角度来说，单纯通过宣传来引导企业或者通过行政指令来影响企业，都很难取得成效，应充分考虑多元主体在技能形成体系中的权责博弈。比如，通过政策来保障企业主体的利益获取，包括承担部分技能工人培养成

① 黄红芳 . 技能大师挣不过企业中层？高技能人才需迈三道坎［N］. 新华日报，2012-8-21.

本、为技能型工人的经济社会地位提升创造氛围、为其职业发展提供保障等，让工人愿意走技能发展的道路，也让企业在技能工人培养方面没有后顾之忧。

（二）产业工人技能形成体系多元主体权责的具体分析

产业工人技能形成体系的多元主体并非孤立存在，各主体的行为会对其他主体产生影响，同时其也会受到其他主体行为的制约和限制，并在分工的基础上形成角色互动，责任的有限性和权力的必要性是角色互动的重点。责任的有限性是由主体治理能力的有限性所决定。产业工人技能提升体系涉及的环节众多、事务繁杂，任何一个主体都无法单独包揽全部事务，只有各主体各尽其才、各行其责，才能形成合力、发挥协同作用。责任分担意味着权力共享，为保证责任的顺利履行，每一主体都被赋予与其责任相匹配的必要权力。这就是责任的有限性和权力的必要性，是多元主体角色互动的核心。

1. 政府是产业工人技能形成体系的宏观调控者

如前所述，产业工人技能形成体系承载着社会公共利益，政府部门作为国家利益的代表者而承担相关责任。但是，政府部门对这些事务的全面干预甚至是直接介入管理可能会导致低效运行以及自身机构臃肿等一系列问题。新公共服务理论强调政府的职能在于“掌舵”而非“划桨”，提倡政府从力所不能及的领域退出，将部分事务的管理权交还给市场或社会，只在一些关键点上承担起宏观调控的作用。因此，在技能形成体系治理中，要从单一控制格局走向多元协同，政府要重塑自身角色。首先，政府是产业工人技能形成体系的政策制定者和主要资源提供者，以各种形式的免费和补贴政策让职业教育和职业培训等成为公共产品；其次，政府是重视技能提升的社会环境创造者，可以通过宣传等途径在社会上树立“重劳动、重技术”的风气；最后，政府是技能形成治理体系的监督者和仲裁者，及时发现运行中的相关问题、纠正运行中的偏差。

以职业教育领域为例，在中国，很长一段时间以来，职业院校是中考、高考生落榜的“备胎”，是被动选择而非主动选择[1]。职业教育的社会认同度低、产业工人的经济社会地位低、高考政策等都是造成这种情况的原因。在现行考试体系中，中、高考分数高的学生优先读高中、大学，被筛选下来的学生进入职业院校。教育部曾表示，我国将出台高考改革政策，将技能型人才和学术型人才分开培养。但到目前为止，这一政策尚未落地。当然，即便政策落地，如果社会观念不变、产业工人的经济社会地位没有改善，恐怕政策效果也会大打折扣。政府应在这些关键环节点上充分施政。

延伸阅读 10-4 ：“两种人才、两种模式”的高考改革

据统计，2014 年前后，我国从中、高等学校进入就业市场的毕业生总量每年在 1700 万人左右。大学毕业生就业难和技术技能型人才供给不足的矛盾越来越突出，已经成为一定时期内新增劳动力就业结构性矛盾的突出表现。

2014 年 3 月，时任教育部副部长的鲁昕在某论坛上表示，我国将出台高考改革方案，实现“两类人才、两种模式”高考。第一种高考模式是技术技能型人才的高考，其考试内容为技能加文化知识；第二种高考模式就是现在的高考：学术型人才的高考。这两种模式将把技能型人才和学术型人才的高考分开。为了适应这种高考政策改革，意味着学生们在高中阶段就可以选择未来发展的模式。未来的技术技能人才不仅包括技能人才，也包括技术人才，因为随着产业升级和信息技术在各领域的应用发展，技能必须以技术为基础。

2. 职业教育院校是产业工人技能的培养基地

技艺的习得和传承历经了家庭“子承父业”、古代“学徒制”和工厂“学徒制”的演变。随着近代社会分工的复杂化，技艺日益从经济组织中脱离而

---

① 《半月谈》，2014 年 5 月 10 日。一项面对上海、云南、广东、山东等地 13 所中职、高职学校学生的问卷调查显示，对于“选择就读职业学校的原因”，72.2% 的中职学生选择的答案是“未能考上普高”，73.1% 的高职学生选择的答案是“未能考上本科”。

成为社会公共事务的一部分，并依靠专门的教育机构推行[①]，也就是今天的职业教育院校。尽管技艺习得和传承的形态有很多，但从与现代化工业生产相适应和大规模供给的角度来看，职业教育院校是职业教育和培训产品供应的主要来源。现代职业教育院校不仅传授给“准劳动者”安身立命的职业技能，更强调对其精神世界的关照，即不仅让劳动成为他们生存的手段，也要让创造性改变世界的活动成为他们快乐和本质力量的源泉，这也就是所谓的“育人”而非“制器”。而且现代社会的岗位要求对劳动者素质的要求也越来越高且不断变化，这就要求职业院校不仅要按照岗位要求传授知识、训练技能，还要通过一定的教育模式使受教育者构建起自身的知识体系，在职业生涯中不断发展自我。

在产业工人技能形成中，首先，职业教育院校是接受政府委托向社会提供职业教育产品，因此与政府之间形成委托代理关系；其次，职业教育院校所培养的人才是市场所需要的劳动者，从而形成与市场之间的供需关系；最后，职业教育院校也要接受政府及其委托机构的监督评估等，以保证其责任的履行在可控范围内。职业院校的教育效果取决于其所培养的人才质量以及“适销对路”，这意味着职业院校要有动力了解市场需求并有能力和权力根据需求变化调整专业设置、招生规模、教学模式、师资配置等。如果职业院校受政策约束限制了其在专业设置、招生计划等方面的自主权，则其主动性也将受到影响，从而影响教育效果。

延伸阅读 10-5 ：高职专业设置管理办法的改革

2015 年 10 月，教育部印发《普通高等学校高等职业教育（专科）专业设置管理办法》（以下简称《管理办法》）和《普通高等学校高等职业教育（专科）专业目录（2015 年）》，要求高校依照相关规定要求自主设置和调整高职

① 肖凤翔，史可可 . 简论职业教育利益主体的演变［J］. 职教论坛，2012（13）：8-10.

专业。

《管理办法》要求各学校根据办学实际和区域产业发展情况设置专业，在遵循教育规律的基础上，主动适应经济社会发展特别是技术进步和生产方式变革以及社会公共服务的需要，主动适应各地、各行业对技术技能型人才培养的需要，主动适应学生全面可持续发展的需要。

3. 企事业单位是产业工人技能形成的实训场所

归根结底，企事业单位是技能型人才的使用主体或者说是实施场所。如果产业工人的技能特点与企业要求不相适应，则技能形成工作就是无效或者低效的。这意味着企业应该与职业教育院校密切配合，成为技能人才的培养主体而不仅是使用主体。从过去的经验来看，两者的关系从紧密到疏远再到逐渐紧密。1950 年 12 月，毛泽东同志视察哈尔滨车辆厂时说，“工厂办技工学校培养技术工人是一个好办法”[①]。随后,国家采取了一系列措施促进企业办技工学校，在技能型人才培养方面取得明显的效果。20 世纪 90 年代末，随着国有企业改革深入推进，部分亏损企业面临关停并转，其他企业也要剥离包括学校在内的部分资产交给社会管理，“专业的人做专业的事情”，国有企业与职工技能教育开始渐行渐远。而后来不断发展起来的私营企业也没有足够的动力和实力投入，这些都影响了企业在职业技能形成方面的作用发挥。2018 年，教育部、国家发改委等六部门印发了《职业学校校企合作促进办法》，从具体实施的层面对职业学校的校企合作形式、促进措施及监督办法等做出了规定。从其他国家的经验来看，德国的“双元制”技能人才培养模式享誉全球，其特点就在于打破学校在职业教育中的“一元制”地位，使得企业成为重要的“一元”，并制度化和常态化。

从作用路径上看，企业对技能人才的素质需求形成职业教育院校的人才

---

① 王晓君，崔秋立 . 新中国成立 70 年技工教育的发展特色及贡献［N］. 中国劳动保障报，2019-9-29.

培养方向，这种方向只有通过校企之间的直接连接才能最终发挥作用，也就是说企业的真实工作场景或者高度仿真场景应该成为培养准劳动者职业技能的场所。高度仿真场景当然可以在校内自建，但是资金投入较大且会产生无法快速适应工作场景变化的问题。为解决这些，职业教育院校可以通过“校企合作、工学结合”等方式，让企业成为实训场所，为学生提供真实的工作场景、经验丰富的工厂导师，真正实现教学过程与生产过程的对接。当然，为了防止出现把学生当成免费劳动力、只有生产过程而无教学过程等情况，政府相关部门应该积极发挥监督检查作用。

延伸阅读 10–6 ：教育部鼓励国企办职业学校，建“校企双主体”合作机制

2018 年 3 月，教育部等部门印发的《职业学校校企合作促进办法》正式实施（以下简称《办法》)。与之前所实施的校企合作相比较，此次政策明确了校企合作的内容是“共同育人、合作研究、共建机构、共享资源”等；强调了“学校企业双主体”的合作机制，并建立“校企主导、政府推动、行业指导”的基本模式；明确了包括“人才培养、技术创新、就业创业、社会服务、文化传承”等在内的 7 种合作形式。《办法》还明晰了各级政府在促进校企合作方面的职责，提出与社会资本合作、购买社会服务等具体措施，并规定了相应的监督和惩处机制。

4. 社会组织是产业工人技能形成体系的沟通协调者

在产业工人技能形成领域中，政府、职业教育院校、企事业单位是三个重要主体，各自承担着明确的职责，政府委托职业教育院校培养出适合企事业单位需要的人才。由于三个主体所处领域不同，运行规则不同，要实现顺畅的沟通与协同并不容易，往往需要借助其他社会组织来完成。我们这里所谈的社会组织包括两类：一是以行业协会为代表的一般社会组织；二是以工会为代表的中国特色群团组织。

行业协会是同一行业内的企业和院校等自愿联合起来发挥自律和交流作用的社会团体，促进职业技能提升是其重要职责之一[①]，能够以集体理性克服单个企业的个体理性盲区[②]。由于是经济组织利益的代表者，行业协会往往更了解行业内劳动力市场的供求信息、行业对职业资格标准的要求以及企业需求，从而有可能在开展针对性的培训服务、组织职业技能竞赛、开发职业标准或者岗位规范、实施职业技能等级鉴定和评价等方面发挥积极作用。

延伸阅读 10–7 ：行业协会持续开展技能竞赛工作[③]

以竞赛带培训，以竞赛助选拔，成为行业协会共同的做法和基本工作模式。在国家人力资源和社会保障部与全国总工会等有关单位的支持下，一些全国性行业协会近年来持续组织国家级一类大赛和二类大赛，还有部分协会选派知名专家教练支持国家及世界技能大赛相关工作，并取得优异成绩。行业协会持续稳健、有声有色地组织开展技能竞赛工作，既为产业工人提供了展示才华的舞台，也帮助行业中的企业选拔了优秀人才，同时，又在全社会弘扬了劳动精神和工匠精神。

以中国机械工业联合会为例，该会组织的国家级一类大赛有三个项目，分别是：全国数控技术技能大赛；全国智能制造应用技术技能大赛；全国新能源汽车关键技术技能大赛。该会组织的国家级二类竞赛已举办了十七届。而在 2003 年至 2018 年的 15 年间，中国纺织工业联合会共举办了细纱机操作工、服装制作工等 15 个职业（工种）共计 29 次的职业技能竞赛。截至 2018 年底，中国轻工联合会共组织了 50 个国家级二类大赛。截至 2019 年，中国酒业协会已经举办了国家级二类竞赛 10 次。在各种大赛中，涌现出了一批又一批的劳动模范、技术能手等。

---

① 张宗辉 . 行业协会积极投身技能提升行动［J］. 中国培训，2019（11）：11.

② 史洪波 . 现代职业教育治理主体的权责关系研究［D］. 天津大学，2016.

③ 张宗辉 . 行业协会积极投身技能提升行动［J］. 中国培训，2019（11）：11.

工会是职工利益的代表者和维护者。全面提高职工队伍素质，培养造就一支“规模宏大、结构合理、技能精湛”的高技能人才队伍，是工会维护职工权益的具体体现。在过去长期的实践活动中，工会组织开展了岗位练兵、技能培训和交流、技术创新、技能竞赛等各种活动。近年来，工会工作也不断创新，在职工技能提升方面推出了一些新举措，具体包括：深化劳模和工匠人才创新工作室的创建工作，带动广大职工学知识、学技能；紧紧围绕国家的重点工程、重大项目组织开展不同主题的劳动竞赛；开展职工创新成果的评选、展示及交流活动；加强技能型、创新型、安全型的班组建设；大力弘扬劳模精神、劳动精神和工匠精神，营造劳动光荣的社会风气和精益求精的工作作风；推动各级政府出台提高技术技能工人待遇的政策等。在这些活动和举措中，工会不仅仅是发挥了组织实施的作用，也通过能工巧匠、技能大师等发挥了示范带头作用；通过各种技术交流活动发挥了协作沟通作用，从而在企业和行业内、在全社会营造出“学技术、增技能”的氛围，为产业工人的职业技能提升发挥了积极的作用。工会重视劳动者职业技能提升不仅是对职工利益的维护，也能促进企业发展，并通过构建和谐劳动关系为政府分忧，这是一个三赢的局面。

三、产业工人技能形成体系的多元治理机制

产业工人技能形成体系多元治理格局的形成，需要政府部门主导，协调各方利益相关者参与技能形成体系治理的规划、建设和调整，不断满足政治、经济、社会和个人的发展需求。其核心是多元主体的角色定位、相互之间的关系以及多元主体与外部环境之间的互动关系。

（一）建立产业工人技能形成体系的多元治理理念

党的十九届四中全会明确提出，坚持和完善中国特色社会主义制度、推

进国家治理体系和治理能力现代化。尽管各界对治理内涵的理解各不相同，但都认为是对“政府失灵”和“市场失灵”的回应。很多社会公共事务仅依靠以政府为单一核心的行政化管理体制很难解决，需要依赖包括政府在内的多元化力量共同参与。所以，多元治理理念的核心就是要打破政府作为单一权力中心和唯一管理机构的现状，实现权力主体和管理主体的多元化[①]。产业工人技能提升已经成为影响我国制造业转型升级的关键因素，而其所涉及的主体多元化、时间链条长期化、地区差异化等特点也使得政府单一权力主体和管理主体的模式开始失效，呼唤多元主体的协同治理。

正确的理念是实施有效治理的前提和基础。在产业工人技能形成体系中，应立足于产业工人政治、经济和社会地位的现状，克服多元主体自身利益所带来的局限性，紧密围绕职业技能提升这个核心，在公平、民主、法治、参与等意识的引领下，帮助产业工人提升职业技能，更加重视产业工人的尊严，更好保障产业工人的权益，让产业工人共享改革发展成果。以职业教育为例，以前学校大多关起门来办学，导致人才培养素质与市场需求有一定差距。在多元治理理念引导下，职业教育机构逐渐树立起社会化思维、用户化思维等，改革了校企合作模式，并在行业协会等的帮助下进一步推动教学改革，有效提高了教育的经济和社会效益。

（二）探索政府主导的多元协同治理模式

如前所述，多元主体在技能形成体系治理中的角色定位各不相同。不同的历史、政治、经济和文化环境使得各国的多元主体之间的互动模式也不同。在我国技能形成体系的发展中，政府“一元制”模式正逐步向多元主体的协同治理模式转变。

首先，作为公权力的代表者，政府仍然处于非常重要的主导者和促进者

① 姚树伟，谷峪，王冰．职业教育发展中的冲突及其治理［J］．职业技术教育，2013（16）：63-67.

的地位，但这并不意味着大包大揽。政府的主导者作用主要体现在：提供必要的财政支持；制定相关的制度规则；维护稳定的治理秩序；实施特定的法律监管。比如，在宁波市职业教育中校企合作的案例，政府的主导者作用主要体现在：一是设立了“职业教育联席会议办公室”这个部门来协调校企合作问题；二是设立了校企合作的发展专项资金，解决职业教育中的资金来源问题；三是建立校企合作项目的督导评估制度，完善了第三方监督机制[①]。政府的促进者作用主要体现在：创造良好的多元协同治理外部环境；引导其他主体积极参与多元治理；协调多元主体的意见表达和利益诉求。

其次，对教育机构等办学主体、企事业单位等市场主体和社会组织来说，他们是多元协同治理的参与者，与政府形成平等的伙伴关系，其作用主要体现在三个方面：一是实施行动者，教育机构、市场主体和社会组织都是技能形成的具体实施行动者；二是补充者，凭借其资源优势和行动能力成为政府治理盲点、弱点、缺点、难点的有效补充，积极应对政府在某些功能上的失效；三是施压者，市场主体和社会组织在公共事务治理中体现出来的比较优势与独特功能会给政府治理行为造成潜在压力，促进政府部门的理念更新与行为优化；四是监督者，在政府部门实施特定法律监管的同时，市场主体和社会组织也应对政府的行为予以反馈和反向的监督，要求政府行为合法合规、认真负责。

此外还应注意的是，随着政府在多元治理格局中的角色变化，权力在多元主体之间的分配也发生了变化，具体表现为放权、分权与赋权。具体来看，放权是指中央政府或上级政府为了促进地方政府或下级政府在治理体系中的积极性、主动性与创造性而适当下放权力，减少行政审批，提高办事效率。分权就是政府将部分权力分配给其他主体，激励他们积极参与公共事务处理。赋权则是指政府将某些权力转移给市场主体和社会组织，实现“市场的归市

① 解艳华．校企合作立法的宁波探索［N］．人民政协报，2012-2-1.

场，社会的归社会”的局面。

延伸阅读 10-8 ：职业资格证书管理体系的演变

自从 20 世纪职业资格证书成为评价人才的一种标准后，各种职业资格培训认证便应运而生。截至 2013 年，据不完全统计，全国各地区、各部门设置的职业资格达到了 1100 多项；其中，国家级的职业资格有 560 多项，地方自行设置的有 570 多项。这些品类繁多的国内职业资格认证再加上一些国际资格认证，催生出了规模惊人的考证产业链。与此相应的是，乱办班、乱收费、乱发证的现象屡禁不绝。混乱的另一个表现是“证出多门”，每个职业往往都有来自不同政府部门、行业协会或其他商业培训机构组织的众多认证考试，其背后的根源无非“权力寻租创收”等。而更值得关注的是，政府直接干预具体的市场行为，设置职业准入门槛，往往会混淆其职责重点，同时也扰乱市场秩序。

自 2014 年起，国务院陆续取消了一大批职业资格和职业资格准入许可，除法律规定的少数具有重要法律责任的职业外，各部委、地方政府不得自行设置有关职业资格准入或其他行政许可性规定。对于职业等级水平的评价工作则由政府部门制定职业标准和评价规范，具体的认定工作逐步移交给行业协会、学会承担。

（三）创新技能形成体系的多元治理方式

治理方式反映了治理体系的特点和规律。与其他领域相比，产业工人技能形成体系的治理不仅要遵循公平、法治、参与等一般性原则，也在沟通合作、第三方监督等方面有其独特性。

一要坚持系统化治理方式，实现政府与办学主体、市场主体、社会组织之间的良性互动，充分发挥政府总揽全局、协调各方的核心作用。系统由要素以及要素之间的相互联系共同组成。正所谓“牵一发而动全身”，将系统思维运用于多元治理体系，意味着需要评估多元主体对治理体系的作用及治理体系的运行对多元主体的影响等。

二要坚持法制化治理方式，运用法治思维和法律制度实现治理方式从行政管控向法治保障的转变。新中国成立以来，我国在有关职业技能方面的相关法律不断健全完善，包括《劳动法》《职业教育法》等，但是由于经济社会的不断发展变化，也出现了一些新情况、新问题，比如，农村失地农民的职业教育、校企合作的法制化建设、政产学研的一体化建设等。另外，相关法律在具体执行时的行政法规也需要及时跟进调整，鼓励地方政府根据实际情况进行自主创新，对一些立法条款进行细化和完善，比如，加大农村职业教育等方面的法制化建设力度等。

三要坚持民主化治理方式，实现从行政命令向民主参与方式的转变。民主化治理方式尤其对多主体之间的沟通提出更高的要求，因此，有必要搭建多方之间的沟通平台，让多元主体之间的沟通制度化、常规化，比如“联席会议制度”等，让多元主体能有效地参与到治理活动中来。

延伸阅读 10-9 ：宁波职业教育中的校企合作创新模式 ①

高职教育中的校企合作在现实中遇到很多问题，突出表现为：缺乏有效的政策保障，工作协调机制需要进一步健全，企业积极性、主动性不高、参与意愿不强、高水平合作较少等；如果学生在实习期间发生意外事故，处理过程缺乏法律依据、难度较大；企业与职业院校的权利义务不明确；等等。宁波市政府作为高职教育治理的核心，主要通过地方立法来制度化、规范化、合理化推进教育治理改革，在中国高职教育治理实践中具有较强的代表性。

一是设立专门机构协调校企合作。校企合作的工作内容复杂，涉及部门

① 蒋庆荣 . 协同治理视角下中国高等职业教育治理模式研究［D］. 吉林大学，2018.

较多，难以确定具体的管理归口部门。2011 年，宁波市政府颁布了《宁波市职业教育校企合作促进条例实施办法》(以下简称《实施办法》)，其中第六条至第八条中，明确提出“市和县（市）区人民政府要强化统筹协调，搭建校企合作平台，实施信息共享、需求定制、税收优惠等方面措施”，并进一步强调各级地方政府在教育行政部门建立“职业教育联席会议”办公室，来协调本地区校企合作的具体工作。

二是设置校企合作的发展专项资金。《实施办法》规定，各级地方政府必须设立校企合作发展专项资金，资金主要由各级财政安排，并随着经济社会的发展逐年增长。专项资金主要用于校企合作的各项活动，包括教师挂职锻炼、学生实习、购买实习责任保险、聘请工匠人才作为实践导师、联合共建实习实践实训基地、编写地方或行业特色教材、奖励技术攻关等。同时，为了鼓励企业重视技能人才培养，政府每年安排 2500 万元支持企业职工培训。项目实施以来，企业受训职工近 15 万人，12.2 万人取得职业资格证书。

三是完善职业教育的第三方监督机制。政府委托校企合作认定小组或其他评估机构对专项资金补助的项目进行督导评估，从而建立了相对完善的第三方监督机制。

参考文献

一、著作类

1. 李玉赋 . 新的使命和担当［M］. 北京：中国工人出版社，2017.

2. 孙机 . 中国古代物质文化［M］. 北京：中华书局，2013.

3. 吕忠民 . 职业资格制度概论［M］. 北京：中国人事出版社，2011.

4. 彭南生 . 行会制度的近代命运［M］. 北京：人民出版社，2003.

5. 王星 . 技能形成的社会构建——中国现代师徒制变迁历程的社会学分析［M］. 北京：社会科学文献出版社，2014.

6. 李永林 . 中国古代美术教育史纲［M］. 广西：广西美术出版社，2002.

7. 田鹏颖，姜耀东 . 劳模文化哲学论纲［M］. 北京：社会科学文献出版社，2018.

8. 刘昕 . 薪酬管理（第三版）［M］. 北京：中国人民大学出版社，2011.

9. 冯・哈耶克 . 邓正来，译 . 自由秩序原理（上册）［M］. 北京：生活・读书・新知三联书店，1997.

10. 田鹏颖，姜耀东 . 劳模文化哲学论纲［M］. 北京：社会科学文献出版社，2018.

11. 吕忠民 . 职业资格制度概论［M］. 北京：中国人事出版社，2011.

二、报刊杂志类

1. David Ashton, Johnny Sung, Jill Turbin. Towards A Framework For The Comparative Analysis of National Systems of Skill formation［J］. International Journal of Training and Development，2000，4（1）.

2. Bryants，Moshavid，Landeg，et al. A Proposed Model For The Role of Physician Peer Mentoring in Improving Physician Communication and Patient Satisfaction［J］. Academy of Health Care Management Journal，2001，7（1）：45-58.

3. Feeneymk，Bozemanb. Mentoring and Network Ties［J］. Human Relations，2008，61（12）：1651-1676.

4. Ensherea，Thomasc，Murphyse. Comparison of Traditional，Step-ahead，and Peer Mentoring on Protégés' Support，Satisfaction，and Perceptions of Career Success: A Social Exchange Perspective［J］. Journal of Business and Psychology，2001，15（3）：419-438.

5. Scandura，T. A. Mentoring and Career Mobility: An Empirical Investigation［J］. Journal of Organizational Behavior，1992，13 ：169-174.

6. Kramke. Phases of The Mentor Relationship［J］. Academy of Management Journal，1983，26（4）：608-625.

7. Ebylt，Allentd，Hoffmanbj，et al. An Interdisciplinary Meta-analysis of The Potential Antecedents，Correlates，and Consequences of Protégé Perceptions of Mentoring［J］. Psychological Bulletin，2013，139（2）：441-476.

8. 许竞．试论国家的技能形成体系——政治经济学视角［J］. 清华大学教育研究，2010，31（4）:29-33.

9. 龚惠文．构建产业工人技能形成体系 造就一支高素质的产业工人队伍——《新时期产业工人队伍建设改革方案》系列解读（三）［N］．工人日报，2017-6-23.

10. 王永章．新常态下我国产业工人转型问题研究［J］．毛泽东邓小平理论研究，2016（11）：17-22.

11. 付保宗，周劲．当前化解产能过剩的困境与对策——以河北省唐山市为例［J］．宏观经济管理，2016（3）：26-29.

12. 国家发展和改革委员会社会发展研究所课题组．亚洲国家完善现代职业教育制度和职业技能培训的经验（一）——日本的产业工人技能形成体系对我国的启示和借鉴［J］．中国工运，2020（3）：78-80.

13. 劳动教育怎么做？世界各国的劳动课程一起来看一看！［N］．浙江教育报，2020-4-2.

14. 国家发展和改革委员会社会发展研究所课题组，谭永生．英国的产业工人技能形成体系对我国的启示和借鉴——（三）英国的产业工人技能形成体系对我国的启示和借鉴［J］．中国工运，2020（2）：78-80.

15. 国家发展和改革委员会社会发展研究所课题组，谭永生．欧美国家完善现代职业教育制度和职业技能培训的经验（一）——德国的产业工人技能形成体系对我国的启示和借鉴［J］．中国工运，2019（12）：77-79.

16. 刘玉照，苏亮．社会转型与中国产业工人的技能培养体系［J］．西北师大学报（社会科学版），2016，53（1）：25-32.

17. 姚先国，郭东杰．论劳动制度与政策对转型国家宏观经济的影响［J］．经济学家，2004（2）：75-81.

18. 刘玉照．中国新产业工人技能养成难题［J］．探索与争鸣，2015（8）：35-37.

19. 高爱娣．弘扬劳模精神发挥劳模作用［J］．工会博览，2016（5）：27-29.

20. 楼世洲 . 我国近代工业化进程中师徒制的历史演变与现代转型［J］. 中国职业技术教育，2016（34）：77-81.

21. 姜苏君 . 创建劳模创新工作室 培育高技能品牌职工队伍［J］. 煤炭经济管理新论，2006：225-227.

22. 李国甫 . 职工创新工作室的创建实践与思考［J］. 钢铁文化，2014（10）：25-28.

23. 本报评论员 . 坚持和完善共建共治共享的社会治理制度［N］. 光明日报，2019-11-9.

24. 吴国荣 . 清末民初职业教育基本特征析论［J］. 福建论坛 · 人文社会科学版，2014（4）：95-99.

25. 陈超 . 福州船政学堂的办学特色及其影响［J］. 海峡教育研究，2018（6）：7-14.

26. 徐宁 . 洋务学堂与近代高等职业教育［J］. 兰台世界，2013（6）：115-116.

27. 刘金録 . 近代天津洋务教育及其借鉴［J］. 职业教育研究，2009（8）：158-160.

28. 王富丽 . 建国后十七年职业学校的发展与启示［J］. 职教通讯，2013（4）：60-62.

29. 刘文全，马君 . 新中国成立 70 年中等职业教育的历史使命与变迁——基于中等职业教育政策文本分析［J］. 中国职业技术教育，2019（24）：28-35.

30. 曹婷 . 新中国成立 70 年我国高等职业教育的发展势况与改革路径［J］. 装备制造与教育，2018（3）：9-15.

31. 刘文杰 . 新中国成立 70 年我国职业教育发展回顾与前瞻［J］. 内蒙古社会科学（汉文版），2019（3）：192-197.

32. 郭文富，马树超 . 新中国成立 70 年来职业教育发展的历史阶段特征与经验［J］. 教育与职业，2019（10）：5-10.

33. 为了首钢的明天——首都钢铁公司技工学校教学改革纪实［J］. 职业技能培训教学，1995（1）：14-15.

34. 刘淑文，共建大师工作站助推产学研飞速发展——以首钢技师学院为例［J］. 中国培训，2017（2）：215.

35. 技师学院 . 紧扣企业行业发展的技能“命门”［J］. 职业，2013（9）：8-9.

36. 宋乃庆，郑智勇 . 新中国成立 70 年来我国高等职业教育发展探析［J］. 职业技术教育，2019（36）：7-12.

37. 田志磊，赵晓堃，张东辉 . 改革开放四十年职业教育财政回顾与展望［J］. 教育经济评论，2018（11）：74-91.

38. 肖靖 . 从产教结合到产教融合——40 年职业教育的政策变迁［J］. 中国高校科技，2019（8）：66-71.

39. 崔秋立 . 技工学校现行管理体系的内在逻辑［J］. 山东人力资源和社会保障，2020（2）：24-26.

40. 彭宇玲，左文涛 . 德、日两国职业教育对我国职业本科教育发展的启示［J］. 北京工业职业技术学院学报，2020（7）：52-56.

41. 王轶，迟晓君 . 日本职业教育发展：阶段梳理与经验借鉴［J］. 职业技术教育，2020（18）：75-80.

42. 姜大源 . 德国“双元制”职业教育再解读［J］. 中国职业技术教育，2013（33）：5-14.

43. 景琴玲，王革 . 德国职业教育体系透析与展望［J］. 国家教育行政学院学报，2012（2）：91-95.

44. 张爱菊，李子成，刘佳 . 德国“ 双元制”职业教育运行模式及借鉴［J］. 石家庄铁路职业技术学院学报，2020（3）：100-105.

45. 陈远远 . 我国免费中等职业教育政策探究 [D]. 西南大学，2011.

46. 赵惠莉，薛茂云 . 新中国成立 70 年高等职业教育的崛起、创新与变革［J］. 中国职业技术教育，2020（9）：24-31.

47. 葛涛，乔春华 . 教育供给侧改革背景下高职教育多元化投入路径研究［J］. 教育财会研究，2019（12）：15-23.

48. 贾旻，王迎春 . 新中国成立 70 年职业教育发展历程、经验与展望［J］. 河北大学成人教育学院学报，2020（6）：91-100.

49. 赵泽众 . 为制造大国注入技能动力［J］. 劳动保障世界，2019（31）：12-13.

50. 刘德志 . 必须把劳动部门举办的技术工人训练班和技工学校提高一步［J］. 劳动，1954（11）.

51. 霍亚夫 . 搞好在生产中培养后备技工的工作［J］. 劳动，1955（2）.

52. 黄勤芬 . 学徒工培训制度必须改革［J］. 职业教育研究，1988（2）：6-7.

53. 中共中央、国务院关于广开门路，搞活经济，解决城镇就业问题的若干决定（摘要）［J］. 劳动工作，1981（12）：2-4.

54. 崔铁刚 . 新中国学徒制演变的制度分析［J］. 职教论坛，2012（10）：77-81.

55. 吴慧燕 . 农民工生存状况及培训政策探析［J］. 职业教育研究，2005（12）：8-9.

56. 钟言 . 全国“创建学习型组织，争做知识型职工”活动正式启动［J］. 政工研究动态，2004（5）：2.

57. 张小琼 . 外来务工人员的管理与培训现状分析［J］. 管理观察，2012（13）.

58. 原文涛 . 推进职工素质提升工程的实践与思考［J］. 中国职工教育，2013（19）：48-49.

59. 陈张贤 . 实施职工素质提升工程助推产业工人队伍建设［J］. 工会信

息，2019（1）：47-48.

60. 刘群 . 保持德国经济持续发展的奥秘——德国的职业培训［J］. 企业活力，1993（12）：19.

61. D. 洛克伍德，刘堃闿，罗志刚 . 英国职业培训［J］. 职业教育研究，1985（1）：50-54.

62. 陈蕊花，刘兰明，王芳 . 英国现代学徒制嬗变历程、战略管理及经验启示［J］. 职教论坛，2020（2）：164-170.

63. 陈小婷 . 英国、瑞士现代学徒制比较研究［D］. 西北师范大学，2016.

64. 李玉静 . 21 世纪英国技能人才培养培训政策研究［D］. 东北师范大学，2019.

65. 石惠鑫 . 英国政府主导下的职业教育社会伙伴关系研究［J］. 河北大学成人教育学院学报，2019，21（4）：69-77.

66. 王志平 . 日本职业教育探析［J］. 南京高师学报，1998（1）：3-5.

67. 梁忠义 . 战后日本教育与“经济高速增长”——关于“国民收入倍增计划”与长期教育计划问题［J］. 日本教育情况，1979（1）：1-12.

68. 郑成功，李彬 . 日本政府推动技能人才培养的组织体系与政策措施［J］. 日本研究，2014（2）.

69. 李博，薛鹏，丁海萍 . 日本企业内职业培训现状分析及经验启示［J］. 职业技术教育，2018，39（12）：73.

70. 陈玉杰 . 日本职业技能开发体系发展历程、现状及经验借鉴［J］. 中国劳动，2020（2）：44-55.

71. 侯自芳 . 我国职业资格制度人才评价体系研究［D］. 国防科学技术大学，2006.

72. 史术高，廖嫣 . 试论职业技能鉴定的考培分离［J］. 职业，2012（6）：43-44.

73. 王毅，王磊 . 职业技能鉴定体系的建立与完善［J］. 发展，2015（2）：

110.

74. 潘业妮，陈雪峰，郁惠珍 . 对我国职业资格制度现状的思考［J］. 化工时刊，2019，33（9）：41-43.

75. 曹晔，盛子强 . 我国职业资格证书制度的历史、现状与趋势［J］. 职教论坛，2015（1）：70-75.

76. 权衡 . 关于编制《中华人民共和国工种分类目录》和第三次修订工人技术等级标准工作的介绍［J］. 职业教育研究，1993（1）：7-9.

77. 徐燕 . 我国职业技能鉴定的发展历史及现状［J］. 职业技术教育，2007，28（19）：66-67.

78. 林珺嫔 . 职业技能鉴定考评员管理的几点思考［J］. 劳动保障世界（理论版），2013（6）：44.

79. 朱永亮，童华强 . 职业资格认证改革中“减与加”的协调发展思考［J］. 中国培训，2019（6）：49-50.

80. 张卫清 . 我国职业技能鉴定中存在的问题研究［J］. 企业导报，2012（19）：177.

81. 唐晓钦 . 浅议职业技能鉴定［J］. 现代商业，2016（14）：115-116.

82. 洪列平 . 我国职业技能鉴定工作中存在的问题及对策［J］. 职教论坛，2012（10）：84-86.

83. 唐文丽 . 如何借鉴国外经验发展和完善我国的职业资格证书制度［J］. 河南职业技术师范学院学报（职业教育版），2007（2）：72-74.

84. 张欢 . 英国推行国家职业资格证书制度的经验及启示［J］. 经济研究导刊，2014（34）：305-306.

85. 郑静姝 . 英国职业资格证书制度再研究［D］. 华东师范大学，2012.

86. 许冰冰 . 德国职业资格证书制度研究［D］. 天津大学，2010.

87. 韩舒文 . 中、澳两国职业资格证书制度比较研究［D］. 河北师范大学，2014.

88. 李媛媛 . 我国职业技能竞赛的问题与建议［D］. 华东师范大学，2011.

89. 叶巧明 . 劳模的劳动特点和价值特征［J］. 石油政工研究，1995（4）：11-12.

90. 蒋自饶，刘仲英 . 中央苏区的劳动竞赛［J］. 江西社会科学，1991（6）：90-94.

91. 郝宇青，田雨 . 政治动员议题的建构、实施及效果评析——对斯达汉诺夫运动的考察［J］. 党政研究，2016（1）：60-68.

92. 王伯英 . 陕甘宁边区农业生产运动中的劳动竞赛［J］. 兰州工业学院学报，2018，25（3）：102-106.

93. 高丽洁 . 高职院校职业技能竞赛现状与发展趋势分析［J］. 当代职业教育，2015（9）：10-12.

94. 万捷 . 我国职业技能竞赛热点问题研究［J］. 教育教学论坛，2016（3）：185-186.

95. 徐敬东，陈德航 . 职业技能竞赛赛前培训中存在的问题与对策［J］. 延安职业技术学院学报，2016，30（2）：45-48.

96. 王云，张旭涛 . 职业技能大赛非商业化运作模式的探索［J］. 科技与企业，2013（10）：295.

97. 刘其晴 . 产教融合视角下芬兰职业技能竞赛的经验及启示［J］. 教育与职业，2017（21）：36-40.

98. 范宁 . 高职学生职业技能大赛现存主要问题与对策研究［J］. 南方农机，2019，50（21）：218+232.

99. 李玉珍，肖怀秋 . 高等职业院校职业技能竞赛存在的问题及优化策略［J］. 化工高等教育，2017，34（3）：103-105+109.

100. 周鹏飞，王燕，罗尧成 . 韩国职业技能竞赛的创新机制及启示［J］. 职业教育（下旬刊），2014（1）：21-24.

101. 陈士云 . 职工创新工作室功能与作用发挥的分析思考［J］. 北京市工

会干部学院学报，2013，28（3）：60-63.

102. 王文桃 . 把握时代要求推动创新发展全面推进职工（劳模）创新工作室建设［J］. 中国职工教育，2015（11）：14-17.

103. 王文婧 . 创新工作室——职工自主创新平台［J］. 冶金企业文化，2015（3）：11-12.

104. 李超超 . 我国劳模创新工作室发展历程、现实困境及路径选择［J］. 企业经济，2019（8）.

105. 张云峰 . 以“五大发展理念”推动劳模创新工作室建设［J］. 中国水运，2016（9）：68-69.

106. 马鸿源，等 . 关于新时代发挥好职工创新工作室作用的几点思考［J］. 现代企业文化，2019（30）：106-107.

107. 盛劲辉 . 发挥劳模创新工作室效应推动企业科学健康发展［J］. 中国职工教育，2015（6）：44-46.

108. 武朝国，等 . 创建职工技术创新工作室的路径探析［N］. 工人日报，2014-6-10.

109. 刁湘俊 . 国企职工创新工作室延续性管理机制研究——以中交二航四公司创新工作室为例［J］. 企业改革与管理，2020（10）：10-11.

110. 陈敦波 . 现代师徒制培养模式在中职学校的运用与发展研究［D］. 福建师范大学，2017.

111. 李政，苗岩伟 . 我国职业教育现代师徒制的发展策略——基于现代师徒制百年变革的经验与启示［J］. 职教论坛，2016（31）：10-16.

112. 孙章丽 . 当前我国企业师徒制管理问题研究［D］. 首都经济贸易大学，2010.

113. 王巾轩 . 师徒制下的武术文化传承［D］. 北京体育大学，2012.

114. 杨红英，潘俊 . 论传统手工艺用人单位师徒传承［J］. 经济与管理，2020，34（1）：77-85.

115. 谢祝清．古代工匠技艺教育特色评析［J］．四川民族学院学报，2013，22（1）：96-100.

116. 顾勤．师徒制下的隐性知识共享［D］．合肥：中国科学技术大学，2008.

117. 王晓蓉，李南．现代师徒制中隐性知识转移路径及其微观过程研究［J］．情报理论与实践，2012（6）：26-30.

118. 陈诚，廖建桥，文鹏．基于ERG理论的企业导师知识共享管理策略研究［J］．图书情报工作，2011（16）：99-102.

119. 孙玺，李南，付信夺．现代师徒制知识共享与转移的有效性评价［J］．情报理论与实践，2013（7）：76-80.

120. 张宗辉．全面推行新型学徒制 让用人单位真正成为技能人才培养主体［J］．中国培训，2019（1）：10-11.

121. 佟连发，王志权．现代师徒制与中国法学教育改革［J］．社会科学家，2014（1）.

122. 福州：师徒大会打造现代师徒制品牌．工人日报，2019-5-4.

123. 张正堂．现代师徒制研究探析［J］．外国经济与管理，2008，5（30）：35-41.

124. 孙章丽．当前我国企业师徒制管理问题研究［D］．首都经济贸易大学，2010.

125. 李锁牢，边宝丽，等．依托行业产业，深耕校企合作，创新现代师徒制培养——咸阳职业技术学院现代学徒制探索与实践［J］．教育现代化，2019，6（71）：17-21，32.

126. 张喜征，单汨源，傅荣．基于“师—徒”结对工作模式的虚拟项目团队知识整合研究［J］．科技管理研究，2006（2）：138-139.

127. 杨英，龙立荣．西方指导关系的理论概述［J］．心理科学进展，2006（3）：450-455.

128. 王少娟 . MACH 公司销售系统新员工导师制培训模式研究［D］. 华东理工大学，2011.

129. 孙玺 . 现代师徒制知识共享与转移的有效性评价［D］. 南京航空航天大学，2013.

130. 李政，苗岩伟 . 我国职业教育现代师徒制的发展策略——基于工厂师徒制百年变革的经验与启示［J］. 职教论坛，2016（31）：10-16.

131. 张力国 . 师徒制下的隐性知识转移激励机制研究［D］. 山东大学，2009.

132. 喻术红，赵乾 . 用人单位新型学徒制实施中的工会定位问题［J］. 社会科学家，2019（4）：36-45.

133. 王奎 . 产业工人队伍人才供给不足的因素分析［J］. 科技视界，2019（11）：79-82.

134. 王祎，郭子涵 . 技术工人升级是新时期产业工人队伍建设的难点及突破点——基于广西南宁市企业的调研［J］. 天津市工会管理干部学院学报，2020，37（2）：52-57.

135. 刘小禹，孙健敏 . 技能工资在我国制造业企业中实施的可行性［J］. 中国人力资源开发，2006（9）：25-28.

136. 叶霞 . 论中小高科技企业科研人员薪酬激励［J］. 怀化学院学报（自然科学），2008（2）：123-125.

137. 常荔 . 技能工资：理论依据及实施条件［J］. 经济管理，2005，（11）：56-57.

138. 赵东宛 . 1985 年起的工资制度改革（上）［J］. 中国人力资源社会保障，2013（1）：61-62.

139. 刘小禹，孙健敏 . 技能工资在我国制造业企业中实施的可行性［J］. 中国人力资源开发，2006（9）：25-28.

140. 许尝君 . 技能工资的先天缺陷及解决办法——与董克用、叶向锋同志商榷［J］. 中国人力资源开发，2003（8）：48-50.

141. 梁淑红 . TJRQ 公司员工职业生涯规划研究［D］. 内蒙古大学，2013.

142. 童天 . 分步取消水平评价类技能人员职业资格 深入贯彻分类分层的技能人才评价体制机制改革［N］. 中国劳动保障报，2020-6-24.

143. 蔡彬 . 今年我国将分步改职业资格为职业技能等级认定 . 工人日报，2020-1-3.

144. 常荔 . 技能工资：理论依据及实施条件［J］. 经济管理，2005，（11）：56-57.

145. 宋龙艳 . 北京市技能提升补贴申领上线［J］. 投资北京，2018（2）：36-38.

146.《就业补助资金管理办法》. 财政部，人力资源和社会保障部，2017-10-13.

147. 陈玉杰 . 完善职业培训补贴制度，加快技能人才培养［J］. 职业，2018 ：9-12.

148. 马勇，任虎奎 . 职业技能鉴定补贴资金的风险控制与管理［J］. 产业与科技论坛，2014，13（4）：242-244.

149. 陈玉杰 . 日本职业技能开发体系发展历程、现状及经验借鉴［J］. 中国劳动，2020（2）：44-55.

150. 张东 . 我国高技能人才表彰奖励制度现状透析［J］. 中国人才，2019（10）：6-9.

151. 王亚军 . 民心相通为“一带一路”固本强基［J］. 行政管理改革，2019（3）：12-17.

152. 朱有明 . 为“一带一路”战略提供高素质技能人才［N］. 杭州日报，2017-6-20.

153. 叶飘 .“一带一路”倡议下的“走出去”办学：鲁班工坊的实践与启示［J］. 高等职业教育探索，2019（3）：52-57.

154. 董洪亮 . 打造一带一路职业教育共同体［N］. 人民日报，2017-6-15.

155. 本报记者 . 中国工会首次举办国际性职工技能大赛［N］. 工人日报，2017-11-10.

156. 蒋云龙 . 一带一路国际技能大赛开幕［N］. 人民日报，2019-5-28.

157. 谢晶 . 国际视野下国家资历框架对我国职业资格制度改革的启示借鉴［J］. 中国行政管理，2018，（8）：150-155.

158. 刘东菊，王晓辉 . 世界技能大赛对技能竞赛强国职业教育发展的影响与启示——以韩国日本为例［J］. 职教论坛，2014，（13）：77-83.

159. 王荣辉 ."一带一路" 背景下我国职业教育国际化发展战略与路径［J］. 职业技术教育，2018（1）：6-11.

160. 李梦卿，安培 . 职业教育耦合 "一带一路" 战略发展的机遇、挑战与策略［J］. 职教论坛，2016（7）：46-51.

161. 张媛远，陈晓曦 . 我国与 "一带一路" 沿线国家职业教育合作形式研究［J］. 职业教育研究，2016（9）：22-26.

162. 石伟平 . 职业教育国际化水平和国际竞争力提升：战略重点及具体方略［J］. 现代教育管理，2018，334（1）：78-82.

163. 黄红芳 . 技能大师挣不过企业中层？高技能人才需迈三道坎［N］. 新华日报，2012-8-21.

164. 肖凤翔，史可可 . 简论职业教育利益主体的演变［J］. 职教论坛，2012（13）：8-10.

165. 王晓君，崔秋立 . 新中国成立 70 年技工教育的发展特色及贡献［N］. 中国劳动保障报，2019-9-29.

166. 张宗辉 . 行业协会积极投身技能提升行动［J］. 中国培训，2019（11）：11.

167. 史洪波 . 现代职业教育治理主体的权责关系研究［D］. 天津大学，2016.

168. 姚树伟，谷峪，王冰．职业教育发展中的冲突及其治理［J］．职业技术教育，2013（16）：63-67.

169. 解艳华．校企合作立法的宁波探索［N］．人民政协报，2012-2-1.

170. 蒋庆荣．协同治理视角下中国高等职业教育治理模式研究［D］．吉林大学，2018.

后　记

终于完成最后一稿的修订工作，我也长出了一口气，心中的忐忑、遗憾和期待都暂且按下。这本书写作过程颇为困难：一是产业工人技能形成体系的系统性研究成果并不多，加之整个体系涉及职业教育、职业培训、资格认证、技能竞赛等诸多内容，要系统地将之分析展现，颇为困难；二是写作过程中遭遇新冠肺炎疫情，原定的调研计划无法实施，致使一手资料缺乏；三是写作团队很年轻，在专业领域的知识积累和经验储备方面还有很大提升空间。以上因素也使得这本书的成稿还有很多不足，问题分析有待深化，实践模式有待探索，对策建议有待验证。尽管存在以上诸多不足，但产业工人技能形成体系的重要性决定了这本书所述领域的光明前景，这也让我们对本书及相关研究工作充满了期待。

挑战与机遇并存，困难中也总有希望存在。通过这次写作，我们努力奉献出对产业工人技能形成体系的浅显思考，在分享的同时也愿意与读者探讨交流，以期对产业工人技能形成体系作一点点贡献。通过这次写作，我们的团队得到了很大的成长，师徒制的力量在显现，传帮带的机制逐渐建立，这也算是技能形成体系在知识工作领域的一次有益尝试。

本书主编岳玲制定了全书的写作框架、每一章的写作思路、全文的修订方案，并负责撰写了第一章和第十章。其他各章的分工如下：第二章由王彦翔负责撰写，第三章由耿玉荣负责撰写，第四章、第五章由赵杭飞负责撰写，第六章、第八章由郑合家负责撰写，第七章、第九章由龚梦洁负责撰写，余莉负责部分资料收集、信息沟通以及校对工作。

本书得以最终完成，要感谢中国工人出版社策划的“新时期产业工人队伍建设改革研究丛书”和国家出版基金的资助；还要感谢中国劳动关系学院提供的研究氛围和研究条件，让我们有机会接触到一大批优秀的全国劳模、大国工匠、职工创新工作室的负责人，有机会了解产业工人面临的现实问题，有机会进入工会组织和优秀企业进行调查研究。同时，作为主编，我也很感谢团队小伙伴们的努力，大家克服了种种困难，消化了我的“百般刁难”，最终完成了这部不尽完美的作品，相信未来我们可以做得更好。本书也借鉴了很多学者的研究成果，文中已做标注，未尽之处，文责自负。

我国产业工人队伍建设工作任重道远，技能形成体系也有待完善，让为中国发展作出巨大贡献的产业工人提待遇、受尊重、享荣光是我们的心愿和努力方向。

岳玲

2021.02.06